접속 1990
우리가 열광했던 것들

응답하라 1988

우리가 열광했던 것들

김형민

한겨레출판

1990년대의 흐름들

1990년

서울 마포구 망원동 연립주택 화재 사건 3월 9일

1월 22일 전노협 창립, 3당 합당

4월 12일 KBS 노조 전면 파업 (경찰 투입)

민주자유당(민자당) 창당 5월 9일

6월 4일 한국-소련 수교

영화 <장군의 아들> 개봉 6월 9일

7월 18일 제4대 대통령 윤보선 사망

윤석양 이병 보안사 민간인 사찰 폭로 10월 4일

11월 1일 가수 신승훈 데뷔

1991년

1월 30일 김부남 사건

두산 페놀 사태 3월 14일

3월 26일 대구 개구리 소년 실종 사건

강경대 학생 경찰에 폭행당해 사망 4월 26일

4월 29일 세계 탁구선수권대회 여자단체 결승

국내 최초의 노래방 5월
부산 '하와이비치 노래연습장' 탄생

9월 17일 남북한 UN 동시 가입

드라마 <여명의 눈동자> 시작 10월 7일

12월 9일 SBS TV 방송 개국

1992년

1월 17일 김보은·김진관 사건

서태지와 아이들 데뷔 3월 22일

3월 22일 이지문 중위 양심선언

황영조 제25회 바르셀로나 올림픽 8월 9일
마라톤 금메달 획득

8월 24일 한국-중국 수교

휴거 소동 10월 28일

12월 18일 김영삼 대통령 당선

1993년

1월 31일 광주대 입시에서 휴대전화 이용한
         부정행위 적발, 구속

김영삼 대한민국 제14대 대통령 취임 2월 25일

4월 10일 영화 <서편제> 개봉

『나의 문화유산답사기』 초판 발행 5월 20일

8월 7일 대전 엑스포 개최

서해훼리호 침몰 10월 10일

12월 7일 PC 통신 현대철학동호회 회장 김형렬
         국가보안법 위반으로 구속

1994년

3월 19일 상문고 비리 공개

박한상 존속 살인사건 5월 19일

6월 13일 한반도 전쟁 위기 최고조 (미국인철수령)

김일성 주석 사망 7월 8일

9월 21일 지존파 사건 발표

성수대교 붕괴 사고 10월 21일

12월 7일 아현동 도시가스 폭발 사고

1995년

4월 28일 대구 지하철 가스 폭발 사고

소설가 김동리 사망 6월 17일

6월 29일 삼풍백화점 붕괴

조선총독부 건물 해체 시작 8월 15일

8월 23일 태풍 제니스 북한 강타, 최악의 대홍수

작곡가 윤이상 사망 11월 3일

11월 5일 지하철 5호선 개통

전두환 체포 구속 12월 3일

12월 25일 한국의 슈바이처 장기려 박사 타계

1996년

1월 6일 가수 김광석 사망

그룹 서태지와 아이들 해체 선언 1월 31일

3월 1일 초등학교 명칭 최초 사용 (국민학교는 역사 속으로)

페스카마호 선상반란 사건 8월 24일

8월 26일 서울지방법원 전두환·노태우에게
         반란 . 내란수괴죄 등으로 사형과 무기징역 선고

H.O.T 데뷔 9월 7일

9월 18일 강릉 무장공비 침투 사건

백범 암살범 안두희 버스 기사 박기서에 피살 10월 23일

1997년

북한 황장엽 망명 2월 12일

젝스키스 데뷔 4월 15일

IMF 시대 개막, 금모으기 운동 12월 3일

김용제 사형 집행(사형수 23명, 최후의 사형 집행) 12월 30일

1월 23일 한보철강 부도, IMF의 서막

2월 21일 대한민국 프로농구 출범

9월 13일 영화 <접속> 개봉

12월 18일 김대중 대통령 당선

1998년

신화 데뷔 3월 24일

박세리 역대 최연소로 LPGA 대회 우승 5월 18일

정주영 1,001마리 소를 끌고 북한 방문 6월 16일

금강산 관광 시작 11월 18일

2월 24일 김훈 중위 의문의 자살 사건 발생

5월 29일 한총련 6기 출범식 (연세대 사태)

6월 O양 비디오 파문 시작

9월 1일 엔시소프트, 리니지 출시

1999년

만민중앙교회 성도들 MBC 점거, 방송 중단 5월 11일

연평해전 발발 6월 15일

신창원 검거 7월 16일

인현동 호프집 대참사 10월 30일

2월 13일 영화 <쉬리> 개봉

6월 6일 박찬호, 애너하임 에인절스 투수
팀 벨처에게 이단옆차기를 날림

6월 30일 씨랜드 참사 23명 사망

9월 4일 <개그콘서트> 첫 방송

12월 3일 서울대 최초 비운동권 총학생회장 허민 당선

2013년 어느 여름, 〈한겨레〉에서 연재 제안을 받았다. "1990년대를 얘기
해보면 어떨까요. 1980년대는 사람들이 많이 이야기하지만 1990년대는
그에 비해 크게 조명되지 않은 것 같아요." 1990년대? 일단 뜨악했다. 그게
그렇게 오래된 얘기도 아닌데 할 이야기가 있을까 하는 의문이 들었기 때문
이다.

　　1990년대 열풍이 불고 있는데 무슨 소리냐고 반문하겠지만, 연재를
시작했던 2013년만 해도 드라마 〈응답하라 1997〉이 히트 친 것을 제외하
면 1990년대 이야기들은 그다지 풍성하지 못했다. 하지만 내게 있어 그 시
기는 스무 살에서 서른 살까지의 인생 최고의 황금기였다. 앞길의 갈피를
잡지 못하던 대학생이자 새까만 훈련병이 한 가정의 가장이 되고, 거대한
사회의 부속품이자 회사의 말단이 되어 월급을 받아 가정을 부양하는 6년
차 방송 PD가 되기까지의 짧지 않은 세월이었다. 내 또래의 독자들이나
1990년대를 삶의 일부로 여기는 이들에게도 결코 스쳐 지나칠 수 없는 시
간이었을 것이다. 그래서일까. 처음에는 고개를 갸웃했지만 이내 끄덕여졌
다. 뭔가 풀어 볼 만한 이야기보따리가 있을 것만 같았다.

　　1990년대는 한 시대를 풍미한다 싶었던 것들이 순식간에 사라지고 철
석같이 탄탄했던 것들이 짚단처럼 스러져갔던 '100년 같은 10년'이었다.
크게는 인류의 거대한 실험이었던 현실 사회주의가 몰락했고 30년 넘게 우
리나라를 지배하던 군부의 그림자가 걷혔다. 또 전쟁 이후 최대의 국난이라
는 IMF 사태가 닥쳐 수천만 한국인들의 삶의 방식을 근본적으로 위협했던
시기였다.

　　어디 거창한 것뿐인가. 드라마 〈응답하라 1997〉 제작팀의 고민 중 하
나는 불과 10여 년 전 당시를 재연하는 데 필요한 소품들을 구하는 것이었
다고 한다. 그렇듯 1990년대는 '어떻게 이런 게 나왔을까'라는 탄성이 그치
기도 전에 새로운 물건이, 생소한 매체가 연속부절로 등장하며 이전의 것들
을 구닥다리로 몰아붙이는 과정의 연속이었다.

　　무선호출기(일명 삐삐), PC 통신, 전동 타자기, 플로피 디스크, 도트 프

린터 등이 그랬고 수십 년 사용하던 버스 토큰이 사라졌으며 주산학원이 사멸돼 가던 때였다. "언제라도 힘들고 지쳤을 때 내게 전화를 하라"(꽃다지, '전화카드 한 장' 중에서)며 전화카드를 선물하는 것이 익숙하던 때였지만 이 역시 휴대폰이 보급되자 급격히 사양길을 걸었다.

1990년대를 전쟁 이후 가장 급속도의 변화가 일어났던 시대라고 하면 과장일까. 이 시기는 파도가 모래성을 허물 듯 그 이전의 역사가 쌓아올린 성채들을 하나씩 무너뜨렸다. 그리고 그 성벽 위에 안주하던 사람들, 성벽 안에서 일상을 영위하던 사람들을 대혼란에 빠뜨렸다. 거센 파도는 많은 것을 쓸고감과 동시에 더 많은 것들을 휘몰고 왔다.

그 어떤 격동기와 전환기 속에서도 우리들의 일상은 살아 숨 쉬고 맥을 이어간다. 그리하여 역사의 씨줄과 날줄을 엮어가고 그러한 기반 위에서 다음 시대를 규정하게 된다. 어느 시대든 마찬가지다. 이 책을 통해 그 느낌을 공유하면서 '그땐 그랬지'라고 반추하면서 낄낄거리고 추억에 젖어 옛 친구들과 수다 떨 수 있으면 좋겠다. 추억의 1990년대와 반가운 만남을 주선하고 때로는 그 시기를 건네주는 나룻배 역할이라도 할 수 있다면, 먼발치에 서라도 이곳저곳을 살펴볼 수 있는 구닥다리 망원경 정도만 된다면 더없이 만족하겠다. 1990년대의 조각들을 오늘의 삶에 어떻게 가지고 갈지는 각자의 몫일 테니까.

차례

5 혹독한 투쟁의 시대: 분신정국에서 IMF 사태까지

6 마지막 희망을 추억하며: 김종학에서 김광석까지

일러두기

― 본문에 단행본은 『 』, 잡지는 《 》, 신문 및 영화, TV 프로그램은
〈 〉, 노래 및 시의 제목은 ' '로 표기하였다.
― 본문에 인용된 성경구절은 개역개정판을 기준으로 삼았다.
― 본문에 사용된 사진 중 54쪽(1995년 보도사진연감)과 96쪽,
162쪽(연합뉴스)을 제외한 사진은 한겨레신문사 데이터베이스에서
사용하였다.

```
         @@
        @@@
      @@@@
        @@
        @@
        @@
        @@
        @@
    @@@@@
    @@@@@
```

신인류의 출현:

삐삐에서 오렌지족까지

1980년대 의사나 군인, 영업사원, 기자 등의 직업에서 업무상 활용되던 삐삐는 1990년대에 접어들면서 수요가 폭발적으로 확대됐다. 전국 어디에 있든 간편하게 호출이 가능해지면서 대학생들도 하나 둘 허리춤에 삐삐를 차거나 목에 걸었다.

대학교에 입학해서 결혼하기 전까지 이모 집에 얹혀 살았다. 근 10년을 머문 셈이니 이런저런 사연과 추억이 많다. 그중 기념할 만한 일은 복학하던 해 생일에 일어났다. 원래 조카 생일 미역국은 빠짐없이 끓여 주시던 이모였지만 그해에는 좀 특별했다. 이모는 "이제 복학도 했으니…"라고 말씀하시면서 작은 상자를 내밀었는데, 포장이 되어 있지 않았으므로 나는 첫눈에 그 정체를 알아보고 환호성을 질렀다. "와~ 삐삐다!" 그때 삐삐(무선호출기)는 별 디자인이랄 것 없는 새까만 성냥갑 같은 기계였지만 나는 흡사 외계 문명의 비기라도 전수받은 듯 손에 쥐고 어쩔 줄 몰랐다.

15

삐삐가 처음 등장한 건 1982년 무렵이었다. 용도는 일종의 '족쇄'였다. 1983년 5월 30일자 〈동아일보〉는 '중공'(당시에는 중국 본토를 공산당이 지배하는 중국이라는 의미로 '중공'이라 불렀다. 반면 대만은 자유 진영의 중국이라는 뜻에서 '자유중국'이라 불렀다) 민항기 비상착륙 사태 이후 주말 등 연락이 닿지 않는 날 비상연락용으로 내무부 고위 간부들에게 삐삐를 지급했는데, 간부들은 "이런 걸 허리에 차게 돼 자식들에게 쑥스럽게 됐다"고 보도하고 있다.

영원히 잊지 못할 친구의 한마디

의사나 군인, 영업사원, 기자 등 특수한 직업에서 업무상 활용되던 삐삐는 1990년대에 접어들면서 갑자기 수요가 대폭 늘었다. 비용 부담도 줄고 지역 번호를 눌러야 하는 복잡함도 사라지면서 전국 어디에 있든지 간편하게 호출이 가능해졌다. 그만큼 편리성도 높아졌다. 대학생들도 하나 둘 허리춤에 그 깜찍한 기계를 차기 시작했다. 연락 포스트 기능을 하던 대학가 카페에서도 "아무개 씨 전화 받으세요"가 아니라 "1234 호출하신 분!"을 외치는 빈도가 잦아졌다. 딱히 갖고 싶다고 누구한테 말할 처지는 못 되고 내 돈 주고 사기는 아까웠지만 내심 욕심이 나던 차에 이모의 호의 덕에, 나는 동기들 사이에서 가장 먼저 삐삐를 장만하는 '얼리어답터'가 된 셈이다. 다음 날 나는 마치 초보 총잡이가 권총을 찬 듯한 설렘으로 삐삐를 허리에 매달고 씩씩하게 등교했다.

있는 대로 거들먹거리며 친구들에게 삐삐 번호를 하사하던 중 한 친구가 어깃장을 놓으며 심기를 거슬렀다. "너는 여자친구도 없는 녀석이 삐삐가 무슨 소용이냐. 네 삐삐는 이제 우리 동기들 사서함이다!" "삐삐를 연애할 때만 쓰냐"며 애써 태연한 체했지만 기실 그의 말은 불길하면서도 정확한 예언으로 승화되었다. 도서관에 자리를 잡고 공부를 할라치면 삐삐는 수시로 울려댔다. "술집으로 와!"라는 메시지로 뒷덜미를 끌어당겼고 기껏 번호가 찍혀 전화를 하면 "아무개 같이 공부하고 있지? 연락하라고 전해줘"라며 자기 애인을 찾는 못된 커플들이 대부분이었다.

그러던 어느 날 한강 둔치에서 술 마실 일이 생겼다. 너덧이 둘러앉아

맥주를 마시는데 내 삐삐가 울렸다. 친구의 집 번호였다. 일단 무시하기로 했다. 전화를 하려 해도 공중전화는 1킬로미터 밖에 있었다. 권커니 잣거니 하는데 내 삐삐는 3분 간격으로 울어댔다. 뒤에는 '8282(빨리빨리)'가 연속으로 찍혀있었다. 옆에 있던 친구가 "무슨 급한 일이 있는 거 아니냐?"고 불안하게 쳐다봤고 나도 더럭 겁이 났다. 전화번호 주인은 서천 출신으로 충청도 출신답게 '베짱이'라는 별명이 있었다. 느려 터져서 성질 급한 친구들 속을 뒤집기 일쑤였던 놈인데 녀석이 이렇게 다급하게 나를 호출하다니? 1학년 때 과 동기처럼 누군가 자다가 급사라도 한 건 아닌지, 교통사고라도 난 건지, 아니면 혹시 무슨 공안 사건에 친구가 연루되어 끌려간 건 아닌지 별의별 상상이 일기 시작했다.

또 삐삐가 불길하게 울어댔다. 이번엔 '8282' 뒤에 '1818'이 찍혀 있었다. 그 순간 상상은 급류를 타기 시작했다. '이건 정말 무슨 일이 벌어진 거구나.' 그렇게 내가 삐삐를 씹었으면 전화 못하는 데라도 있는가 보다 할 텐데. 다급하게 삐삐를 치다가 "씨×, 전화 좀 하란 말이다 형민아!"라고 울부짖으며 전화 버튼을 눌러 대는 친구의 얼굴이 선명히 떠올랐다. 지금 연락을 못한다면 천추의 한이 남을 듯한 예감이 머릿속을 가득 채우기 시작했다.

"공중전화 어디 있지?" 무더운 열대야 속을 뚫고 나는 전력질주로 10분을 미친 듯이 내달렸다. 땀이 광천수처럼 솟아나 온몸을 적셨고 숨이 턱에 닿다 못해 정수리를 뚫고 나왔지만 한 번도 쉬지 않았다. 마침내 공중전화 부스를 찾아 수화기를 든 순간, 나는 격렬한 감탄사를 내뱉고 말았다. "이런 제기랄!" 공중전화는 모두 카드 전화기였고 내 지갑에는 공중전화 카드가 없었던 것이다. 사람이라도 있으면 통사정을 해서라도 카드를 빌릴 텐데 자정 무렵 고수부지 공중전화 부스는 인적이 끊긴 지 오래였다. 나는 눈물을 흘리면서 달려온 길을 되짚어 달음박질쳤다. 그 순간에도 삐삐는 계속 울려대고 있었다. '정말 큰일이 일어났구나!' 나는 포레스트 검프처럼 달렸다.

"전화카드! 전화카드 내놔!" 목격자에 따르면 내 눈에는 핏발이 서 있었다고 했다. 대체 무슨 일이냐고 묻는 친구들에게 "긴급상황이야!"라고 외마디 소리를 지르고는(나는 기억에 없다) 카드를 챙겨 다시 어둠 속으로 사라졌다. 거의 탈진 상태가 돼 전화카드를 꽂고 화급히 버튼을 누르고 신호음을 기다리던 시간은 대입 학력고사 합격자 조회를 가슴 졸이며 기다리던 때처럼 길었다. 마침내 친구가 수화기 저편에 나타난 순간 나는 울먹였다. "무슨 일이야? 무슨 일이야?" "왜 이렇게 삐삐를 안 받아!" 녀석도 격하게 소리를 질렀다. 역시 비상한 사태임이 분명했다. "미안하다, 미안하다, 무슨 일이야?" 재차 간절하게 물은 뒤 내 귓전을 때린 음성을 나는 영원히 잊지 못할 것이다. 그 말의 한 마디 한 마디 조사와 어미까지 기억하고 그 어조 또한 지울 수 없다. 그의 대답은 이것이었다. "그때 아무개 연락처(다른 대학교 여학생) 네가 적었지? 연락처 좀 달라고."

남파간첩 난수표 해독하듯 풀던 숫자들

장담컨대 내가 여자였다면 주저앉아 울었을 것이다. 길바닥이 온통 스펀지가 된 듯 푹신푹신 다리가 휘청거렸고 머리는 텅 비어 아무 말도 나오지 않았다. 그때 내가 할 줄 아는 모든 욕을 쏟아부어 녀석을 응징하지 못하고 그냥 전화를 끊어버린 것은 20년이 흐른 오늘날까지 한으로 남아있다. 그때 나는 삐삐를 살짝 풀밭에 내동댕이치기까지 했다(세게는 던지지 못하고).

새로운 통신수단이지만 쌍방향 통신이 아닌, 일방적인 호출을 특징으로 한 음성메시지 같은 보조 수단도 나오기 전(음성사서함 서비스는 1992년 12월에야 시범적으로 실시됐다)의 삐삐는 가련한 대학생을 패닉으로 몰아넣었다.

그래도 사람들은 그 일방적인 통신 수단을 다양한 방식으로 이용했다. 가장 대표적인 것이 '8282' 같은 숫자음의 이두식 사용이었다. 8282는 '빨리빨리'였고 번호 뒤에 1004를 붙이면 '당신의 천사', 1010235를 붙이면 '열열이(열렬히) 사모(35)하오'로 둔갑했다. 기억나는 몇 가지만 들어봐도 사람들은 천재적으로 숫자 암호를 개발하고 사용했다. 도서관에서 면학에 힘쓰다가도 삐삐에 친구 번호와 함께 002가 찍히면 엉덩이가 들썩거렸다. '땡땡이' 치자는 뜻이었다. 20000이 찍히면 '나는 이만 간다'는 신호였고 2468은 박수 소리(짝짝짝짝)였다. 연애하는 사람들에게 암호 세계는 무궁무진한 창조의 영역이 됐다. 친구 삐삐에 찍혀 있던 '58358282545119'라는 난수표적 암호는 한동안 친구들 사이에서 화제가 됐다. 그 뜻은 '오빠(58) 사랑해요(35-사모) 빨리 와서(8254) 나를(5-픔) 구해줘요(119)'였던 것이다. 애인 없는 불우 청년들은 말도 안 되는 설명을 들으며 "별짓을 다 한다"며 야유를 퍼부었지만 실제로는 노상 막걸리집 전화번호나 찍히는 자기 삐삐 에 미안할 따름이었다. 그리고 그들은 또 막걸리집에서 모여 술을 펐다. 그 러니 삐삐에 '오빠 사랑해요' 따위가 찍힐 리 만무할 수밖에.

쥐구멍에도 볕 들 날이 왔다. 마침내 나도 연애를 시작한 것이다. 연애 를 시작하자마자 내가 건넨 첫 선물이 삐삐였다. 오죽 한이 맺혔으면 그랬 으랴. 이제 나도 486('사랑해'라는 뜻. '사'는 4획, '랑'은 8획, '해'는 6획인 데에서 비롯된 암호)을 남발할 수 있고 101023535를 내 번호 뒤에 당당하게 찍을 수 있겠구나 싶었다. 그런데 지금의 아내가 된 당시의 여자친구는 좀 더 참 신한 걸 원했다. 그래서 나온 것이 결코 참신하지는 않은 난수표 방식이었 다. 'ㄱ'(기역)은 1, 'ㄴ'(니은)은 2, 그리고 모음 'ㅏ'는 1, 'ㅑ'는 2와 같은 식으 로 자음과 모음에 숫자를 부여하고 그걸 조합해서 문자를 보낸 것이다. 이 방식을 적용해서 '71 410 8810'을 치면 '사랑해'가 된다. 당시 내 문자에는 '71 410 8810'이 뻔질나게 찍혔고 나 또한 툭하면 그 숫자를 찍어 보냈다. 가끔은 요령부득의 숫자 조합을 받고 마치 남파간첩 암호를 해독하듯이 끙 끙대며 숫자를 풀어내야 했다. '85 294 8860 152 8810'을 '오늘 피곤해' 라고 번역하기가 어디 쉬웠겠는가. 그런데 사랑의 힘은 위대했다. 이 일을 몇 달 했더니 숫자만 봐도 자동 번역되는 시스템이 두뇌 속에 갖춰졌다는 사실!

얼마 전 영화 〈건축학 개론〉을 보면서 문득 과거가 떠올라 아내에게 한 때 우리의 '통신 시스템'에 대해 설명했더니 기억상실에 가까운 반응을 보 였다. "아니 그런 이상한 짓을 왜 했대?" 그러게 말이야. 우리가 왜 그랬을 까. 〈건축학 개론〉의 주연을 맡았던 수지가 어느 인터뷰에서 "지금도 (영화 에 등장하는) 삐삐 사용법을 도무지 모르겠다"고 토로한 바 있다. 1994년생 인 수지나 그 또래 사람들은 지금처럼 스마트폰이 일상화 된 시대에 그때의 정서를 이해하기란 쉽지 않을 것이다. 하물며 그 시대를 살아낸 사람들조차 아내처럼 그 정서를 까맣게 잊어버렸기 십상일 테니.

1995년 판촉용 전화카드 발행량만 1,200만 장

1997년 보급 대수 1,500만 대를 돌파했던 삐삐와 친근한 짝이던 공중전화의 전성시대도 1990년대였다. 1991년도에 전화카드 발행량은 이미 5,000만 장을 넘어서고 있었고 1995년 보도에 따르면 각 기업들이 판촉용으로 나눠주기 위해 발행한 전화카드만 해도 1,200만 장에 달했다. 사람들 발길 번다한 지하철역이나 시내 곳곳의 공중전화 부스에는 삐삐를 손에 쥔 채 발을 동동 구르며 전화카드를 꺼내든 줄이 장사진을 쳤다. 그렇다 보니 통화가 길어지면 연신 "죄송합니다"라고 고개를 숙였다. 뻔뻔한 사람의 경우 뒷사람들과 시비가 생기기 일쑤였다. 그렇게 어렵게, 가까스로 연결된 통화가 전화카드 금액 부족으로 끊기거나 통화도 안 한 상태에서 돈만 덜컥 내려가면 얼마나 부아가 치밀었던지. 1995년 11월 1일자 〈한겨레〉에는 삐삐와 관련된 바짝 화가 난 사용자의 심사를 읽을 수 있는 독자 투고가 실려 있다.

> 전화카드를 사용하다 보면 40원만 남을 때가 있다. 그런데 이걸 사용해서 전화를 하면 연결 시에 삐삐 신호음이 난 후 통화를 할 수 있다. 그런데 이 카드로 삐삐를 칠 경우 송신자가 1번 버튼(번호 호출, 2번은 음성사서함)을 누르는 것으로 착각하고 1번을 누른다. 그럼 연락도 해보지 못하고 40원을 그냥 날려 버리는 셈이 된다… 40원이 아무것도 아닌 것 같지만 쌓이면 큰돈이 된다!

그 무렵이었을까. 막 입사해서 조연출로 정신이 없던 시절, 가까스로 참석하게 된 모임이 있었다. 여의도 벤치에서 3차로 캔맥주를 마시며 낄낄대고 있는데 한 친구가 삐삐가 왔다며 공중전화를 찾아 사라졌다. 금세 올 줄 알았던 녀석은 한참 뒤에야 나타났다. "애인이라도 생겼냐"고 "웬 통화가 이리 길었느냐"고 지청구를 하니 녀석은 한참을 어이없어하며 이렇게 말했다. "전화 부스에 한 녀석이 애인하고 전화를 하는 거야. 오늘 데이트하다가 뭔 실수를 한 모양인지 '아니야 아니야 내 맘 알잖아' 하면서 소리 지르다가 빌더니 결국은 울어. 삐삐 번호가 집이 아닌 모양인지. 지금 갈 테니 이 번호 어디냐고 묻는데 전화카드 돈이 떨어졌네. 근데 이 자식이 나더러 전화카드를 빌려 달래. 1분만 더 쓰겠다고. 근데 안 줄 수가 없더라. 뭐, 나도 그런 상황 안 될 줄 어찌 알겠어.”

    삐삐에 찍힌 전화번호 일곱 자리에 가슴을 죄고, 삐삐 호출에 응답하기 위해 전화카드를 치켜들고 공중전화 부스를 찾아 내닫고, 딸깍 내려가는 카드 금액에 눈을 부릅뜨고 음성사서함에 사랑 고백을 하며, 삐삐 소리나 진동음을 애타게 기다린, 자면서도 머리맡에 삐삐를 두고 있었던 기억들. 1990년대 청춘들에게는 수십 년이 지난다 해도 지워지지 않는 추억이다. 오히려 더 선명해지는, 어린 시절 운동회 끝나고 먹던 짜장면 맛처럼. 그 시절 나도 청춘이었다.

이제는 인터넷 제국의 거대한 영토 아래 흔적도 없이 사라
진 PC통신의 파란 화면. 그곳에는 수많은 사람들과 모임,
정보와 뉴스들이 있었다. '하이텔'과 '천리안'의 이름이 보
인다.

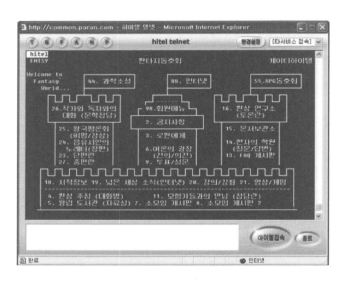

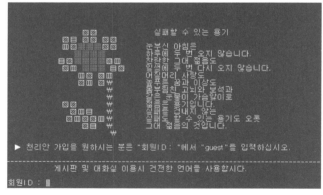

신입사원 때다. 세상이 어떻게 달라질지는 몰라도 내 앞길만큼은 희망과 화사함이 넘치리라 믿어 의심치 않던 어느 날, 갑자기 신입사원 전체가 호출됐다. 어리둥절 회의실에 둘러앉아 있던 우리에게 한편의 영화 시놉시스와 대본이 주어졌다. 읽어보고 영화가 괜찮을지, 흥행에 성공할 수 있을지 예측해보라는 것이 윗분들의 말씀이었다.

　　본부장님이 좌중의 소감을 물었을 때 흘러나온 말들은 무척이나 삐딱하고 까탈스러웠다. 나는 "그렇게 큰 울림이 없다고 생각합니다. PC 통신 문화에 편승해보려는 시도 정도로 보입니다"라고 얘기했고 다른 동기들의 평도 신랄했다. 어떤 동기는 "대중이 전혀 공감할 수 없는 이야기"라며 "이 영화에 투자하는 것을 적극 반대합니다"까지 나아갔다. 영화의 내용은 전혀 모르는 남녀가 PC 통신 채팅으로 대화를 나누다가 서로 모르는 상태로 지나치기도 하고 어찌어찌 지내다가 서로를 발견하고 사랑을 시작하게 된다는 이야기였다.

이렇게 줄거리를 풀어놓으면 "혹시, 그거 영화 〈접속〉 아니에요?"라고 조심스레 묻는 사람이 있을 것이다. 맞다. 그날 우리가 잔인하게 씹고 차갑게 내던진 시놉시스는 영화 〈접속〉이었다. 당시 신인급이었던 전도연을 한국을 대표하는 여배우로 부상시키고 서울 관객 80만, 전국 관객 140만 명(이 수치는 당시 한국 영화계에서 만만한 수치가 아니었다)을 끌어모은 히트작을 나와 동기들은 철저하게 몰라봤던 것이다.

컴퓨터를 켠다, 10초 기다린다…

변명하자면 우리만 감이 떨어졌던 건 아니었다. 1997년 개봉 당시 이 영화는 극장주들의 주목을 받지 못했다. "당시 극장들은 이 영화를 흔쾌히 걸려고 하지 않았다. 스크린쿼터를 지키기 위해 극장들이 울며 겨자 먹기로 내건 셈이었다." 〈접속〉을 만든 명필름 대표 심재명 씨의 말이다. 극장주들도 흥행 요소가 없는 평범한 멜로물로 봤다는 말이고 스크린쿼터 때문에 할 수 없이 걸었다는 뜻이다. 그런데 대박이 났다.

이 영화가 개봉되던 1997년에 나는 결혼을 했다. 그런데 영화가 히트친 이후 부작용이 있었다. 나와 아내는 PC 통신 동호회에서 만나 오래 알고 지내다 결혼을 한 경우였는데 "어떻게 결혼하시게 됐어요?"라는 질문에 무심코 "PC 통신을 통해서요"라고 대답하면 대부분 황홀한 표정을 지으며 "어머나, 〈접속〉!"이라고 부르짖는 통에 난처할 때가 한두 번이 아니었다. 아내는 '여인2' 아이디의 전도연이 아니었고 나 역시 한석규와는 천양지차다. 더욱이 우리는 실제 만나 대화하면서도 온라인 속 그 사람인지를 모르고 지나치고 그러다 다시 온라인으로 만나는 만남을 상상한 적도 없었다. 아내는 지금도 무색무취했던 연애 기간을 탓하건만 'PC 통신'이라는 한마디에 우리는 영화 속 주인공이 되곤 했던 것이다.

〈접속〉이 흥행한 이유는 많겠지만 가장 근본적인 요소는 1990년대를 화려하게 장식한, 그러나 이제는 인터넷 제국의 거대한 영토 아래 흔적도 없이 사라진 PC 통신 문화였을 것이다. 영화 〈접속〉에 주로 소개된 PC 통신은 '유니텔'이었는데 당시 처음 만나는 사람들에게 '천리안'인지 '하이텔'을 쓰는지, 또는 '유니텔' 회원인지 '나우누리'인지를 묻는 것은 일상적이었다. 1999년에 방송되었던 프로그램을 다시 보아도 유니텔 등 PC 통신을 통해 시청자들의 제보를 요청하고 있으니, 1990년대의 PC 통신은 마치 벚꽃처럼 우리 곁에 갑자기 왔다가 삽시간에 사라졌다 할 것이다.

PC 통신이란 개인용 컴퓨터를 다른 컴퓨터와 회선으로 연결하여 자료를 교환하거나 통신을 주고받을 수 있는 시스템을 말한다. 개개인의 연결보다는 정보 서비스 제공을 위한 호스트 컴퓨터 시스템에 가입된 사람들이 '접속'하여 소통하는 것이 일반적이었다. 그리고 이 호스트 컴퓨터 시스템을 구축하고 사람들을 끌어들인 것이 '하이텔'이니 '천리안'이니 하는 이름들이었다. 나는 친구들 사이에 유명한 컴맹이었다. 플로피 디스크를 '바지(종이 케이스)'에 넣고 다니지 않으면 대기 중의 '컴퓨터 바이러스'에 오염된다고 실제로 믿었던 사람이다. 하지만 PC 통신 입문은 조금 빠른 편이었다.

인터넷을 처음 사용한 날은 기억나지 않지만 PC 통신을 처음 접하던 날은 분명하게 기억한다. 새로 장만한 컴퓨터에 모뎀이라는 것을 깔긴 했는데 사용법을 제대로 몰라 용산전자상가 직원을 퇴근길에 집에 들르게 만든 진상 손님이었다. 컴맹 손님에 질려버린 직원이 꼼꼼히 적어 준 매뉴얼, "1. 컴퓨터를 켠다. 2. 10초 기다린다…" 등등. 유치원 원아들에게나 합당한 '매뉴얼'을 들고서 나는 처음으로 PC 통신에 '접속'했다. 'atdt 157'처럼 암호 같은 숫자를 기억하는 이라면 (01410은 그 뒤에 나왔다) 그걸 누른 뒤 숱한 '통화중' 신호 이후 기적같이 '띠~~ 라 라~~치지지직' 하는 묘한 접속음에 환호해본 경험도 있을 것이다. 그리고 경북대학교 전자공학과 동아리 하늘소가 만든 '이야기' 프로그램의 파란 화면은 나를 PC 통신의 호수로 인도했다. 거기에는 수많은 사람들과 모임이, 정보와 뉴스들이 있었다.

신문과 방송은 나 혼자 보고 흘려보내면 그만이었지만 통신 공간에서는 개인들이 모여들어 치열하게 토론하고 의견을 교환했다. 듣도 보도 못한, 하지만 재능은 풍부한 것 같은 아이디들이 주옥같은 시와 그럴싸한 소설들을 올렸다(물론 반대의 경우가 더 많았다). 돈도 없고 갈 곳도 없고 불러낼 사람도 애매한 야밤에도 PC 통신만 접속하면 사람들이 득실거렸다. 사람들은 그 와중에 '잠수'를 타고 연애를 했고 누군가 자신에게 '접속'하기를 기대하며 외로운 채팅방을 열기도 했다. 노인들도 자기들만의 공간을 만들어 소통의 즐거움을 누렸다. '초딩'들도 부지기수였다. 하이텔 '플라자(아무나 의견을 올릴 수 있었던 토론장)'에서 실컷 싸우다가 알고 보니 초딩이더라며 기가 막혀 하는 일도 흔했다.

'님'이란 호칭이 시작된 사연

당연했다. 한국 사회에서 이름 석 자조차 밝히지 않고 장유유서를 벗어나 어울릴 통로가 무엇이 있었겠는가. 그 결과 나온 것이 '님'이라는 호칭일 것이다. 들은 얘기로 PC 통신 초창기 소규모 BBS 서비스에서 활약했던, 한국 PC 통신의 선구자들 간에 큰 싸움이 일어났다고 한다. 한 명은 중년이었고 한 명은 어렸다. 결국 "너 몇 살이야?" 식의 싸움으로 번지자 이를 본 회원들이 온라인상에서는 서로를 '선생님'으로 부르자고 했다가 그건 좀 아니라는 의견을 거쳐 다시 '님'으로 조정된 것이 그 시초라고 한다. 소규모 집단 내부의 약속이, 통신하는 사람들의 일반적 호칭으로 퍼져나간 것이다. '님' 자가 붙으면 만사가 편했다. 이는 오프라인으로 번져 은행이나 서비스센터 같은 공간에서도 아무개 '씨'보다는 아무개 '님'이 즐겨 사용되었다.

채팅방에서 '형민 님'이라는 소리를 들을 때의 그 산뜻한 느낌, 나아가 선진적인 문화를 영위하고 있으며 '통신인'으로서 살게 됐다는 자부심 비슷한 착각은 꽤 오래 지속됐다. 하지만 컴맹의 PC 통신 적응은 부단히 힘든 일이었다. 어느 날 채팅방에서 한창 이야기꽃을 피우는데 누군가 내게 귓속말을 걸어왔다.

"[귓속말] 혹시 아무개 아세요? 제 친구인데." 귓속말은 모두가 사용하는 채팅방에서 어떤 키를 누르면 특정한 사람에게만 메시지가 전달되는 기능인데 나는 그걸 몰랐다. 그래서 '아, [귓속말]이라는 걸 앞에 붙이면 그 방의 다른 사람들은 사적인 대화로 생각하는구나'라고 짐작했다. 그래서 열심히 타자를 쳤다. 즉, 괄호 열고 귓속말 치고 괄호 닫고….

"[귓속말] 아 저는 잘 모르겠습니다." 모든 사람들에게 다 보이는 귓속말. 누군가가 지금 뭐하는 거냐고 물어왔고 더듬더듬 나의 진의를 밝혔을 때 나는 순식간에 그 동호회의 유명인사가 되고 말았다.

당시 나는 열 개가 넘는 동호회에 가입돼 있었고 대부분의 사람들도 그 정도의 동호회에 가입되어 있었다. 그만큼 사람들의 관심과 기호, 열정과 참여의 크기에 따라 수많은 관계들이 종횡으로 이어졌고 시와 도의 경계를 넘어 교차됐다. 혈연·지연·학연으로만 구성되던 우리 사회의 관계가 확장되는 공간. 내가 제주도 대학생과 친구가 되거나, 울릉도 총각과 목포 아가씨가 만나 연애를 하는 곳. 그 이전에는 존재하지 않았던 세상이었다.

그러다 보니 PC 통신은 스타도 만들어냈다. PC 통신이 아니었으면 『퇴마록』의 작가 이우혁은 지금쯤 전공을 살려 자동차 부품과 씨름하고 있을지 모르고, 종종 술을 마시던 동호회 선배가 한국 문단의 젊은 작가 중 대표주자로 떠오르는 일도 쉽지는 않았으리라. PC 통신이 아니었던들 하이텔 유머동, 횡수동(횡설수설동)에서 활약한 그 사람이 유명한 '디시인사이드'를 이끄는 그분이 어찌 될 수 있었겠으며 오늘날 난다 긴다 하는 인터넷 '논객'들의 칼날이 어디서 벼려겼겠는가. '혹 무슨 불순한 일이라도 벌어지지 않을까' 두려워하는 전통적인 피해망상의 한국 정부도 이렇듯 새로운 공간에 무심하지 않았다.

1993년 9월 7일 PC 통신 천리안 내 '현대 철학 동호회'에 당시 반국가 단체로 규정된 남한사회주의노동자동맹(사노맹)을 옹호하는 글이 올라오고 천리안 운영자는 이를 빌미로 동호회 운영을 폐쇄하고 수사기관에 알렸다. 수백 명 회원 규모의 동호회에 정부가 내민 칼은 자그마치 '대검찰청 공안부'였다. 1993년 12월, 결국 현대 철학 동호회 회장 김형렬이 구속되었다. 이후 몇 명의 통신인이 구속되는데 그들의 국가보안법 위반 혐의 가운데에는 '공산당 선언'을 게시판에 올린 것도 있었다. 오늘날 서울대학교 인문 고전 시리즈에 선정돼 있는 '공산당 선언' 말이다.

가장 웃지 못할 이야기는 지금까지 정보인권운동가로 활동하고 있는 장여경 씨의 기억에서 나온다.

> 1990년대 중반 PC 통신 나우누리에 한총련 CUG(회원 전용 게시판)가 개설됐습니다. 그런데 한총련의 불법시위 정보를 입수한 경찰이 압수수색영장을 들고 나우누리 사무실에 들이닥쳤습니다. '한총련 방이 몇 호실이야?' 하면서요.

나우누리 직원은 갑자기 들이닥친 이 기세등등한 컴맹들 앞에 어찌할 바를 몰랐으나 압수수색 영장을 마패 삼은 가련한 어사들을 위해 게시판에 올린 글을 복사해주었다고 한다. 이 컴맹들의 후예가 지금은 어느 골방에 틀어앉아 '좌익효수'니 '전라도 홍어'니 하고 악성 댓글을 달고 있는 비겁자들이라고 생각하니 그래도 역사는 발전한다고 해야 하는 건가. 이제는 접속해서 댓글이라도 달 줄 아니 말이다.

삼풍백화점 붕괴 현장에서의 활약

이런 일들에도 불구하고 사람들은 새로운 공간에서 자신의 즐거움을 찾았다. 옳다고 생각하는 바를 외쳤고 무언가 고민하는 일을 계속했다. 역시 PC 통신 세대이자 전 민주노총 정보통신부장 최세진의 말을 들어 보자.

"1995년 4월 대구에서 지하철 공사장 가스 폭발로 횡단보도 위에서 신호대기 중이던 101명이 사망하고 202명이 부상한 사건이 발생했는데, KBS는 속보를 내보내지 않고 야구중계만 했다. 방송에서 그 속보를 알리지 않자 현장 근처에 살던 학생이 PC 통신에 올려 전국에 알렸는데, 당시 한국에서 처음으로 '온라인 시위'가 진행되었다. 나중에 밝혀진 사실은 두 달 남긴 '지자체 선거'를 염려한 청와대의 지시로 인한 보도 통제였다."

온라인 시위를 넘어 사람들은 오프라인에서도 크게 활약하게 된다. 바로 두 달 뒤 삼풍백화점이 붕괴됐을 때 하이텔 자원봉사 동아리 '누비누리'에는 회원들에게 삼풍백화점 앞으로 모이자는 글이 올라왔다. 이후 각종 동호회와 토론방 등에서 자발적인 자원봉사 움직임이 조직돼 수많은 회원들이 현장에 모였다. 그들 중 일부는 각 병원 영안실에 컴퓨터를 설치하고 수시로 실려오는 주검들의 특징과 유품 등을 일목요연하게 정리하여 단일 게시판에 올렸다. 이렇듯 속수무책으로 울고 있던 유족들에게 절실한 도움을 제공하는 한편, 긴급한 헌혈 요청이나 부족한 지원 품목을 게시하여 사람들의 호응을 이끌어냈다. 그것은 한국에서 '자원봉사'라는 개념의 효시였다.

　　1990년대에 우리 곁에 다가왔다가 순식간에 역사 속으로 사라져버린 PC 통신이 남긴 소중한 유산은 그런 것이 아닐까 한다. 방송에 의해, 당국의 지시에 따라 동원되는 사람들이 아닌 자유로운 개인들의 자발적인 참여 공간이 더 큰 연대의 망을 형성하고 더욱 강한 힘을 낼 수 있었던 기억들. PC 통신은 사라졌지만 그런 연대의 공간을 만들어내는 일은 이후로도 계속돼왔고 앞으로도 이어질 것이다. 그런 힘들이, 동호회 게시판에 '공산당 선언'이 올랐다고 칼을 빼들기에 바쁘거나, 자원봉사자들이 희생자들 시신을 살피고 기록하는 동안 어찌할 바를 모르고 허둥대기만 하는 '적폐'들을 사라지게 하는 힘이 될 수 있지 않을까.

일본식 가라오케는 영상, 음악, 가사까지 동시에 나오는 한
국의 노래방으로 변이했다. 노래방이 처음 등장한 1991년
한 해에 1만여 개의 노래방이 생겨났다. 1991년 이후 한국
에 머문 사람 중 노래방에서의 에피소드 하나 없는 사람이
있을까. 사진은 1996년 서울의 어느 노래방.

1991년 가을이었나. 부산 고향 집에서 시간을 보내고 있는데, 어느 날 밤 아버지와 어머니가 머리를 맞대고 긴한 상의를 하고 계셨다. 사업 접을 준비를 하시던 아버지는 뭔가 좋은 아이템이 나타난 듯 말씀에 열기가 묻어났다. "될 것 같다니까. 사람들이 얼마나 좋아하는지 몰라." 그런데 어머니는 고개를 저으셨다. "나는 싫어요. 유흥업 같아서. 그런 장사에서 술이 안 따라갈 수 있어요? 결국 술장사가 될 건데." 술을 한 방울도 입에 못 대시는 아버지와 달리 술이라면 귀가 번쩍 뜨이는 아들이 조심스레 무슨 일인지를 여쭈었으나 "들어가서 잠이나 자!"라는 소리만 들었다. 끝내 아버지는 어머니를 이기지 못했고 새 사업 아이템은 남의 얘기가 됐다. 아버지가 조심스레 들고 왔던 아이템은 바로 '노래연습장'이었다.

노래방 1호는 부산의 '하와이비치 노래연습장'

부산은 한국 제2의 도시다. 문화적인 면에서도 그 정도의 위상을 지니고 있느냐고 물으면 자신 있게 대답하지 못하겠지만 적어도 1990년대에는 확실히 그랬다.

일본이 가까워 안테나 하나만 달면 일본 방송을 쉽게 접할 수 있었고, 관광객들은 물론 학교들끼리 자매결연 같은 다양한 교류가 있었다. 그러다 보니 1970년대 이래 방송 개편 철만 되면 서울의 방송사 PD들이 일본 방송 포맷을 보기 위해 출장을 와서 들입다 TV만 보다가 돌아가기도 했던 곳이 부산이었다. 또 바다 건너 벌어지는 일본 프로야구를 보며 야구의 눈높이를 키운 것도 부산이었다. 그렇게 흘러들어온 문물 중에 '가라오케'가 있었다. 일본말로 '공숲'인 '가라'와 오케스트라의 준말인 '오케'의 합성어다. 가수의 노래를 빼고 합성된 기계음 반주를 틀어 노래 부르는 이를 도와주는 시스템을 말한다.

과거에는 술 한 잔 한 뒤 노래를 부르려면 '밴드'를 불러야 했지만 밴드는 비용 부담이 컸다. 그래서 보통 사람들은 선술집에서 젓가락을 두들기며 두만강 푸른 물에서 노를 젓거나 소양강 처녀를 부르짖는 것으로 노래에 대한 욕구를 해소하는 것이 일반적이었다. 그런데 그럴듯한 반주를 흘려주는 '가라오케'가 등장했다.

1980년대 부산에만 2,000곳이 넘는 업소가 들어섰고 이는 전국으로 확산됐다. 하지만 밴드보다 저렴할 뿐 접대와 술판이 따르는 가라오케도 부담이 만만치 않았다. 영상, 음악, 가사가 동시에 지원되지 않는다는 단점도 있었다. 그러던 중 1991년 4월 부산에 살던 한 화교에 의해서 가라오케의 한국적 변이가 이룩된다.

부산 동아대학교 앞에서 로얄 전자오락실을 운영했고 컴퓨터에 일가견이 있던 형충당 씨. 그는 아싸전자의 가라오케 기계를 개조해 번호를 눌러 자신이 원하는 노래를 선택하고 화면에 흐르는 자막을 보며 노래할 수 있도록 만들었다. 형 씨는 오락실 한켠에 1.6평짜리 공간을 조성하고 그곳에 들어가 기계에 300원을 넣으면 노래 한 곡을 부를 수 있도록 했다. 이것이 한국형 노래방의 시초라고 한다. 1.6평의 관 같은 노래방. 그 시작은 미약하였으나 나중은 눈이 부실 만큼 창대해진다. 아싸전자가 형충당 씨의 기술을 도입해 음악과 함께 새까만 화면에 가사 자막만 또르르 흐르는 형태의 원시적인 노래반주기를 등장시켰다.

한국 최초로 첫 등록업체가 된 노래방은 부산 광안리의 '하와이비치 노래연습장'이었다. 반응은 폭발적이었다. 이 신종 여흥 기계의 유행은 KTX보다 빨리 전국으로 퍼져나갔다. 1년 사이에 1만여 곳의 노래방이 생겼다면 말해 무엇하겠는가. 초기 노래방에 투자했던 사람들은 이른바 대박을 맞았다. 부모님이 노래연습장 사업을 두고 옥신각신하던 게 1991년 가을이었으니, 그 사업을 시작하셨다면 필시 나는 대박집 아들이 되어 취직 걱정은커녕 유유자적 한세월 즐기는 한량으로 살았을지도 모른다.

각설하고, 지금 40대라면 누구나 노래방에 처음 갔던 기억을 떠올릴 수 있을 것이다. 어두컴컴한 방 안에 들어가서 "이거 어떻게 하는 거냐?"고 조심스런 손길로 노래 안내 책장을 넘기고 동전을 딸깍 넣고(초기에는 다 동전 노래방이었다) 더듬더듬 번호를 누른 뒤 흘러나오는 단조로운 반주에 맞춰 어색하게 노래 부르고, 마이크에 실린 자신의 목소리에 감탄 또는 좌절하던 그날의 풍경을. 그런데 새로움에는 반드시 저항이 있게 마련이다. 열풍처럼 번지는 노래방의 유행에 반기를 든 세력들이 있으니 그때까지 나름의 영향력을 행사하던 학생운동권이었다.

"노래방 갔다 왔다고 반성문도 썼다"

1991년 부산대학교 총학생회가 학교 근처의 노래연습장 등 '왜색문화'를 고발하는 사진전을 개최했고 다른 대학 학생들도 대학가에 홍수처럼 밀어닥치는 노래방에 각을 세웠다. "노래방은 왜색 풍조이며 소비 향락을 조장할 뿐만 아니라 건강한 학생들의 예술적 감수성을 열린 공간에서 발산하는 대신 한 평 반짜리 폐쇄적인 공간에 가둠으로써….” 당시 학생회에서 배포한 문건의 한 대목이다. “93학번 동기들끼리 노래방 갔다 온 걸 걸렸는데 선배들이 어떻게 이런 일이 있을 수 있느냐고 책상을 치고 난리가 났다.” “노래방 갔다 왔다고 반성문도 썼다.” 거짓말 같지만 최근 송년회 시즌에 주위들은 실제 경험담들이다.

돌이켜보면 당시 학생운동권은 끊임없이 금지곡을 양산하고, 자신에게 거슬리는 문화를 차단하려던 군부독재와 닮아 있었다. 군부독재 정권이 ‘왜색가요 금지와 건전가요 육성’ 정책을 펼쳤던 것처럼 운동권 역시 노래방, 록카페 등 왜색 향락 문화를 극복하자는 ‘새생활운동’을 벌였고 노래방 가서 노래 부르는 후배들에게 눈을 부릅떴다. 변화를 수용하기보다 과거의 논리에 갇혀 일종의 문화 지체에 빠져 있었다고 하면 지나친 말일까. 어쨌든 그런 외로운 저항은 곧 무력화됐고 노래방 열풍은 거침없이 대한민국을 휩쓸었다. 어른들은 말할 것도 없고 1993년 김영삼 정부가 노래방 청소년 출입 금지 조처를 해제하자 청소년들과 어린아이들까지 대거 노래방으로 몰려들었다.

노래방의 진화도 눈부셨다. 시커먼 화면에 자막만 흐르던 모니터에 아름다운 풍경 사진이 등장했다가 금세 화려한 영상으로 바뀌었다. 반주 역시 단조로운 멜로디의 차원을 넘어 실제 연주에 가까운 음원들이 업그레이드 됐으며, 노래하는 사람 스스로를 가수로 착각하게 만드는 우아한 코러스의 향연이 펼쳐졌다. 버튼 몇 개가 전부이던 초기 노래방은 컴퓨터 자판 수준의 형형색색의 버튼이 수놓인 리모컨으로 진화했고, 없는 노래투성이였던 빈약한 노래 목록은 ‘그날이 오면’이나 ‘솔아 솔아 푸르른 솔아’ 유의 민중가요까지도 망라하는 괴력을 발휘하며 사전처럼 두꺼워졌다. 작고한 이규태 선생이 “한국인의 보편적 기질로 정착, 좁아지는 글로벌 사회에 한국인의 개성으로 부각되고 있다. 중국 음식점 없는 고을은 많아도 노래방 없는 고을은 없으며 세계 구석구석 수십 명의 한국인만 있으면 맨 먼저 생기는 것이 노래방이라고 들었다”고 말한 것은 결코 과장이 아니었다.

회사에서 1차 회식이 끝난 뒤 당연히 가게 된 곳도, 명절 차례를 끝낸 저녁 할아버지 할머니부터 유치원 다니는 손자까지 함께 찾는 곳도, 시작하는 연인들이 첫 키스를 나누는 가장 일반적인 장소도, 시험 끝난 청소년들이 고래고래 악쓰며 스트레스 푸는 공간도, 실연당한 젊은이들이 노래 부르다가 펑펑 울어버리는 곳도, 그룹 미팅한 대학생들이 어색함을 떨쳐버리는 놀이터도 모두 노래방이었다. 그것은 슈퍼스타라고 해도 다르지 않았다. 이 시대의 가왕 조용필은 1994년 결혼한 아내와 함께 동네 노래방을 즐겨 찾았고, 몇 년 후 아내가 병으로 세상을 떠났을 때 터질 것 같은 슬픔을 노래방에서 토해냈다고 한다. 처제 안진영 씨는 "언니가 좋아했던 노래라면서 '그 겨울의 찻집' '산장의 여인' '언체인드 멜로디'를 부르면서 형부가 얼마나 울었는지 몰라요. 노래를 부르는 사람도 듣는 사람도 모두 눈물바다를 이뤘어요"라고 말한 바 있다.

22년 전 한 평론가의 비관적인 예언

오래전, 이제는 상전벽해의 변화를 겪으며 역사 속으로 사라진 서울 구파발 진관내동에 있던 낡은 만둣집을 촬영한 적이 있다. 인근 초등학교 수업이 끝날 때가 되자 아이들이 몰려든 가게는 떠나갈 듯 시끄러웠다. 재잘재잘 참새 떼처럼 지저귀는 수다를 간신히 끊고 초등학교 4학년이라는 한 아이에게 이곳을 언제 알았냐고 물었는데 녀석의 답이 지극히 맹랑했다. "옛날부터 알았어요!" 출생신고에 잉크도 마르지 않았을 법한 녀석이 '옛날'을 운운하는 것이 하도 어이가 없어 "옛날 언제?"라고 다그쳤더니 이 아이, 또한 번 당돌한 멘트를 날려 왔다. "엄마 뱃속에서부터 왔어요." 여기에 그만 말문이 막혀 버벅거리는 나를 보고 킬킬 웃으시던 주인아저씨가 말을 받았다. "걔 엄마가 고등학교 때부터 우리 집에 다녔으니까 옛날이 맞네요. 우리 집 창단 멤버거든 쟤 엄마가. 저기 거울에 붙은 사진 있지? 그거 쟤네 엄마 패거리들이 붙여놓은 거야."

아저씨가 가리킨 거울에는 어디서 많이 본 듯한 남자 셋의 빛바랜 작은 사진들이 무더기로 붙어 있었다. 누굴까 고개를 갸웃거리는데 아저씨가 정체를 밝혀줬다. "소방차야 소방차!" 그러고 보니 아이돌 댄스그룹의 원조라 할 3인조 댄스그룹 '소방차'가 맞았다. 그 빛바랜 사진들이 나붙은 거울 속에는 1980년대 말의 어느 날, 만두 접시 주위에 둘러앉아 수다를 떨다가 자신의 우상을 오려붙이려 다가서는 여고생의 모습이 마술처럼 떠올랐다. 그런 감상에 젖어 있던 나를 깨운 것은 그 딸의 쨍쨍거리는 목소리였다.

"(소방차) 지이~인짜로 못생겼다!"로 시작하는 타박을 한참 한 뒤 아이는 엉뚱한 소리를 꺼냈다. "우리 엄마가 가끔 노래방에서 대걸레 잡고 그녀에게 보내주오 어쩌고 하는 그 소방차?" 나는 그만 폭소를 터뜨리고 말았다. 꽤 날래게 몸을 움직이면서 마이크 대를 쓰러뜨렸다가 들어올렸다 했던 소방차의 춤을 아이의 엄마는 노래방에서 대걸레 자루로 재연했던 모양이다. 이윽고 아이들은 가방을 뒤지더니 뭔가를 꺼냈다. 그것은 당시 최고의 인기를 구가하던 그룹 'god'의 사진이었다.

엄마의 우상인 소방차의 사진들 위에 딸의 우상인 '대니 오빠'의 사진이 큼직하게 붙었다. 스타들의 세대교체가 조금은 뒤늦게, 얼룩 그득한 만둣집 거울에서 이루어진 셈이다. 아이에게 god의 어떤 노래를 제일 좋아하냐고 물으니 '어머님께'란다. 한번 불러보라고 거듭 부추기는 나에게 아이는 또랑하고 야무지게 한방을 날렸다. "노래는 노래방에서 부르는 거예요. 가사도 없는데 무슨 노래를 불러요? 이상한 아저씨야." 나는 또 한 번 껄껄 웃고 말았다.

그해 4학년이었다면 녀석은 1991년생이었다. 아마도 녀석은 엄마 뱃속에서부터 만둣집뿐 아니라 노래방을 드나들었을 것이다. 그 딸처럼 당돌하고 끼 넘쳤을 엄마는 대걸레 자루를 들고 스테이지를 뛰어다녔을 것이고, 그로부터 10여 년 후 그 딸은 "어려서부터 우리 집은 가난했었고 남들 다 하는 외식 몇 번 한 적이 없었고…"(god의 '어머님께' 중)를 읊으며 마이크를 부여잡고 있었을 것이다.

그날 거울에 붙어있던 소방차와 god 멤버 대니의 간격만큼이나 긴 세월이 또 흘렀다. 이미 만둣집은 없어졌고 그 거울도 산산이 깨졌겠지만 그때 맹랑했던 아이는 이제 20대 중반의 여성이 되어 무슨 노래를 부르고 있을지 궁금해진다. 그 엄마는 여전히 대걸레 흔들며 소방차를 부르고 있을지도 궁금하고.

노래방이 이 땅에 등장한 지 어언 24년째. 새해에도 매일 수십 만 명의 사람들이 수만 곳의 노래방에 들러 수백만 곡의 노래를 토해낼 것이다. 그곳이 거친 주정과 기묘한 탈선, 음울한 배설의 현장이 아니라 뭇사람들이 노래를 통해 기쁨을 나누고 슬픔을 씻고 어깨를 펴고 가슴을 위로하는 공간이 되기를. 그래서 1992년 평론가 이재현이 했던 신랄한 예언이 빗나가기를 바란다. 이재현은 그의 글에서 이렇게 경고했다.

노래방 터를 발굴할 미래의 우주 전사들은 이렇게 보고할 것이다. '칸칸의 관에 문화적 생체 반응 있음. 몇 백 년 전의 지구인은 관 속에서 노래 반주곡을 뽑아먹고 살았던 것 같음: 거미줄 같은 전깃줄들, 레이저 디스크 몇 장, 동전 몇 닢, 감전사고 난 시체 몇 구, 무엇보다 알코올에 젖은 쉰 목소리와 핏발 선 눈에 비친 싸구려 수선화. 배설물 처리반을 보내주기 바람.'

1997년 5월 김포국제공항 제2청사 출국장 앞에서 한 기독
교 시민단체 회원들이 호화사치 해외여행을 근절하자는 캠
페인을 벌이고 있다. 폭증하던 해외여행이 과소비의 주범
으로 찍히던 때였다.

얼마 전 국내 굴지의 여행사 회장님을 뵌 적이 있다. 그분에 대한 이런저런 이야기를 전해 듣는데 이런 사연이 귀에 들어왔다. "원래 저분은 ○○투어 팀장이셨는데 분위기를 보아하니 관광 산업으로 승부를 볼 수 있겠다는 확신이 들었던 거야. 그래서 몇 명이 의기투합을 해서 사표 쓰고 나와 사무실을 낸 거야. 덕수궁 건너편에 올망졸망한 여행사들 지금도 많잖아? 그중 하나로 시작했던 거지." 검색해보니 그 회사 창립은 1993년이었다. 오늘날 관광업계 선두를 다투는 기업의 창립 일화를 들으며 1990년대는 '여행'이라는 개념이 정립되고 그 수요가 봇물처럼 터져 나오던 시대였다는 생각을 했다.

대한민국 헌법 제14조에는 "모든 국민은 거주·이전의 자유를 가진다"고 규정돼 있다. 그러나 1990년대 이전까지 한국인의 '이전의 자유'는 매우 제한돼 있었다. 요즘이야 해외여행을 한 번도 다녀오지 못했다면 불쌍한 시선을 면하지 못하겠지만 1980년대만 해도 해외여행은 '가문의 영광'에 해당하는 일이었다. 공적인 업무나 유학, 취업 등을 제외한 순수 여행 목적으로는 여권이 거의 발급되지 않았다(50대 이상에 한해 제한적으로 허용한 게 1983년이었다). 그러니 한 번 '물 건너' 갔다 돌아올 때는 사돈의 팔촌에 직장 상사에 부서원들까지 나눠 줄 선물을 바리바리 챙기는 것이 미덕이었는데 그중 '일본산 코끼리 밥솥'은 인기 선물 품목이었다.

결혼식장 첫 질문, "신혼여행은 어디로?"

여행의 자유를 제한하는 이 위헌적 상황이 해제된 것이 1989년, 즉 1980년대의 끝자락이었다. 해외여행이 완전 자유화된 것이다. 수십 년 동안 그림의 떡에 불과했던 해외여행이 모락모락 김을 내며 꿀까지 듬뿍 묻힌 채 눈앞에 내밀어지자 한국인들은 적잖이 평정을 잃었다. 도대체 이 사람들이 어떻게 수십 년간 해외여행 금지를 당연하게 받아들여 왔나 의문이 들 정도였다. 그해 1989년 출국자 수는 단숨에 100만 명을 돌파했고 1991년에는 관광수지가 적자로 돌아선다. '단군 이래 최대 호황기'의 영향인지 모르나 돈 씀씀이도 초보치고는 엄청났다. 한국인들의 해외여행 1인당 관광 비용은 미국과 독일의 두 배에 달했던 것이다. (〈연합뉴스〉 2009년 6월 15일자, '해외여행 자유화 20년' 보도 중)

이 폭발적인 수요를 감당하고자, 또 그 덕에 돈을 벌고자 여행사들이 우후죽순처럼 생겨났고 각양각색의 상품으로 대한민국 남녀노소를 유혹했다. 1990년 1월 15일 대한여행사가 출시한 적립식 해외여행권은 그 좋은 예가 되었다. 이 여행사는 "하루 1,000원의 투자로 시작됩니다"라는 캐치프레이즈를 내걸고 '글랑플랜'이란 이름의 적립식 해외여행권을 출시했다. 월 납입액 3만 원을 일정 기간 적립하면 대망의 해외 신혼여행을 갈 수 있는 시스템이었다. 월 3만 원씩의 계약이 폭주하면서 단 두 달 만에 계약고가 10억 원 가까이 쌓였다. 신혼부부 지갑 최대의 적인 '평생에 한 번인데'라는 슬로건은 관광업계에서부터 기승을 부렸다. 결혼식장에서 "신랑은(또는 신부는) 뭐 하는 사람이냐?"보다 "신혼여행 어디로 간다니?"가 첫 질문이 된 것도 이즈음이었다. 괌이니 사이판이니 하는 곳들은 일찌감치 식상해졌고 하와이와 발리, 푸껫, 심지어 몰디브 등 지구본에서나 보고 뉴스에서나 듣던 지명들에 한국인들의 발길이 홍수처럼 밀어닥쳤다.

어디 신혼여행뿐이랴. 언젠가 명절, 고향 집 식탁에 둘러앉아 정담을 나누는데 아버지가 천만뜻밖의 말씀을 하셨다. "배낭여행이 한창 유행일 때 내가 너한테 돈 좀 보태줄 테니 유럽 배낭여행이나 갔다 오라고 했더니 너 그때 뭐라고 했는지 기억나느냐?" 잠시 머리를 쥐어짜 봤지만 유감스럽게도 전혀 기억나지 않았다. 당연히 이게 웬 떡이냐 했을 것 같고, 그렇다면 배낭 하나 들고 유럽에 가서 젊음을 발산하고 왔어야 하는데 나는 배낭여행을 떠난 적이 없지 않은가. 더듬거리면서 기억이 나지 않는다고 했을 때 아버지는 지금 생각해도 기막히다는 듯 말씀을 이으셨다. "아주 비분강개해서는 내가 내 나라 땅도 아직 제대로 못 봤는데 외국 나가서 뭘 보고 오겠냐며 정색을 하더라. 나도 기가 막혀서 더는 말도 안 했지."

악. 내가 그런 망발을 했단 말인가. '내가 언제 그랬습니까' 발끈하려는데 스멀스멀 옛 기억이 되살아나왔다. 아마도 발트해를 왕복하는 유람선 뷔페 식당에서 한국 배낭여행객들이 뷔페 음식을 싸가지고 나오다가 적발돼 한국 남자 승선 금지령이 떨어졌을 때인 것 같다. 또 연봉 1,500만 원이면 괜찮은 직장 얻었다는 평을 듣던 시기에 아무리 저렴하다고 해도 300만 원이 깨지는 건 기본으로 각오해야 했던 유럽 배낭여행에 대한 부정적인 시선도 많던 무렵이었다.

1993년 6월 9일자 〈동아일보〉에는 연세대학교 89학번 학생의 인터뷰가 실려있다. "우리 과 우리 학번의 경우 '운동권과 지방 학생을 제외한' 50퍼센트 이상이 배낭여행을 다녀왔다"는 것이었다. 복학한 뒤엔 소위 운동권은 면했지만 그 정서에 익숙했고 '지방 학생'이었던 나는 하늘이 내려준 배낭여행의 기회를 얼토당토않은 '내 나라도 아직 다 안 봤거늘!' 하는 논리로 박차버렸던 셈이다. 만약 그때 유럽 각지를 누비며 루브르 박물관에서 모나리자를 보고 런던 빅벤 시계탑을 따라 시계를 맞춰보고 라인 강변에서 맥주 맛을 음미하며 세계 각지에서 온 사람들과 어울려 게스트하우스에서 고스톱 룰이라도 가르쳐줄 수 있었더라면, 내 인생과 세계관이 어떻게 바뀌었을지 모르겠다.

이즈음을 돌이켜 보매 떠오르는 것이 한 여자 후배의 또랑또랑한 배낭여행 출사표다. 여행 비용은 이모가 상당 부분 도와주셨다고 했다. '너희 이모 돈 많으시구나' 하며 심드렁하게 넘기려는데 녀석이 내 말 허리를 야무지게 자르고 들어왔다. "아니에요, 형. 저희 이모 부자 아니에요. 제가 어머니가 일찍 돌아가셔서 이모가 저희 자매들한테 관심을 많이 갖긴 하시지만요. 어느 날 언니랑 저를 불러놓고 그러시는 거예요. 너희들 결혼할 때 주려고 적금을 부어온 게 있다. 그런데 너희들이 배낭여행을 가겠다면 그걸 지금 주마. 넓은 세상을 보는 것만큼 좋은 일이 어디 있겠니. 두 자매가 벌떡 일어나서 똑같이 소리를 친 거 알아요? 이모, 저희 결혼 안할 거예요!" 해외여행 자유화 이후 불어닥친 배낭여행 열풍을 타고 매 여름과 겨울 방학이면 1개 사단 규모의 대학생들이 유럽과 인도, 일본과 동남아로 떠났다. 물론 유복한 집안의 학생들이 'FM(father, mother) 장학금'으로 귀족형 배낭여행을 떠나는 경우도 있었지만 아르바이트한 돈을 끌어모아 '보다 넓은 세상'을 향해 무작정 뛰어든 학생들이 더 많았다. 그때 배낭여행에 합류했던 한 선배의 경험담은 한동안 친구들 사이에서 화제였다.

"나는 한국 사람이 없는 곳을 가보고 싶었어. 그래서 스페인에서 모로코로 건너갔고 또 거기서 다른 나라로 건너갔어(그 이름은 떠오르지 않을 만큼 생소한 국명이었다). 공항이래야 시외버스터미널 같고 영어도 안 통하는 나라. 기분이 뿌듯하더라고. 이 나라에는 한국 사람이라고는 나뿐일 거다 싶은 마음에. 그런데 일어서는데 갑자기 뒤에서 경상도 사투리가 들려오지 뭐야. '아이고 더버라(더워라).'"

불과 몇 년 전만 해도 해외여행 기회가 원천봉쇄돼 있었던 섬 아닌 섬나라 (동서남북 모두 바다와 휴전선으로 차단된) 대한민국 젊은이들은 그렇게 세계 속으로 빠져들어 갔다. 하다못해 '전대협(전국 대학생 대표자 협의회)'이 북한에 파견한 밀사들조차도 배낭여행객으로 위장하고 유럽행 비행기를 탔으니까.

그런데 어찌 해외여행만을 여행이라 하랴. 1990년대는 새롭고 생경한 외국 곳곳에 우리들의 발길이 닿기 시작한 시대이면서, 그때껏 관심이 부족했고 제대로 알지 못했던 우리 안의 재발견이 이뤄진 시기이기도 했다. 그 1등 공신 중 하나는 본격적인 '마이카(My Car)' 시대의 개막이었다. 〈소년중앙〉이나 〈새소년〉 등의 어린이 잡지에서 뻔질나게 등장하던 '21세기에 이루어질 미래' 같은 기획에 절대로 빠지지 않았던 것이 '마이카 시대'였다. 1980년대 초만 해도 승용차 수가 18만대에 불과했으니 '마이카 시대'는 요즘 북한의 '강성대국'만큼이나 허황된 구호로 보였다. 하지만 1980년대 말에 이르면서 그 수가 열 배로 늘어나 마이카 시대는 본격적으로 그 막을 올렸다. 내 집 마련보다는 내 차 마련이 급하다는 사람들의 서두름 속에 "집도 없으면서 무슨 차냐?" 하는 어른들의 핀잔은 이내 무색해졌다. 아마도 1990년대 초중반은 자동차 업계 최대의 경쟁기이면서 호황기였을 것이다. 몇 달이 멀다 하고 새로운 차종이 등장했고 '뺑소니 차량을 목격하고도 차종을 증언하지 못하는' 일이 벌어졌으니까.

본격적인 마이카 시대는 사람들의 라이프 스타일을 전면적으로 바꿔 놓았다. 여행 문화에서도 그랬다. 젊은 연인들이 춘천이나 백마로 기차 여행을 떠났다가 "어, 차가 끊겼네. 어떡하지?"의 서툰 연극을 벌이고 또 그 뻔한 연극에 짐짓 속아 넘어가 주는 시대는 서서히 저물어가고 있었다. '시각표'를 사서 각지의 버스 시간과 기차 시간을 메모해두고 다니다가 어쩌다 늦어지면 무거운 배낭을 메고 전력질주하여 숨이 턱에 닿은 채 버스를 잡아타던 일도 특별한 추억의 영역에 편입돼 갔다. 졸업을 앞둔 어느 날 술자리에서 "바다가 보고 싶다"고 한마디 한 것이 계기가 돼 누군가의 차를 꽉 채운 채 영동고속도로를 내달려 강릉 경포대 일출과 조우했을 때의 감회를 지금도 잊을 수 없다. 글자 그대로 '차의 소유는 문화의 탄생(일찍 차를 샀던 친구의 표현)'이었던 것이다.

그렇게 사방을 돌아다니며 버스와 기차가 닿지 않는 국도와 오솔길의 매력에 빠진 이들에게 한 줄기 빛이 내려왔으니 1993년 출간된 유홍준의 『나의 문화유산 답사기』였다. 이 책을 처음 읽었을 때의 전율을 잊을 수 없거니와 "아는 만큼 보이고 보이는 만큼 느낀다"는 책 서문 글귀는 마치 지혜의 번개처럼 득도의 벼락처럼 내 머리를 내리쳤다. 대단한 볼거리가 펼쳐져 있지 않더라도, 국보 몇 호의 권위가 없더라도, 우리 땅 곳곳을 지켜온 문화유산들과 옛사람의 자취들, 하다못해 없어진 절터와 그 터를 지키는 돌무더기들에 우리가 미처 발견하지 못한 가치들이 살아 숨 쉬고 있음을 깨우쳐주었다. 우리가 이제껏 몰라서 보지 못했고 보이지 않으니 느끼지 못했음을 호령하면서.

첫 여름휴가 때 우리 부부는 『나의 문화유산 답사기』의 남도 답사 코스를 답습했다. 그런데 그런 사람이 한둘이 아니었다. 저마다 크고 작은 차에서 내린 사람들은 회색 표지의 이 책을 꺼내들고 있었다. 그 책에 등장하는 영특한 개를 찾아 헤맸고 소개된 음식점을 찾아들었으며, 정자 위에 앉아 옛 시인 흉내를 냈다. 몰랐던 것들을 알게 해준 것은 유홍준 전 문화재청장의 공이 지대할 것이나 그들을 '답사기'의 꽁무니를 따라서 방방곡곡 누빌 수 있게 해준 공로는 그들의 애마, 즉 자동차의 몫이 아니었을까.

아내와 함께 들른 장소 중에는 다산초당도 있었다. 다산 정약용이 귀양살이를 치렀다는 작달막한 기와집은 인산인해까지는 아니더라도 꽤 많은 관광객들이 찾아왔고 그들 역시 '답사기' 한 권을 품에 안고 있었다. 깔끔히 단장된 관광지로 수많은 사람들의 발길을 끌어들이는 그곳을 바라보는 내 심경은 좀 복잡했다. 그곳에는 과거 동아리 선배들의 흔적도 남아 있었기 때문이다.

"1987년 겨울 합숙 때 관광지인지도 모르고 다산초당 부속건물에서 잠을 잤어. 문이 다 열려 있어 하도 추워서 나무를 땠는데 구들장이 무너지고 그랬어. 부속건물에서 잤으니 망정이지 자칫하면 다산초당을 다 부술 뻔했지 뭐야. 그때 그게 문화재인 줄도 몰랐고 문도 다 열려 있어서 누구든 들어가 잔들 뭐랄 사람이 없었어. 1박 2일 동안 거기서 머무는데 찾아오는 관광객도 없었어."

그렇게 선배들은 자칫 역사에 남을 죄를 지을 뻔했다. 이렇다 할 관광지도 아니고, 별다른 볼거리도 없이 덩그러니 집 한 채 남아 있던 다산초당. 그래서 길 가는 대학생들이 하룻밤 신세를 져도 아무도 뭐라는 사람이 없던 그곳은 1990년대에 다시금 우리 곁으로 돌아와 다산 정약용의 숨결을 전해주게 됐다.

　무릇 여행이란 접해보지 않은 풍경과 경험의 조우이며 동시에 그 과정에서 자신의 모습을 재발견하고 스스로 한 발 더 내딛고 한 움큼 더 자랄 수 있는 기회이다. 1980년대까지 "3등, 3등 완행열차 기차를 타고" 동해 바다로 가서 고래 잡는 일에 만족해야 했던 젊은이들을 위시한 대한민국 국민들은, 1990년대 들어 3등, 3등 이코노미석 비행기를 타고 유럽 지중해에서 고래를 잡거나, 열차 시간표와 버스 노선에 구애받지 않는 한 내가 가고 싶은 곳을 찾아서 느끼고 즐길 수 있는 권리를 가지기 시작했다. 이전과는 차원이 다른 '역마살'을 경험하게 되었다고나 할까.

휴대전화가 본격적으로 상용화되기 전인 1997년 12월의
휴대전화 이용자 모습. 오른손으로 무선호출기(삐삐)를 들
고 통화하는 모습이 인상적이다.

이런 이야기를 하면 정말 구닥다리 시대 사람으로 보일 수도 있겠지만 내가 대학 다닐 때만 해도 문서 작성은 당연히 타자기로 하는 것이었다. 타자 좀 칠 줄 아는 이들은 수업도 못 들어가고 타자를 두들기며 '선전전'에 동원되는 일이 많았다. 어느 날 선배 하나가 환호작약하는 모습을 보았다. "이건 혁명이야!" 무얼 가지고 저러나 했더니 바로, 전동타자기였다. "이렇게 오타가 났지? 그럼 이렇게 하면 지울 수가 있어!"

원리는 잘 모르겠지만 수정액 기능이 내재된 모양이었다. 선배에게는 오타가 나도 눈 질끈 감고 넘어가거나 애써 타자 친 종이를 통째로 뜯어버려야 하는 고충이 끝났다는 기쁨이 무척 컸나 보다. 그러나 그 '혁명'은 몇 달 못 가 구시대 유물이 되고 말았다. 워드프로세서가 보급되기 시작한 것이다. 잠깐 사이에 전동이건 수동이건 모든 타자기는 학교 안에서 사라졌다.

1990년대에는 이렇듯 기술의 급속한 발전 속에 반짝했다가 스러져 간 비운의 기계나 물건들이 비일비재했다. 전동타자기의 '혁명'을 잔인하게 진압했던 워드프로세서도 두어 해 뒤 고물상으로 부지런히 팔려나갔고 386컴퓨터면 세상을 다 가진 것 같았지만 1년이 무섭게 구닥다리 딱지가 붙었다. '이렇게 편리한 것이 있다니!'라며 감탄했던 5.25인치 플로피 디스크도 1990년대 후반이 되면서 그걸 넣을 수 있는 컴퓨터를 찾기 어려워졌다.

1993년 광주대 휴대전화 커닝사건

이런 비운의 기계 목록 가운데 시티폰이라는 이름의 기계도 있었다. 삐삐와 찰떡궁합인 이 기계는 전화를 걸 수는 있지만 받을 수는 없던 전화기였다. 휴대전화보다 저렴한 가격에 이용할 수 있었지만 공중전화 부스에서 조금만 벗어나면 먹통이 되는 '개인용 공중전화'라는 악평을 듣기도 했다. 결국 시티폰은 서비스 실시 후 2년 만에 역사 속으로 퇴장해버렸다. 휴대전화가 퍼져나가던 흐름 속에서 살포시 생겨났다가 꼬르륵거리며 사라져버린 작은 섬이었다고나 할까.

그러고 보니 어린 시절 보았던 〈소년 중앙〉이니 〈새소년〉이니 하는 어린이 잡지의 단골 기사 중에 "21세기, 이렇게 변한다" 부류의 기획이 많았다. 시간이 흐른 후 그 예언들은 거의 모두 맞아떨어졌다. 얼굴을 보며 하는 화상전화, 한국말을 하면 영어로 번역해주는 번역기, 2시간 만에 서울·부산을 왕복하는 기차 등등. 그때 빠지지 않고 등장했던 것이 '가지고 다니는 전화기'였다. 언제 어디서든 차 안에서든 소풍 가서든 전화를 걸고 받을 수 있는 전화기는 꽤 오랜 꿈이었던 셈이다.

정부 고위층과 기업 사장님쯤 되면 차 안에 두고 쓰는 '카폰'을 사용했지만 가격은 어마어마했다. 1984년 기준으로 포니 두 대 값인 400만 원이었으니, 당연히 그림의 떡이었다. 1988년 모토롤라가 한국에 상륙하여 휴대전화 시장을 개척했지만 전화기 가격은 240만 원이었다. 삼성이 이에 대응하여 휴대전화를 생산했지만 그 가격도 180만 원이었다(그즈음 대학 등록금이 70만 원이었다). 그 후로도 오랫동안 휴대전화는 부의 상징이었다. 1990년대 초반 대한민국 밤거리를 누비던 오렌지족임을 증명하는 필수 보유품 중 하나가 휴대전화였으니까.

필요는 발명의 어머니이지만 보급의 아버지이기도 하다. 언제 어디서나 전화를 걸고 받을 수 있는 휴대전화는 높은 가격에도 불구하고 점차 광범위하게 사용되기 시작했다. 상사로부터 '828282'가 찍히는 호출을 받았지만 공중전화 줄은 길고 버스는 오고, 울며 겨자 먹기로 삐삐를 씹었다가 상사에게 "너 삐삐 안 받고 뭐 했어?"라는 말로 박살난 직장인이 어찌 "내 보너스 받으면 휴대전화 하나 사고 만다!"를 부르짖지 않았겠는가. 또 고향 내려가는 기차 안에서 사귄 지 며칠 안 된 애인의 삐삐를 받고 발을 동동 구르던 대학생이 앞자리에서 여유작작 통화하는 휴대전화 사용자를 어떤 눈길로 바라보았겠는가.

1992년 8월 24일자 〈경향신문〉 기사는 휴대전화 가입 대수가 14만대로서 비약적인 성장을 하고 있음을 보도하는 가운데 인구 1,000명 당 3.37대로서 대만의 7.4대나 말레이시아의 6.8대에 미치지 못함을 지적하며 2000년대에는 440만 대의 휴대전화가 사용될 것을 예상하고 있다. 그러나 이 예상은 대대적으로 빗나가고 말았다. 2000년 휴대전화 가입자 수는 무려 2,682만 명이었으니 8년 동안 2만 퍼센트에 가까운 성장세를 보인 것이다. 물론 그 안에는 나와 아내, 그리고 모든 가족과 친구, 동료들이 포함돼 있었다. 과거 제작 수첩을 들춰보면 1997년을 기점으로 기록해 놓은 스태프, 출연자들의 거의 모든 연락처가 삐삐에서 휴대전화로 바뀌고 있다.

〈주부대항퀴즈〉 조연출을 할 때의 일이다. 퀴즈를 맞힌 주부들에게 푸짐한 선물을 소개하는데 휴대전화 차례가 됐을 때 자리에 있던 주부 4명의 입에서 동시에 "오우!" 소리가 튀어나왔다. 휴대전화가 걸린 문제만은 내가 맞히리라 눈에 불을 켜는 것도 보였고 방망이를 쥔 손에 힘도 잔뜩 들어갔다. 한 주부가 휴대전화를 획득했는데 녹화 후 스튜디오 밖에서 벌어지는 재미있는 흥정을 보았다.

"저기요, 제가 냉장고하고 TV 드릴게요, 그 휴대전화하고 바꿔 주시면 안 돼요?"

"저도 필요한 거라…."

"제가 장사를 해서 꼭 필요해서 그래요. 미싱까지 얹어 드릴게요."

잠시 후 원래 휴대전화를 탔던 주부는 만족스런 거래 끝에 냉장고와 TV와 미싱을 낑낑대며 용달에 싣고 떠났고 한 주부는 감개무량한 표정으로 휴대전화를 가슴에 품고 의기양양 집으로 돌아갔다. 휴대전화는 그 정도의 위력을 지닌 물건이었다.

그러나 문명의 이기란 쓰는 사람들에 의해 곧잘 흉기 내지는 무기로 돌변하는 법이다. 휴대전화가 등장하자마자 그 편리함은 범죄에 악용되기 시작했다. 1993년 광주대학교에서 일어난 휴대전화 및 삐삐를 이용한 커닝 사건은 그 이후 유구한 역사의 선례가 되었다. 후기 입시를 치르고 일찍 빠져나온 수험생으로부터 답안지를 입수하고 승용차 안에서 휴대전화로 교실 안 수험생의 삐삐로 답을 전송하다가 발각된 사건이었다. 휴대전화 사용 초기에 시사 프로그램 조연출이었던 나는 휴대전화를 이용한 범죄 행각들과 자주 조우할 수 있었다. 심지어 내 두 번째 휴대전화는 사기 범죄의 소산이었다.

2014년 소방용 장갑에 비견되는 이야기

신혼 시절 아내와 함께 어느 백화점에 들렀는데 당시 막 나오기 시작했던 PCS 폰 특가 행사가 열리고 있었다. 너무나 파격적인 조건이었기에 '011'을 쓰던 나는 아내의 채근에 못 이겨 '019'로 바꾸는 계약서에 서명을 하고 계약금을 냈다. 그런데 며칠이 지나도 집으로 보내준다는 전화기가 오지 않아 판매자에게 전화해보니 묵묵부답이었다. 백화점으로 전화했더니 담당자는 더듬거리면서 이렇게 대답하는 것이 아닌가.

"저희가… 사기를 당했습니다. 그 사람들은 LG 하고는 아무 관련이 없고요. 고객님을 비롯해서 1,000여 분한테 계약금을 받아서 튀었습니다."

"아니 연락처 같은 것도 없이 부스를 설치해주신 겁니까?"

"저희가 가진 게 휴대전화 연락처밖에 없는데 그걸로는 추적이 아무것도 안 되더라고요. 고객님 잠시 기다려 주시면 저희가 LG 측과 얘기해서 전화기를 보내드리도록 하겠습니다."

1999년 2월 3일자 〈매일경제〉의 독자 투고에는 한 경찰관의 호소가 실렸다. 내용인즉슨 휴대전화는 일반 유선전화와 공중전화 번호와는 달리 발신지 추적이 거의 불가능하므로 이를 보완하기 위한 장치가 필요하다는 것이었다. 범죄자들은 이 점을 악용해 휴대전화를 들고 산지사방을 누비며 범죄를 벌였고 경찰들 역시 이들을 잡기 위해 골머리를 앓으며 동분서주했다. 맡고 있던 프로그램 때문에 각지 경찰서를 제집처럼 드나들던 시절, 형사들은 100퍼센트 휴대전화를 가지고 있었다. 그때만 해도 비싼 통화비 때문에 휴대전화의 유혹을 억지로 참고 있던 나로서는 감탄이 일 수밖에 없었다. 나는 "그래도 경찰들은 휴대전화를 다 지급받았군요." 그때 돌아온 어이없는 대답을 잊을 수 없다.

"나라에서 준 거 아니에요. 범인들이 죄다 핸드폰을 가지고 서로서로 연락하면서 도망 다니는데 어떻게 합니까. 우리도 사야지. 이거 다 우리 개인 돈으로 샀어요. 통화비도 개인이 내요." 소방용 장갑을 '아마존' 사이트에서 구입한다는 2014년 소방관들의 슬픈 사연은 1990년대 경찰들의 기억에도 깃들어 있다. 왜 나쁜 일만큼은 예나 지금이나 변함이 없는지.

1996년의 겨울, 나는 휴대전화를 사이에 두고 악에 받쳐 뒤쫓는 경찰과 도망자 간에 벌어지는 대화를 목격할 일이 있었다. 서울 남쪽의 한 동네에서 제보 하나가 들어왔다. "한 동네 전체가 쑥밭이 됐다"는 것이었는데 막상 가서 자초지종을 들으니, 그렇게 특별하다고 할 수 없는 사기극이었다. 한 남자가 동네에서 돈놀이를 해오다가 야반도주를 했다는 것이 사건의 골자였다.

화려한 수법으로 수백억 원을 감쪽같이 챙겨 종적을 감추는 사기꾼들도 수두룩한데 이 정도의 가벼운 사기를 방송 아이템으로 삼기는 어려웠다. 그때 우리 시야에 한 사람이 혜성처럼 나타났다. 그는 그 동네 파출소 순경이었다. 그와 함께 피해 동네를 다시 한 번 찾았을 때, 우리는 문제의 사기꾼이 정말이지 못할 짓을 하고 사라졌다는 사실을 깨달았다. 하루 벌어 하루 먹고사는 분, 독거노인, 노점상, 행상 등으로 구성된 그 동네 주민들은 은행 이자보다 훨씬 높게 이자를 쳐주는 범인에게 돈을 맡겼고, 범인은 '귀신보다 더 정확히' 이자를 미리 건네면서 신용을 쌓아 갔다. "국회의원 나와도 그 사람은 될 거다"라는 신망 속에 쌈짓돈을 긁어낼 대로 긁어낸 다음 어느 날 새벽, 그는 온데간데없이 증발해버린 것이다.

성이 박 씨라서 옛날 드라마 제목처럼 촬영 내내 '박 순경'이라 불린 우리의 박 순경은 참으로 악착같이 범인의 뒤를 추적하고 다녔다. 하루는 파출소에서 밤새우며 취객들과 싸우고, 하루는 경기도 일대를 장돌뱅이처럼 돌아다니며 범인의 뒤를 쫓았는데 추적 과정에서 얻어낸 성과는 범인의 휴대전화 번호였다. 위치 추적이 불가능하던 시절인지라 그 번호가 별반 도움될 일이 없었지만 어쨌든 그 번호는 꽁꽁 숨어버린 범인과 선이 닿을 수 있는 가느다란 실이었다.

벨소리 확인하고 덮쳐라

박 순경의 전화에 마이크를 달고 통화를 시도했다. 몇 번 대기음이 들린 후 딸칵 소리가 났을 때 우리 모두의 귀는 팽팽한 긴장으로 바짝 당겨졌다. 쫓는 자와 쫓기는 자의 진귀한 대화였다. "여보세요." 느물느물한 남자의 목소리에 박 순경이 침착하게 대응을 했다. "×××씨? 나는 ×××씨 쫓아다니는 경찰관입니다." 일순 당황스런 침묵을 예상했건만 휴대전화 저편의 상대는 보통을 넘어선 인물이었다. "아이고, 수고하시네요."

수고? 박 순경의 목소리는 더 낮아졌지만 그만큼 단호해졌다. "그런 짓을 할 때 양심이 허락을 하던가요?" 그러자 수화기 속의 목소리는 두 배로 높아졌다. "시건방진 소리 하고 있어, 주제도 모르고 말이야. 당신 직분이 뭐야?" 그리고 전화는 딸칵 소리를 내며 끊겼다. 전화가 끊긴 뒤에도 박 순경은 휴대전화로 통화까지 했으나 어디에 있는지 도무지 알 수 없는 상대방을 향해 다짐 같은 말을 내뱉었다. "내 직분이 있으니까 당신을 잡으려는 거 아니오." 그는 오래도록 휴대전화를 놓지 못했다.

사기범 공개수배 방송이 나갔고 그 가증스런 사기 행각에 분노한 시청자들의 제보가 쇄도한 끝에 범인은 다른 경찰서 형사들에 의해 체포됐다. 체포한 형사에게 들은 바로는 그가 묵고 있는 방 밖에서 휴대전화를 걸었고 벨소리가 나는 걸 확인하고 덮쳤다고 했다. 언제 어디서나 울리는 핸드폰 벨소리를 확인하고서. 그런데 회사에서 문제가 발생했다.

방송 후 첫 출근날 담당 PD들이 땡땡이를 치는 것은 일종의 관례였다. 선배는 나에게 전화를 걸어 "내일 가족들과 놀러 가기로 했으니까 부장님이 찾으시면 박 순경 만나러 갔다고 해라"고 지시한 참이었는데 덜컥 놀러 가는 날 오전 사기범 체포 소식이 들려온 것이다. 선배를 대신해서 부장님께 보고하자 부장님은 크게 기뻐하시며 당장 후속 취재를 지시했다. "아, ○○는 박 순경 만나러 갔다 했지? 카메라팀하고 출동해서 만나라. ○○는 나한테 연락하라 하고." 발등에 불이 떨어진 나는 선배의 휴대전화로 득달같이 전화했다. "형, 어디세요? 뭐 수원 톨게이트? 당장 차 돌려요! 사기범 체포 됐어요!"

'언제 어디서나 전화를 걸고 전화를 받을 수 있는' 휴대전화 덕에 선배의 가족 나들이는 파장이 났지만 부장님의 불호령은 면할 수 있었다. 그로부터 2년 전만 해도 상상이 어려웠던 일이다. 그러나 당시 사용하던 무지막지한 무게의 '벽돌폰', 허리에 권총집처럼 차고 다니며 존재감을 과시하던 휴대전화도 어느새 시티폰과 맞먹는 구시대 유물로 변했다고 생각하니 헛웃음이 난다. 세월은 빠르고 변화는 더 빠르다. 빠르고 또 빠르니 이 또한 어지럽지 아니한가.

1994년 5월 부모를 살해한 박한상이 미국 유학생이었다는 사실이 밝혀진 뒤 사회 분위기는 오렌지족에 대한 적대감으로 높아졌다. 경기도 과천 서울랜드에는 '오렌지족 출입금지' 안내문이 붙었다.

1994년 5월, 신문을 펼친 사람들은 너무도 끔찍한 뉴스에 눈을 감고 말았다. 멀쩡한 청년이 아버지와 어머니를 수십 군데 난자해서 살해하고 불까지 지르는 엽기적인 범죄를 저지른 것이다. 마흔 즈음에 접어든 사람이라면 아마 그 범인의 이름도 어렴풋이 기억날 것이다. 박한상. 이 사건은 후일 조폭 경찰 설경구와 사이코패스 살인마 이성재의 대결을 그린 영화 〈공공의 적〉의 모티브가 되었다. 유산을 노려 부모를 수십 번 찔러 죽인 것이 같고 부모의 죽음이 알려진 뒤 크게 슬퍼하며 경찰의 눈을 속이는 모습도 유사하며 결정적인 증거가 부모로부터 나온 것도 같다. 다른 점이 있다면 영화에서는 어머니가 아들의 짓인 것을 감추기 위해 범행 도중 떨어진 아들의 살점을 삼키지만, 실제는 죽어가는 아버지가 아들의 발목을 물어뜯은 치흔이 결정적인 증거가 되었다는 것이다.

그는 수백억 재산을 자랑하는 집안의 큰아들이었다. 어릴 적 친구들의 말에 따르면 그는 온순한 편이었는데 공부는 썩 잘하지 못했다. 지방 어느 대학에 턱걸이로 들어갔지만 자수성가하여 부를 일군 아버지의 눈에는 많이 모자랐다. 결국 아버지의 선택은 아들을 미국으로 보내는 것이었다. 그러나 한국에서 되지 않는 공부가 미국에서 될 리 없었다. 박한상은 도박과 마약에 빠져 방탕한 생활을 한다. 분노한 아버지는 한국으로 그를 호출했지만 미국에서의 버릇이 한국에 와도 고쳐질 리 없었다. 어느 날 박한상은 호적을 파가라는 심한 질책을 들은 뒤 앙심을 품게 되었고 사후 재산 상속을 노리고 칼 두 자루를 들고 부모의 방으로 뛰어들었다.

1970년대생 신세대 해방구가 된 압구정동

사건이 밝혀진 뒤 온 나라가 뒤집어졌다. 언론은 말할 것도 없고 PC 통신의 공개 토론방도 펄펄 끓었다. 나라가 어떻게 되려고 이러냐는 개탄이 드높았다. 그중 핵심으로 떠오른 단어는 '오렌지족'이었다. '국내에서 부족한 학벌을 보충하기 위한 수단으로 도피성 유학을 떠난 수입 오렌지족이 저지른 범행'이라는 한 네티즌의 성토는 당시 이 사건을 바라보는 시선의 주종을 이뤘다. 사건 직후 과천 서울랜드(당시는 서울대공원)에는 이런 팻말이 붙었다. '오렌지족 출입금지.' 그 안내문에는 오렌지족에 대한 정의가 등장한다. "말꼬랑지 같은 긴 머리를 한 남자, 귀고리를 한쪽만 한 남자, 일부러 우리말을 서투르게 하는 남자, 뒷주머니에 여권을 찔러넣고 다니는 사람, 고급 외제차를 타고 다니는 20대"가 오렌지족의 정의였다.

오렌지족이나 그들이 설치고 다닌다는 '압구정동'에 대해 1992년 초 처음 들었다. 예비역에 편입된 뒤 복학 준비를 하던 중 생애 처음으로 해외 나들이를 가게 되었다. 미국에 계신 큰아버님이 한번 놀러 오라고 초청을 한 것이다. 이미 해외여행 자유화가 시행된 지 2년. 주변에서 가끔 배낭여행을 가네 어디 다녀왔네 하는 소리에 부쩍 귀가 당기던 차였다. 절차도 많았다. 서울에 와서 미국 대사관 인터뷰를 위해 긴 줄을 서야 했던 것은 그중 하나에 불과했다. 아버지 은행 잔고부터 나의 전역증명서까지 별별 서류를 다 내밀고 무슨 질문을 할까 조마조마했는데 장장 몇 시간 만에 마주한 미국 관리는 딱 세 마디를 했다. "안녕." "미국에 왜 가나요?" "행운을 빌어요."

그 외에도 여러 과정이 있었다. 해외여행을 가는 사람들이 특정 장소에 집결하여 '소양 교육'을 받는 것이다. 해외에서 북한 사람들을 만날 때 어떻게 대처하는가 같은 안보 교육도 있었다. "포크는 왼손, 나이프는 오른손, 팔꿈치는 테이블에 대지 않습니다. 호텔에선 떠들지 않습니다"라는 에티켓 강의도 포함되었다. 여권을 받아든 각양각색 남녀노소 수백 명이 강당에 모여 진지하게 교육을 받는 모습이란 지금으로선 상상하기 어려운 코미디다. 도대체 왜 그러고 있었느냐는 반문도 가능하겠지만 어떡하나. '그땐 그랬지'인 것을.

우여곡절 끝에 마침내 김포공항 출국장을 통과했을 때 나는 책 몇 권을 사게 되었는데 당시 시사주간지의 대표주자라 할 《시사저널》도 끼어 있었다. 거기서 '압구정동'에 대한 흥미로운 기사를 읽었다. "욕망의 해방구 압구정―나만의 방식 추구하는 신세대 압구정파, 돈 걱정은 안 한다"가 커버 스토리 제목이었다.

> 압구정동은 1970년대생 신세대의 해방구이면서 동시에 그 해방구의 쇼윈도이다. 그 쇼윈도는 투명해서 그 안에 있는 '현란한 젊음'들이 잘 들여다보인다. 안에서도 밖이 잘 내다보인다. 그러나 압구정동의 안과 밖은 서로 쉽게 소통하지는 않는다. 압구정동을 '눈으로' 즐긴다면야 그만이겠지만 그 세계 속으로 편입되기란, 이른바 '압구정파'가 되기란 간단치 않다. 종로나 대학로 혹은 신촌이나 이태원에 들어가던 방식으로는 압구정동에 입장할 수 없다.

비행기 안에서 느꼈던 일종의 문화적 충격은 참으로 생생하다. 내가 종로나 명동, 신촌에서 막걸리를 퍼마시거나 누군가 선창하는 구호를 따라 외칠 무렵, 또래 젊은이들이 줄줄이 몸에 불을 댕기고 영정으로 남던 즈음, 불과 몇 킬로미터 밖에서는 이런 별천지가 펼쳐졌으니까. 그 기사에는 누구인지 알 수 없는 학교 후배도 등장했다.

> 압구정파인 고려대 2학년 여대생 한모(20) 양은 "부의 편재가 심하다는 생각을 하지만 빈곤감이란 상대적인 것이라고 본다. 나는 나의 수준에 맞게 살아갈 뿐이다"라고 말했다.

기사에 따르면 그의 '수준'은 머리도 식히고 견문도 넓힐 겸 유럽일주 여행을 다녀오는 수준이었는데 이 대목에서 느꼈던 '수준' 차이라니. 머리 식히러 춘천 소양강 가는 것도 언감생심이던 인생과 유럽일주 여행을 다녀오는 인류의 공존이 피부로 와 닿던 순간, 나는 캄캄한 밤 태평양 상공에 있었다.
어느 철거촌에서는 대학생들이 철거민들과 함께 철거 깡패와 맞서고 있었고, 후배가 잡혀갔다는 말을 듣고 걱정하며 비행기를 탔는데 "다 수준에 맞게 사는 거 아냐?"라고 쿨하게 주장하는 이들이 하나의 '해방구'를 이루며 그들만의 문화를 구가하고 있었다니. "당신의 와꾸를 디밀어 보면 따-하고 거부반응을 일으키는"이라는 유하의 시구처럼 그런 별천지가 존재하고 있었다니. 선겐가 불겐가 인간이 아니로세.
기사에서는 이 젊은이들을 '압구정파'라고 불렀다. 그러나 이들을 가리키는 명칭은 곧 '오렌지족'으로 바뀌게 된다. 당시에 비싼 과일이었던 오렌지를 이성에게 건네고 그걸 받으면 이른바 '원 나이트'가 합의되는 풍습에서 유래됐다는 오렌지족의 명성은 삽시간에 회오리가 되어 한국 사회를 휩쓸었다. 외제차를 타고 다니며 맘에 드는 여자가 있으면 "야! 타!"라고 호기롭게 외친다고 해서 '야타족'이라는 말이 유행하기도 했다. 비단 박한상 사건이 아니더라도 오렌지족은 이미 지탄과 단속, 심하면 증오의 대상이 되어 갔다.

카페 '보디가드'가 '목신의 오후'로 바뀐 이유

1993년 2월 10일자 〈한겨레〉를 보면 '오렌지족에 대처하는 당국의 자세'를 짐작할 수 있다.

외부환경 정비를 위해 불법 간판을 정비하고 야간주차구역을 설정해 고급승용차 출입을 원천적으로 막기로 했다. (중략) 경찰과 합동으로 검문검색을 강화해 비행과 탈선을 저지를 우려가 있는 오렌지족을 선도해 나가기로 했다.

여기까지도 좀 어이가 없지만 다음 '대책'에는 폭소가 나올 지경이다.

강남구는 월 1회씩 거리 미술전, 음악회, 시낭송, 백일장, 합창, 웅변대회, 노래자랑 대회 등 문화행사를 대대적으로 벌이기로 했다.

오렌지족은 '공공의 적'이었다. 1993년 2월 18일자 〈경향신문〉에는 서울 강동구 둔촌동 한산초등학교(당시엔 국민학교) 졸업생들이 낸 문집에서 "압구정동은 외래문화 천국"이라며 언성을 높이는 모습이 소개되었다. 또 홍익대생들은 학교 앞으로 진출하고 있는 오렌지족들을 겨냥해 "퇴폐 향락 문화가 싫어요"라는 스티커 붙이기 운동을 벌였다. 내가 다니던 학교도 예외는 아니었다. 어느 날 학교 담벼락에 대자보가 붙었다. 자세한 내용은 기억나지 않지만 압구정 오렌지족 등의 퇴폐적인 소비 풍조를 신랄하게 규탄하면서 이런 '썩어빠진' 소비 향락 문화가 '민족 고대' 주변에 상륙하는 것을 막자는 대자보였다. 그래, 그럼 뭘 어떻게 막자는 것인가 살펴보니 학교 앞에 들어선다는 압구정식 카페 '보디가드' 개점을 반대하자는 것이었다.

왜 '보디가드'가 문제인가. 요는 그것이 압구정식 소비 패턴을 지향하는 카페라는 것이었다. 즉 위에서 언급한바 "쇼윈도가 투명해서 그 안에 있는 '현란한 젊음'들이 잘 들여다보이는"식의 인테리어가 도입된 카페였고 테이블마다 전화가 놓여 있으며 커피 값도 다른 곳과 차별적으로 비쌌다는 것 정도. 우리 학교에 압구정식 카페를 용납할 수 없다는 이 기묘한 정의감은 매일 '보디가드' 카페 앞에서 불타올랐다.

그러나 일찍이 주택가였던 그 길은 몇 년 사이 대거 유흥가로 변해 버렸고 '보디가드' 이외에도 화려하고 번쩍거리는 카페와 술집들이 연속부절로 들어서고 있었다. 내가 기억하기로 '보디가드' 사장이 의외로 쿨해서 학생들을 영업방해로 고발하는 따위의 찌질한 일을 하지 않고 "그럼 이름을 바꾸지요 뭐" 해서 '목신의 오후'로 바꾸고 학생들 요구 사항 몇 개를 응낙해줌으로써 투쟁은 끝났다.

21세기의 오렌지족은 '위너(Winner)'

오렌지족의 엇나간 행태에 대해 허다한 이들이 혀를 차고 손가락질을 했지만, 이미 오렌지족이 오랫동안 우리 사회를 둘러치고 있던 방죽을 뚫고 유입된 새로운 물줄기의 하나임에는 분명했다. 오렌지족은 극히 일부의 문화였을 뿐이지만 그때껏 보수와 혁신을 막론하고 우리 사회를 지배하던 수질水質은 그들의 출현 이후 점점 더 빨리 변해갔다. '우리'보다는 '나'에 민감하고, 역사적 책임감을 공유하며 나누는 허름한 술집의 소주잔보다는 새롭게 등장한 록카페와 로바다야키에서 폼 나게 먹고 몸을 흔드는 것이 익숙한 세대. 선배건 어른들이건 무슨 말을 할라치면 "그게 저랑 무슨 상관이에요?"를 당연하게 되묻는 아이들. 영화 〈투캅스〉에서 보듯 왜 경찰이 됐냐는 질문에 거창한 사명감이 아니라 "폼 나잖아요"라고 대답하는 이들이 한국 사회의 새로운 청춘들로 자리 잡아간 것이다.

강남구청이 압구정동 정화를 위해 백일장 대회와 웅변대회를 거창하게 열어도, 대학생들이 '퇴폐 향락 문화 저지'를 목이 쉬도록 외쳤어도, 오렌지족 퇴폐 문화의 대학가 상륙 거부 시위를 열심히 벌여도 이미 우리 사회는 변하고 있었다. '보디가드 반대 투쟁'이 벌어졌을 때 어느 술자리에서 1학년이 던진 질문에 쟁쟁한 선배들 누구도 대답하지 못했다. "왜 '보디가드'는 안 되고 '샹2(매우 화려하게 유럽식 인테리어로 꾸몄던 호프집)'는 괜찮은 거예요?" 돌아보건대 오렌지족의 등장은 그런 변화의 신호탄이었다. 먼저 두각을 드러냈기에 집중포화를 맞았고 빗나간 부富의 사생아로서 그 폐해가 두드러졌을 뿐.

어느 모임에서 대학 시절 안면이 있던 선배를 만났다. 딱히 친했던 사이는 아니어서 그의 대학 생활을 잘 알지 못했지만 지방에서 큰 사업을 하는 집 외동아들이었기에 나름 화려한 대학 생활을 했으리라 짐작했다. 더욱이 그는 운동권 따위와도 거리가 먼 '일반 학우'로 대학 생활을 마친 사람이었다. 그런데 뜻밖의 대답이 돌아왔다.

"화려하긴 뭘 화려해. 내가 경영대쯤 됐으면 모르는데 문과대는 그런 분위기 아니었어. 내 지갑에 만 원짜리 열 장 꽂고 다니면서도 새우깡에 소주 먹었다니까. 뭐랄까 돈 펑펑 쓰면 죄 짓는 느낌이었다고나 할까. 묘하게 그런 분위기가 있었어." 5년만 더 늦게 대학에 들어왔더라면 그의 청춘은 새우깡에 소주 정도에 매몰되지 않았을 것이다. 유시민 전 장관의 유명한 항소이유에 등장하는바 "열여섯 꽃 같은 처녀가 매 주일 60시간 이상을 일해서 버는 한 달 치 월급보다 더 많은 우리들의 하숙비가 부끄러워"지는 경험도 할 이유가 없었으리라.

선배는 이제 나이 쉰을 바라본다. '1970년대생 신세대'의 첫머리에 감히 들어가는 나도 벌써 마흔 중반이다. 압구정 거리를 누비며 "야! 타!"를 부르짖던 외제차 운전자들도, 그들을 격렬히 비판하며 퇴폐 문화 추방을 외치던 대학생들도 그 또래가 되었을 것이다. 나를 포함한 우리가 '기성세대'로 살아가고 있는 이 사회를 20년 전의 우리 자신이 들여다본다면 과연 어떤 생각을 할까.

1994년 말 문화체육부에서 낸 '1994년도 청소년 육성정책 결산 및 1995년도 청소년 정책방향' 보고서는 오렌지족의 특징을 이렇게 분석했다.

> 일반 청소년들은 대학 입학이라는 지상의 과제를 향해 하루 24시간을 쪼개가며 당장의 고통을 참는 반면 오렌지족은 술·여자 등과 함께 '즐기는 것'을 인생의 목표로 삼는다. 월 2만~3만 원의 용돈을 사용하는 일반 청소년과는 달리 오렌지족은 카드나 수표를 사용하며 버스나 지하철보다는 스포츠카와 외제차 등을 몰고 다닌다. 서로의 사랑을 조금씩 확인해가는 애틋한 연애보다는 부킹과 함께 당일로 호텔로 직행하는 벼락치기 쾌락에 탐닉한다.

이 보고서를 낸 사람들을 흉내 내어 오늘 우리 사회를 관찰한다면 이런 보고서를 쓸 수 있지 않을까.

> 대학 입학이라는 지상과제를 위해 하루 24시간을 쪼개가며 고통을 참아 봐야 대

학은 부모의 경제적 지위에 따라 결정되는 경우가 많다. 시급 벌자고 편의점에서 밤샘 알바를 하는 학생은 해외연수를 기본으로 다녀오고 온갖 스펙을 장착한 학생과 '공정하게' 경쟁해야 한다. 서로의 사랑을 조금씩 확인하는 애틋한 연애를 하는 이들은 모텔비가 없어서 걱정이지만 21세기 오렌지족들의 활보는 여전하다. 1990년대의 오렌지족들은 규탄과 선망을 동시에 받았으나 21세기 오렌지족들은 오로지 '위너'일 뿐이다.

2

그때 그 사건:
휴거 소동에서 마광수까지

두산전자 구미공장이 페놀 폐수를 방류하던 하수구. 이 하
수구로 1990년 10월부터 6개월간 페놀 폐수 325톤이 낙
동강 상류인 옥계천으로 흘러갔다.

유신 정권 때 감옥에 들어갔다가 21세기의 문턱에서 석방된 장기수를 만난 적이 있다. 그에게 출소 후 가장 큰 문화적 충격이 무엇인가를 물었더니 두 가지를 말했다. 첫째는 휴대전화. "내가 들어갈 때만 해도 동네에 전화 있는 집이 많지 않았어요. 그런데 나오고 보니 4,000만이 전화기를 갖고 다니고, (휴대전화) 없으면 사람 취급을 못 받더라고요."

하긴 그가 감옥에 갔을 즈음에만 해도 신학기가 되면 선생님들이 반 아이들의 집을 방문하여 부모님과 인사하는 '가정방문' 제도가 있었다. 그 가정방문은 대개 전화가 있는 집이 한 동네의 연락책이 되어 그 집 아이를 중심으로 주변 아이들이 릴레이식으로 선생님을 집으로 모셔 가는 식으로 진행되었다. 한 반 70명 중 반수가 넘는 아이들의 집에 전화가 없었기 때문이다. 그런 시절에서 시간이 멈춰 있던 그가, 길에서 전철에서 시끄럽게 휴대전화로 통화를 하는 사람들과 갑자기 뒤섞이게 됐으니. 격세지감이라는 말을 굵직하게 떠올릴 만도 했다. 고개를 끄덕이면서 물었다. 그럼 둘째는 뭘까? "물을 사먹는 거요. 물을 콜라보다 비싸게 사먹다니. 도통 이해가 안 되더라고요. 손에 생수병 들고 다니는 거 보면 신기하기도 하고."

"밥에서도 냄새가 납니다"

또 한 번 '하긴, 그렇겠다'라고 공감했다. 내가 대학생이던 1980년대의 끝자락에서조차 물을 사먹는다는 것은 이른바 '돈×랄'이라 불리기에 알맞은 처사였다. 당시에도 에비앙이니 뭐니 하는 비싼 물들이 없던 건 아니었다. 1988년쯤 되면 국산 '생수'(공식 명칭인 '먹는 샘물' 이전의 이름)도 시판되기 시작했지만 그래도 물을 돈 주고 사먹는다는 것은 상식에서 벗어난 이야기였다. 물 하나는 축복받은 '금수강산'에 대한 믿음이 굳건했고 사우디아라비아에서 "너희 물하고 우리 기름하고 바꾸자"며 부러워했다는 터무니없는 루머가 사실처럼 떠돌 정도였다. 학교에서 농구 한 뒤에 운동장 한켠 수도꼭지에서 흐르는 물로 벌컥벌컥 목을 축이는 것은 자연스런 일이었다. "물을 끓여 먹자"고 선생님이 아무리 아우성쳐도 각 반의 당번들은 미지근한 보리차보다는 시원한 수돗물을 주전자에 잔뜩 채워 넣었다. 그 물을 대놓고 마신들 누구 하나 배탈 나는 사람은 없었다. 그러니 장기수 말대로 음료수보다 비싼 값에 물을 사먹는다는 건 천부당만부당한 일이었다.

88서울올림픽 때 외국인들의 방문에 대비하기 위하여 일시적으로 페트병에 담긴 '생수' 판매를 허용했다. 하지만 정부도 돈 받고 물을 판다는 것 자체에 관대하지 못했기에 올림픽 후 다시금 생수 판매를 규제했다. 그러나 일련의 수돗물 오염 사태는 상수도 불신을 초래했다. 결국 '생수'는 당국의 금지 반 묵인 반 속에 한국 사회의 뜨거운 감자가 되어갔다.

1994년 3월 헌법재판소는 다음과 같은 판결로 생수 판매 규제가 위헌이라고 선언했다. 헌법재판소는 "생수의 국내 판매를 금지토록 규정하고 있는 보건사회부 고시가 헌법상 보장된 직업의 자유와 국민의 행복 추구권을 침해"하고 있다고 판시하면서 "국민이 수돗물의 질을 의심해 마시기를 꺼린다면 국가는 수돗물 개선을 위해 노력해야 하며 이런 불안감이 단시일 내 해소되기 어렵다면 국민으로 하여금 다른 음료수를 선택해 마실 수 있도록 하는 것이 당연한 책무다"라고 못 박았다. 결국 정부는 1995년 공식적으로 '먹는 샘물' 생산과 판매를 자유화했다.

이 과정에서 먹는 샘물로 돈을 벌고 싶었던 이들의 '직업적 자유'를 위한 노력도 큰 역할을 했다. 하지만 물을 사먹는다고 하면 흰 눈자위를 치뜨던 국민들조차 '수돗물의 질을 의심하고' 페트병에 담긴 물에 관심을 돌리게 만들고, 헌법재판소도 그 현실을 인정하는 데 큰 구실을 했던 사건 하나를 기억할 필요가 있다.

1991년 3월 14일, 두산전자의 구미공단 원료 저장 탱크와 공장을 연결하는 파이프에서 무색의 액체가 흘러나왔다. 페놀이라는 물질이었다. 살균제, 구강마취제, 독감 치료제 등의 성분으로 사용되기도 하지만 최초의 플라스틱이라고 부를 수 있는 베이클라이트의 재료이며, PCB(인쇄회로판)를 만들 때 즐겨 사용되는 물질이다. 기본적으로 유독물질이었다. 나치스가 유대인들을 대량 학살할 때 이 페놀을 사용했는데, 효율성 견지에서 볼 때 학살에 주로 사용된 독가스 치클론 B보다도 훨씬 더 효력이 좋았다고 한다. 이 괴물 같은 놈이 경상남북 도민의 수원지인 낙동강으로 30톤이나 흘러든 것이다.

페놀 자체는 향긋한 냄새를 풍긴다. 그런데 이 페놀 섞인 물이 염소 소독을 하는 취수장으로 흘러들면서 문제가 불거지기 시작했다. 염소와 페놀이 결합하면 클로로페놀이라는 물질이 형성되는데 이것이 매우 불쾌한 냄새를 유발하여 각 가정에서 이상 신고가 들어온 것이다. "밥에서도 냄새가 납니다.""빨래에도 이상한 냄새가 배요!"

취수사업소 쪽은 냄새가 난다 하니 원인 불명의 부패물질이 유입된 것으로 짐작하고 염소를 대량으로 투입했다. 페놀은 애초에 취수사업소의 수질 검사 기준에 포함되어 있지 않았다. 즉 취수사업소는 원인도 모른 채 일단 염소를 부어버린 것이다. 대량의 염소는 당연히 대량의 클로로페놀을 생산했다. 불쾌한 정도였던 악취는 코를 찌르는 심각함으로 바뀌었다. 그 물이 대구 시민들의 수도꼭지까지 다다른 것은 물론이고 방류된 페놀은 낙동강 700리를 타고 온 영남 지역을 뒤집어놓았다.

부동의 1위 OB맥주를 거꾸러뜨리다

누출된 페놀로 인해 수돗물의 페놀 수치가 0.11ppm까지 올라간 지역도 있었다. 이는 당시 허용치인 0.005ppm의 22배, 세계보건기구의 허용치인 0.001ppm의 110배에 달하는 수치였다. 말 그대로 난리가 났다. '페놀 대란'이었다. 대구·마산·창원·부산 등 낙동강에 물을 의지하는 모든 지역이 페놀 공포에 사로잡혔다. 일부 목욕탕은 휴업했고, 두부 등 페놀 수돗물로 만든 음식들도 폐기처분됐으며 페놀 뉴스 충격으로 유산하거나 임신 중절을 한 여성들도 있었다.

나도 페놀 공포의 체험자 중 한 명이었다. 아버지는 새벽에 일어나서 차를 타고 다시 30분이나 걸어 약수터 물을 떠 오셨고 나는 연방 수돗물에 코를 대고 킁킁거리며 페놀 향기를 감지하려 애썼다. 생수가 불티나게 팔렸고 동네 슈퍼에는 '생수 있음'과 '생수 매진'의 팻말이 번갈아 매달렸다. 식탁에 노란색의 보리차가 아닌 맹물이 올라왔던 것은 이때가 처음이 아닌가 싶다. 사람들이 수돗물을 끓인 보리차보다도 '생수'를 더 믿기 시작한 것이다.

야당인 평민당과 4개 민간 환경단체로 구성한 합동조사단은 문제의 진원지인 두산전자를 방문했다. 조사단은 페놀 원액 재고 관리가 엉망이었고, 누출 사실조차 제때 파악하지 못했으며, 그에 대한 안전장치나 경보장치도 없었다는 사실을 확인했다. 더 괘씸한 것은 누출 이틀 후 두산전자가 그 사실을 발견하고도 21일까지 관계당국에 이를 통보하지 않아 사태를 걷잡을 수 없게 만들었다는 점이었다.

3월 14일 '악취의 화이트데이'는 고의적인 방류가 아닌 과실로 밝혀졌고 정부의 다급한 수습책으로 웬만큼 가라앉나 싶었다. 하지만 사태는 쉽게 마무리되지 않았다. 당시 두산전자는 30일의 영업 정지 처분을 받았는데

"수출 전선에 이상이 있다"는 이유로 당국 스스로 20일 만에 영업 정지 처분을 풀어버린 것이다. 사고는 항상 '설마'라는 말을 타고 온다. 설마 그 난리를 치르고서 별일이야 있겠느냐 하는 것이 당국의 생각이었겠지만 이 안이함을 비웃기라도 하듯 조업을 재개한 지 며칠 되지 않아 다시 2톤이나 되는 페놀이 낙동강으로 방류되는, '황당 시추에이션'이 벌어졌다.

여론은 폭발했다. 경제정의실천시민연합(경실련)과 공해추방운동연합이 공동으로 두산그룹 빌딩 앞에서 두산그룹의 주력 생산품인 맥주를 깨부수면서 "맥주보다 깨끗한 물을 달라"고 벌인 시위는 열띤 호응을 얻었다. 학생들은 돌과 페인트를 들고 두산그룹 계열사 사무실을 습격했다. 프로야구 OB 베어스(현 두산 베어스) 팀도 애꿎게 욕을 먹었다. 일반 소비자뿐 아니라 슈퍼마켓연합회까지 나서서 두산그룹의 코카콜라와 맥주 보이콧을 선언했다. 수십 년 동안 맥주업계 부동의 1위를 지켜왔던 두산그룹의 동양맥주(OB맥주)는 조선맥주의 크라운맥주한테 그 위치를 잠식당했다.

4월 한 달, 조선맥주는 전 직원이 비상근무체제에 들어갔고 417만 상자를 팔아치우며 시장 점유율을 10퍼센트 이상 끌어올렸다. 페놀 사태가 강타한 영남 지역의 점유율은 무려 75퍼센트에 이르렀다. 이때까지만 해도 동양맥주는 일시적인 현상이라며 반격의 의지를 불태웠지만 계속 고전을 면치 못했다. 그러다가 역시 '물'이 매개가 된 결정타를 맞게 되었다.

1993년 조선맥주가 '지하 수백 미터 암반수로 만든 맥주'라는 카피로 두산그룹의 아픈 곳을 정면으로 찌르면서 '하이트맥주'를 내놓은 것이다. 8대 2로 시장 우위를 점하던 OB맥주는 '천연암반수' 공격에 맥없이 주저앉았고 별안간 일어난 맥주 시장의 지각변동에 감격한 조선맥주는 아예 회사 이름까지 '하이트맥주'로 바꾸며 승전가를 부른다. '물'의 힘이었다. 그 물을 오염시켰던 '페놀'의 악몽이었다. 페놀 사건 이후 심심찮게 터지는 수돗물 오염 사례 속에서 일반 생수 판매의 문턱은 점차 낮아질 수밖에 없었다. 페놀 공포를 경험한 국민들은 '물을 돈 주고 사먹는' 새로운 패러다임에 익숙하게 됐던 것이다.

사실 페놀 사태에 관한 한 두산전자는 억울할 수도 있다. 사건이 터진 이후 모든 언론이 '방류' 사건으로 명명했고 대통령까지 나서서 그 비도덕성을 나무랐지만 실상 방류라기보다는 과실에 가까운 유출이었기 때문이다. 하지만 그 이전부터 페놀 325톤을 소량으로 강물에 흘려보내왔다는 또 하나의 팩트는 그 억울함을 상쇄시킨다. 사태에 대응하는 방식도 안이했다. "뜻하지 않은" 페놀 유출 사고라는 표현의 어정쩡한 사과를 했다가 여론의 직격탄을 맞았고 "모든 사고 원인을 제거"했다고 공언했다가 그 여운이 가시기도 전에 페놀을 낙동강에 또 유출시키고 말았던 것이다.

결국 문제는 단순한 실수만이 아니었다. 대기업의 환경에 대한 불감증과, 수백만의 수돗물을 막아 놓고도 "기업은 밉더라도 공장은 가동돼야 하며, 3억 달러 이상 차질이 생길 것"이라면서 조업 재개에 앞장선 당국의 '돈이 먼저다' 정신의 결합이었던 것이다. "돈 때문에 사람 먹을 물을 더럽히다니, 그것도 콜라니 맥주니 물로 먹고사는 회사에서!"라는 비난 앞에서 두산그룹 회장은 물러나야 했고 수백억을 기부하겠다는 약속을 감수하며 국민 앞에 머리를 숙여야 했다.

그 뒤 두산그룹 컴퓨터를 켜면…

페놀의 악몽을 겪은 뒤 두산그룹은 오염 기업의 오명에서 벗어나기 위해 각고의 노력을 기울인다. 1994년에는 자그마치 환경처 선정 "1994년 환경 모범 기업"에 선정되는 기염을 토한다. 과장 승진 시험을 보려면 환경 과목을 공부해야 했고 회사에서 컴퓨터를 켜면 '환경보전 강령'이 먼저 떴다니 그 노력과 열의를 짐작하게 한다. 당시 신문 기사를 보면 이렇다.

두산그룹은 그날 이후 지금까지 물에 관한 한 한시도 촉각을 곤두세우지 않은 때가 없다.

아마 그 후로도 오랫동안 두산그룹에게 '물'이란 그 사사社史에서 뼈아프고 통렬한 단어였을 것이다.

그런데 페놀의 악몽으로부터 20년도 더 흐른 요즘, 나는 두산그룹이 또 하나의 '물' 문제를 고민해야 하지 않을까 하는 의문을 갖는다. 바로 대학이라는 '물'이다. 오늘날 중앙대학교를 운영하는 두산그룹이 펼치는 대학 정책이 페놀만큼이나 강한 독성으로 대학이라는 강을 질식시키고 있다는 것은 단지 몇몇 사람들의 기우일까. 전 학생들에게 회계학을 의무적으로 가르치는 것까지는 그렇다고 치자. 일방적으로 '돈 안 되는 과'들을 폐과시키고 비판적인 학생들에 대해 가차 없는 징계를 내리고 취업률을 기준으로 학과를 통폐합하는 '기업식 구조조정'을 대학가에 강요하는 일이 과연 낙동강을 타고 흐른 페놀보다 무탈한 것일까.

그때로 돌아가 '두산대학 1세대'인 전 중앙대 학생 김창인 씨의 자퇴 선언문을 겸허하게 읽어 봤으면 좋겠다.

대학은 세일즈하기 편한 상품을 생산하길 원했다. 하지만 대학은 기업이 아니고 나 또한 상품이 아니다. 난 결코 그들이 원하는 인간형이 되지 않을 것이다.

환경이란 강물을 지키는 것만이 아니다. 결국 사람을 지키는 것이고 우리의 미래를 지키는 일이다. 두산그룹 스스로 "사람이 미래다"라고 하지 않았던가. 우리의 미래가 '세일즈하기 편한 상품'이어서는 안 되지 않을까.

1990년에 개봉한 한국 영화 〈단지 그대가 여자라는 이유
만으로〉의 제목은 냉소적이다. 성폭행이 벌어지는 상황에
서 피해 여성의 행동을 정당방위로 인정하지 않았던 법원
을 조소하는 것 같다. 그만큼 여성이 살기 어려운 시대임을
드러내주는 제목이었다.

1990년도 제11회 청룡영화제에서 여우주연상과 여우조연상을, 그 다음 해 제29회 대종상에서는 남우주연상과 여우주연상, 우수작품상, 각본상을 휩쓴 영화가 있다. 〈단지 그대가 여자라는 이유만으로〉이다. 제목은 소설가 박완서의 동명 소설 제목에서 따왔지만 내용은 전혀 달랐다. 영화의 내용은 대충 이렇다. 30대 주부(원미경 분)가 밤늦게 귀가하다 두 청년에게 성폭행 위기에 내몰린다. 그때 여자는 방어본능을 발휘해 자신의 입속을 비집고 들어온 청년의 혀를 깨문다(이때 혀를 깨물리는 청년 역은 미남 배우 김민종이 맡았다). 그런데 이 혀를 다친 청년이 적반하장으로 주부를 상해 혐의로 고발한다.

치한 쪽 변호사(젊은 날의 이경영이 야비한 변호사 역을 맡았다)는 각종 인격적 모욕과 독설을 통해 여자에게 문제가 있다는 식으로 몰아간다. 결국 주변의 의심 섞인 시선과 폭력에 가까운 수군거림은 주부를 참혹한 나락으로 밀어넣는다. 남편조차 외면하는 고립무원의 상황에서 한 여성 변호사가 "모든 여성의 인격 회복을 위해서라도 항소하라"고 그녀를 설득해 법정 투쟁에 나서고 끝내 승리한다는 내용이었다.

'술김에' '호기심으로' 키스했다는 가해자들

문제는 이 영화가 실화의 뼈와 살을 그대로 옮겨온 것이라는 사실이다. 사단은 1988년으로 거슬러 올라간다. 그해 경북 안동에 사는 한 주부가 어두운 길을 걷다가 두 명의 젊은 남자에게 끌려간다. 어두운 골목으로 끌고 간 남자들은 성폭행을 시도했고 여자는 자신의 입안에 들어온 남자의 혀를 깨물어버렸다. 남자는 비명을 지르고 나뒹굴었다. 혀가 뜯겨나간 것이다.

다음날 피해자를 자처한 것은 남자였다. 주부를 찾아 잘린 혀에 대한 보상금을 요구한 것이다. 그들에 따르면 귀가하던 도중 술에 취한 주부가 매달리며 어떤 식당으로 데려다 달라고 부탁하여 그녀를 부축하여 골목길로 들어갔다고 했다. 그런데 부축하면서 몸이 밀착하여 뺨이 맞닿게 되자 '술김에' '호기심으로' 주부에게 키스를 했다는 것이다(후에 번복하기는 하지만 그는 심지어 주부가 먼저 키스를 시도했다고 우겨대기도 한다).

가해자들의 변호사는 당시에는 더욱 일반적이었고 지금도 가끔 통용되는 논리로 여자를 공격한다. "밤에 술에 취해 흐느적거리면서 다녔고 집안 문제로 불화를 일으키는" 부도덕한 여성으로 몰아붙이고 그 여성의 마수에 걸린 전도양양한 청년들의 상처를 부각시킨 것이다. 덩달아 '과잉방어'로 주부를 기소한 검사는 여자에게 징역 1년을 구형하고 판사는 주부에게 징역 5월, 집행유예 1년을 선고한다. "정당방어라 인정될 수 없는 지나친 행위"라는 것이었다. 이유는 이랬다. "상가가 밀집돼 있고 흉기를 소지하지 않았으니 피해자가 공포에 질려 혀를 깨물었다고 보기 어렵다."

영화에서는 한 여성 변호사가 나서지만 현실에서는 좀 더 많은 이들이 분노하고 떨쳐나선다. '여성의 전화'에서는 기자회견을 통해 강간범을 옹호하는 판결에 항의하며 변호인단을 구성했다. 주부의 무죄 판결을 위한 범시민 가두서명을 전개했고 항소심 법원 앞에서 여성 100여 명이 무죄를 목이 터져라 외친다. 이 야단법석이 있고서야 피해자 주부는 지극히 당연했지만 험난했던 '무죄' 선고를 받아들게 된다. '술을 먹었다거나 식당을 경영한다거나 밤늦게 혼자 돌아다녔다거나' 하는 등의 사정이 정당방위의 성립을 저해하지 않는다는 기초 중의 기초가 법적인 판례로 남게 된 것이다. 그러나 그녀의 말을 들어 보면 대한민국이라는 나라가 영화 〈살인의 추억〉에서 송강호가 부르짖은 외침, "여기가 무슨 강간의 왕국이냐?"에서 크게 벗어나 있지 못하다는 공포에 사로잡힌다.

"제 사건이 일어난 뒤에도 우리 동네에서 세 건의 강간 사건이 일어났는데 저를 위문하러 왔다가 돌아가던 여자분이 그만 당했어요."

성숙한 여자라면, 범죄의 중함이 덜어지는가

실화라고 말하기엔 너무나 어처구니없던 영화 〈단지 그대가 여자라는 이유만으로〉가 개봉된 다음 해, 1991년 벽두 대한민국은 또 한 여성의 절규 앞에 말문을 닫게 된다. 그 절규는 지리산 자락, 전라북도 남원의 어느 집에서 들려왔다. 쉰다섯 살의 남자가 칼에 찔려 살해됐고 가해자는 나이 서른 살의 주부였다. 치정 관계라고 하기엔 나이 차이가 났고 돈 문제가 얽혀 있는 것도 아니었다. 원한 관계였다. 그런데 그 원한은 무척이나 오랜 것이었다. 무려 21년 전, 우물가에 물 길으러 갔던 아홉 살 소녀는 잠깐 이리 와 보라는 아저씨의 말에 아무 의심 없이 따라갔고 성폭행을 당했다.

아홉 살 소녀의 고통을 어찌 말로 표현하겠냐마는, 그 말문을 막아버린 것은 공포였다. 누구에게도 말할 수 없는 막막한 공포. 말해본들 무슨 일이 벌어질지 모를 캄캄함의 공포, 누구에게든 말하면 죽여버리겠다는 옭아맴의 공포. 그로부터 21년의 세월이 흘렀다. 성인이 됐고 결혼도 했지만 그녀는 정상적인 삶을 살지 못했다. 누군가를 사랑하면서도 그를 받아들이지 못하는 괴로움에 시달렸다. 누군가와 아이를 낳고 살면서도 화들짝화들짝 고슴도치가 되어버리는 스스로에 절망해야 했다. 그녀는 21년 전 악몽을 떠올려냈다. 자기 안에 흐르는 악몽의 근원이 그날이었음을 기억해냈다.

하지만 사람을 죽인 자의 공소시효도 15년이면 끝나는 나라에서 주부가 당한 범죄의 가해자를 응징할 방도는 없었다. 마음씨 좋은 파출소 순경이었으면 "아주머니. 정말 미치게 억울하지만 방법이 없어요. 그냥 잊고 사세요"라고 나직하게 타일렀을 것이고, 좀 까칠한 순경이었으면 "진작 신고 안 하고 뭐 했어요, 아줌마. 이제는 대통령이 와도 안 돼"라고 돌아앉았을 것이다. 많은 번민과 주저 끝에 여자는 스스로 자신의 인생을 망친 가해자를 응징하기로 결심한다. 1991년 1월 30일, 여자는 21년 전 그 남자를 찾아가 칼을 휘두르고 현장에서 체포된다. 그리고 공판 중 그녀가 한 말은 역사에 남는다. "나는 사람을 죽인 게 아니라 짐승을 죽였습니다." 바로 김부남 살인 사건이었다.

"나는 짐승을 죽였습니다"라는 말은 장안의 화제가 됐다. 그래도 영화 〈단지 그대가 여자라는 이유만으로〉가 나올 수 있었던 사회라 그랬는지 "그래도 사람을 죽이면 돼?"라는 식으로 김부남을 공격하는 여론은 거의 없었다. 나는 이 뉴스를 술에 취해 집에 가던 택시 안에서 들었다. 그때 비분강개하던 기사 아저씨의 멘트는 취중에도 선연하게 남았다. "그런 개새끼는 죽어도 싸지. 미친놈. 어른도 아니고 아홉 살짜리한테 어떻게." 나도 그 말에 동의하면서 함께 욕지거리를 했었다. 그런데 돌이켜 보면 그 논리는 좀 이상하다. 어린아이이기 때문에 더 큰 문제일 수는 있겠으나 성숙한 여자라고 해서 그 범죄의 중함이 덜해지는 것은 아니기 때문이다.

택시 기사 아저씨의 말이야 그런 의미가 아니었을 것이나, 찜찜한 생각이 남는 것은 이런 것이다. 느닷없이 들이닥친 불한당이 옴짝달싹 못하게 해놓고 들이미는 혀를 깨물었던 여자에게 유죄가 선고(1심이었을망정)되었던 나라. '행실이 안 좋아서 그런 일을 당하고 다니는' 저주스러운 신화가 판치던 땅에 사는 남자들이 은연중에 드러낸 무심함이 아니었을까. 그리고 어린 김부남도 어디 가서 자신의 피해를 드러내지 못했던 것은 그녀가 '어려서'가 아니라 혹여 엄마한테 혼날까 봐, 나쁜 일이라도 생길까 봐, 그 끔찍함을 목구멍 속으로 꾸역꾸역 밀어넣었기 때문이 아닌가. 김부남 사건이 있은 지 1년 뒤 나는 그 자격지심을 뼈아프게 느끼는 경험을 하게 되었다.

'네가 꼬리친 거 아니냐'고 말한 가해자 어머니

복학한 지 얼마 안 되었을 즈음 안면이 있던 여자 후배가 찾아왔다. 부들부들 떤다는 말이 적합할 정도로 그녀는 심하게 분노하고 있었다. 가끔 목이 메어 말을 잇지도 못했다. 우리도 얼굴과 이름을 아는 자신의 과 후배가 기숙사에 올라가고 있는데 만취한 한 남자가 덮쳤고 성폭행을 시도했다는 것이다. 다행히 올라오던 남학생이 뛰어들어 이를 제지하고 성폭행은 미수에 그쳤지만 심하게 구타를 당했고 지금 병원에 입원해 있다고 했다.

　　"범인이 누구냐 하면요! 우리 학교 1학년이에요. 그런데 그 가족들이 개 병원에 와서 난리를 치고 있다고요. ○○이(피해자) 가족들은 다 지방에 있고 피해자가 반대를 해서 알리지도 못했어요. 그런데 누워 있는 애 앞에서….″ 후배가 이를 악물고 하는 말인즉 그렇게 '난리 치고 있는' 가해자들을 좀 상대해 달라는 것이었다. 경찰에 왜 신고를 하지 않느냐고 했을 때 후배는 거의 울부짖었다. "부모님이 알게 될까 봐 그런다니까요."

　　가해자의 가족들이 하는 행동을 보니 가관이었다. 병원에 들러서는 합의를 종용하며 "여자애가 담배를 피우고 있는 걸 보고 우리 아무개가 훈계하려다가 그런 일이 벌어진 것"이라는 둥(피해자는 담배를 피우지도 않았다) "네가 먼저 꼬리를 친 게 아니냐"는 둥, 실로 허파가 뒤집히는 바로 〈단지 그대가 여자라는 이유만으로〉에 등장했던 악질 변호사의 억지를 시연하고 있었다. 그때 우리 모두는 격노했다. "뭐 그런 집구석이 다 있어!" 그런데 매우 불길한 우연이 겹치고 있었다. 유일한 증인이라 할 학생, 즉 현장에서 가해자를 제지했던 남학생이 하필이면 범인의 과 동기였다. "목격자는 폭행하는 건 봤지만 성폭행 시도 여부는 잘 모르겠다고 발을 뺀다더라고요."

　　이쯤 되었을 때는 신중이고 뭐고 없다. 병원으로 달음박질치는 게 신중이다. 주먹에 독기를 품은 나를 비롯한 서너 명의 선후배는 한 덩이가 되어 병원으로 들이닥쳤다. 마침 가해자 가족들이 병원을 또 찾아왔다. 가해자 녀석도 함께였다. 피해자 애인 행세를 하기로 했던 87학번 형이 주먹을 쳐들고 어설픈 연기를 펼쳐봤지만 가해자 형이라는 이의 싸늘한 한마디에 그만 머쓱하게 주먹을 내려야 했다.

"당신들 깡패야?"

가해자 가족들은 돈봉투를 들고 와 있었다. 빨리 합의를 보자는 것이었다. 가해자는 그때까지도 자신은 술에 취해 기억이 나지 않는다는 입장이었다(이놈의 '주취로 인한 심신미약'의 변명은 어찌 이토록 유구한지). 영화 속 가해자들처럼 먼저 남자에게 여자가 접근해왔다고 주장하지 않는 것이 다행이었다고나 할까. 두들겨 맞아 입술은 터져있고 멍 자국도 역력한 피해자의 침대 앞에서 가해자의 가족은 이렇게 얘기했다. "때린 건 미안하다고 얘기했잖아요. 그러니까 이렇게 성의도 보이는 거잖아."

우리는 극도로 흥분했다. 한 친구는 자신이 감방에 가더라도 저 일가족을 곤죽을 만들겠다고 치를 떨었고 나 역시 그 심경에서 그다지 멀지 않았다. 그러나 그때 우리를 주저앉힌 것은 침대에 누워 있던 여자 후배의 눈이었다. 그렇게 해달라고 말할 수도 없고, 그러지 말라고 할 수도 없는, 병실 안의 누구보다도 분노해야 하면서도 그 분노를 욕지거리 한마디로라도 뱉어내지 못하고 고르지 못한 숨소리로만 그 속을 조율하던 후배의 눈망울이었다. 그날 우리가 가지 않았더라면 그녀는 또 거의 혼자서 그들을 감당해야 했을지도 모른다는 생각을 하니 공포감마저 솟았다. 그녀는 곧 건장한 두 남자에게 끌려가 남자의 혓바닥을 강요당했던, 그러고도 먼저 남자에게 '꼬리를 쳤다'고 행실을 의심받아야 했던 안동의 주부였다. 행여 이 사실을 부모님이 알까 경찰 신고까지 미루며 자신이 당한 고통을 홀로 삭이려고 기를 쓰고 있던 젊은 김부남이었다.

망연해진 우리는 피해자인 후배에게 원하는 것이 무엇인지 물었다. 만약 그래 달라고 한다면 문제의 가해자 녀석의 뒤를 밟아서라도 으슥한 골목길에서 죽지 않을 만큼 두들겨 패줄 참이었다. 콩밥을 먹이겠다면 고교 동문이건 유치원 선배건 법조계 선배들을 찾아가 어떻게든 혼내 달라고 드러눕기라도 할 요량이었다. 그런데 후배의 답은 쉽고도 어려운 문제였다. "사과요. 쟤가 자기 행동 인정하고 어제 저한테 와서 '네가 꼬리친 거 아니냐?'고 말한 그 어머니까지 제게 사과하는 거요. 그것만 하면 돼요. 그것만 하면

괜, 찮, 아, 요." 마치 칼로 무를 썰듯 딱딱 끊어서 씹어내듯 말하던 후배의
음성을 나는 지금도 잊을 수 없다.

1992년 4월 4일 청주지방법원 충주지원에서 열린 1심 선
고에서 김보은, 김진관 씨에게 징역형이 결정됐다. '김보은
김진관 사건 공동대책위원회' 위원들과 대학생들은 두 사
람의 무죄를 주장하며 호송차량을 막고 연좌농성을 벌였다.

지금 생각하면 도대체 왜 그러고 있었는지 모르겠다. 아마 이 글을 읽는 많은 이들이 '바보들!'이라고 혀를 찰 것이다. 지금도 이런 문제의 해결이 쉽지 않은데 그때는 더욱 그럴 수밖에 없었다. 1990년대 초반, 강제로 키스를 시도하는 성추행범의 혀를 깨문 주부가 '과잉방어'로 유죄 판결을 받던 시절이었다. 동네 아저씨에게 성폭행 피해를 당하고 누구에게도 알리지 못한 채 수십 년 동안 그 한을 품고 살다가 살인으로 끝을 맺은 사건이 귓전을 때리던 무렵이었다. 그러니 "됐고! 경찰에 넘겨!"가 결코 현명한 해결책이 못 된다는 생각이 피해자나 그 주변에 서 있던 우리를 지배하고 있었던 것이다.

"어떻게 꼬리를 쳤다는 말을 할 수 있어요?"라고 하자 "나이든 어머니가 속 없이 한 말을 트집 잡는다"고 맞받았다. 오히려 "명문대 학생이 자기 학교 안에서 성폭행을 한다는 게 말이 되느냐?"며 어이없는 발뺌을 했다. 급기야 우리가 격앙된 반응을 보이자, "그럼 법정에서 보자!"고 가해자 가족이 박차고 일어섰다. 그때 우리는 지극히 무력했다. 침대에 기대어 퀭한 눈에 주먹만 꽉 쥐고 있던 후배 앞에서 우리는 정말 무력했다.

그때 피해자 후배가 말을 전해왔다.

"○ ○(가해자는 피해자보다 한 학년 아래였다)와 얘기 좀 할게요. 걔만 들어오게 해주세요."

지금껏 실랑이를 벌이던 가해자 가족들과 우리는 밖에서 대기했고 고개만 숙이고 있던 가해자 남학생이 병실로 들어갔다. 얼마나 지났을까. 초조하게 기다리던 문이 열리고 들려온 소식은 너무도 반갑지만 반가울 수 없는 자백이었다.

"제가 성폭행 시도한 게 맞습니다."

그때까지 "술에 취해 기억이 나지 않는다"던 가해자가 마침내 자신의 행동을 인정한 것이다.

그제야 가족들의 태도가 바뀌었고 후배는 그들 모두에게서 '사과'를 받아낼 수 있었다. 안에서 무슨 대화가 오갔는지 물어볼 경황은 없었다. 그저 안도의 한숨을 내쉬며 새삼스레 끓어오르는 분노를 잠재우고 있었을 뿐. "형들 고마워요." "고맙긴 뭐가 고맙냐. 우리가 한 게 없는데."

겸양이 아니라 아무 소득 없이 그저 입씨름만 했을 뿐이었던 우리가 받을 인사가 아니라고 생각했다. 그런데 후배가 말을 이었다.

"여기 와서 서 있어 준 것만 해도 고맙죠. 그것만 해도 눈물 나게 고맙죠."

창졸간에 닥친 친구의 불행 앞에 어찌할 바를 몰랐고 가족들에게 알릴 수도 경찰에 호소할 수도 없었던, 위압적으로 들이대는 가해자 가족들을 홀로 상대하며 발을 동동 굴렀던 후배의 목소리도 젖어들고 있었다. 그렇게 일단락이 된 줄 알았는데 사태는 이상하게 번졌다. 조용히 해결하려던 사건의 전모가 학교 전체에 퍼져나간 것이다. 가해자의 인적 사항이야 말할 것이 없지만 피해자의 과와 학년, 이름까지도 스스럼없이 알려졌다.

심지어 수업 시간에 나는 가해자를 매도하는 와중에 엉뚱하게 피해자의 과와 학번까지 입에 올리는 교수님을 제지해야 했다. 심지어 길 가면서는 "걔가 그렇게 이쁘냐?"고 키득거리는 소리를 들으며 입을 벌려야 했다. 당시에는 그 개념조차도 존재하지 않았던 단어, '2차 가해'였다. 이후 피해자를 제대로 만난 적이 없었기에 그것들이 그녀의 이후 삶에 어떤 영향을 미쳤는지는 모른다. 누군가 그녀 곁에 서서 그녀의 언덕이 되고 쉼터로 있었기를 바랐을 뿐이다. 1990년대 초반은 이제껏 여성들에게 드리워져 있던 억압과 폭력의 가림막이 걷히고 그 흉물스러운 속을 드러내던 시기였다.

"감옥에서 보낸 시간이 훨씬 편안했습니다"

1992년 1월 또 하나의 사건이 발생한다. 물론 그 사건의 중심에는 한 여성이 있었다. 이번에는 그녀 혼자가 아니었다. 그녀 옆에 한 남성이 있었다. 무용학도였던 여학생과 그녀와 사귀던 체대생이 살인 혐의로 구속된 것이다. '존속' 살인이었다. 피해자는 여학생의 아버지, 정확히 말하면 여학생이 일곱 살 때 그녀의 어머니가 재혼하면서 만난 의붓아버지였다.

두 젊은이는 의붓아버지를 죽인 뒤 강도 살인으로 위장했다. 수사에 나선 경찰이 보기에 좀 수상쩍은 구석이 있었다. 피해자의 방에 이불이 하나였고 그 방에서 딸과 아버지가 함께 잠을 자고 있었다는 점이다. 성인이 다 된 딸과 아버지가 한 이불 속에서 자고 있었다는 사실에 고개를 갸우뚱한 형사가 딸에게 넌지시 아버지가 죽지 않고 살아 있다고 넘겨짚어 보았다. 그러자 딸은 울부짖었다. "아니야! 아니야!" 뭔가 이상한 분위기를 확실히 감지한 경찰은 그녀를 집중 추궁했고 결국 범행 사실을 털어놓게 되었다. 딸 김보은과 남자친구 김진관(이 시기는 실명 보호가 되던 시절이 아니었다. 이미 공식 문서에도 두 이름이 사용되고 있는바, 지상에 밝히는 점 양지하시기 바란다). 두 명의 '존속 살해범'은 1992년 1월 19일 구속되었다.

내막은 이랬다. 여학생은 어렸을 때부터 계부에게 성폭행을 당해왔다. 지방검찰청 직원이던 계부는 그 알량한 권력을 빌미로 자신의 손에서 벗어나면 죽는다고 세뇌하면서 소녀에서 숙녀로 성장하던 그 시간 내내 여학생을 유린했다. 그뿐 아니라 말로 표현조차 하기 힘든 행위를 자신의 아내와 의붓딸에게 강요했다. 대학생이 된 뒤에도 '아버지'는 '딸'의 일거수일투족을 관리했고 틈만 나면 집으로 내려오도록 강요했다. 김보은의 삶은 피폐 그 자체였다. 남자친구를 사귀어도 오래가지 못했다. 남자가 두렵기도 했을 것이고 그 아픔을 이해해줄 남자가 흔하지도 않았을 것이다.

불운의 살인자가 된 연인

그런 그녀에게도 사랑이 찾아왔다. 후일 함께 아버지를 죽인 남학생 김진관과 사귀게 된 것이다. 자신의 사랑조차 두려웠던 여학생은 남학생에게 사실을 털어놓으며 헤어지자고 한다. 그때 김진관 역시 피가 거꾸로 솟는 분노를 느꼈다. 그는 곰곰 생각했다. 과연 그녀를 계속 사랑할 수 있을 것인가. 이 상황을 감당할 수 있을 것인가. 남학생은 용기를 냈다.

여자친구의 아버지 같지 않은 아버지를 찾아 설득하려 한 것이다. 하지만 돌아온 것은 수갑을 휘두르며 내지르는 협박이었다. 딸에게 "이년이 바람이 났다. 가족 전부 죽여버리겠다"는 폭언을 서슴지 않는 '검찰청' 직원의 서슬 앞에서 연인들은 한없이 무력했다. 여기서 남학생은 물러설 수도 있었다.

"우리는 여기까지인가 보다. 널 위해 기도할게." 그 정도로 자기 갈 길을 갈 수도 있었을 텐데 남학생은 또 한 번 그걸 극단적으로 거부했다. 후일 재판정에서 그는 이렇게 얘기했다.

"어머니 다음으로 사랑하는 보은이가 무참하게 짓밟히는 것을 알고도 나 자신이 아무것도 할 수 없다는 걸 느낄 때마다 죽고 싶은 마음뿐이었습니다. 나는 보은이의 의붓아버지를 죽인 것이 아니라 내가 사랑하는 보은이를 살린 겁니다."

여학생은 이렇게 말했다.

"구속된 후 감옥에서 보낸 시간이 지금까지 살아온 20년보다 훨씬 편안했습니다. 더 이상 밤새도록 짐승에게 시달리지 않아도 되었기 때문입니다."

그리고 울먹였다.

"저 때문에 진관이가… 제가 벌을 받을 테니 진관이를 선처해주세요."

이 사건 앞에서 많은 이들이 충격을 받았고, 어떤 이들은 충주로 달려왔다. 그들은 대부분 젊은 여대생들이었다. "왜 진작 경찰에 신고하지 않았느냐" 따위의 사치스러운 질문의 무의미함을 아는 사람들, "그래도 살인은 잘못이다"라는 고담준론에 "이건 정당방위다!"라고 항변하고 싶었던 사람들이었다. 충주지법 앞은 전국 각지에서 몰려든 학생들로 득시글거렸다. 여학생들은 꽃을 하나씩 들고 있었다. 불운한 살인자가 된 둘에게 전해주려던 꽃이었다.

1994년에야 제정된 '성폭력 범죄 처벌법'

재판 후 김보은, 김진관을 태운 버스는 출발하지 못했다. 학생들이 차를 둘러싸버린 것이다. 학생들은 버스에 기대어 울면서 이름을 불렀다. 보은아 진관아. 닭장차 틈 사이로 꽃을 디밀어 봤지만 창문은 굳게 닫혀있었고 위협적인 시동 소리는 학생들의 귀를 때렸다.

미동도 않고 버틴 학생들과 당국 간에 협상이 이루어져 창살 너머로나마 둘의 얼굴을 보게 해준 뒤 농성을 풀기로 했다. 그때 한 노래가 학생들 사이에서 흘러나왔다. 그 노래는 꽃다지의 노래 '승리의 역사 진군의 역사'로, 성폭력 피해자를 위한 노래나 그 분위기에 어울리는 노래는 아니었다. 군데군데 박힌 가사의 조각이 부르는 이와 듣는 이의 마음을 헤집어 놓았다.

어두웠던 밤 지나 새벽이 / 얼어붙은 땅 녹아 새싹이 / 캐캐묵은 낡은 틀 /
싹둑 잘라버리고 / 딸들아 일어나라 깨어라 / 사랑도 행복도 다 빼앗겨 버리고

그 다음 대목에서 노래는 커다란 울부짖음으로 변했다.

참아왔던 그 시절 몇몇 해

버스가 떠나는 와중에도 여학생들은 따라가며 노래를 부르고 둘의 이름을 불렀다. 그로부터 한참 후 그때 그 자리에 있었던 여학생 중 하나와 술자리에서 우연찮게 마주친 적이 있었다. 그녀는 10년이 지난 뒤에도 상기된 어조로 말했다.

"그때는 내가 보은이가 된 것같이 미치겠더라고요. 진관이는 내 애인 같았고요."

어려서부터 불행했던 한 여성과 그 여성의 곁에 서 있고자 했다 나락에 빠진 한 남성의 이야기는 그렇게 사람들의 마음을 격동시켰고 바꾸었으며 행동에 나서게 했다. 22명의 변호사가 무료 변론에 나섰고 여성단체들도 집결해서 불행한 두 젊은이의 무죄를 부르짖었다. 그들에게 징역 7년, 4년형이 내려진 1심이 끝난 직후였던 1992년 가을, 그때만 해도 우리 사회에서 꽤 끗발이 남아 있던 전국대학생대표자협의회(전대협)가 주최한 한 집회에서 뜻밖의 인물이 무대에 올랐다.

중년의 아주머니와 아저씨는 김보은의 어머니와 김진관의 아버지였다. 옥중에 있는 딸과 아들을 대신하여 전대협이 제정한 제1회 인권상을 받게 된 것이다. 아버지가 아들을 대신한 수상 소감을 밝히는 동안 어머니는 딸 생각에 눈물을 그치지 못했다.

"다시는 이런 일이 있을 수 없도록…."

1990년대 초반을 장식했던 일련의 여성잔혹사를 목도한 한국 사회는 그 아픔 속에 하나의 법을 만들었다. '성폭력 범죄의 처벌 및 피해자 보호 등에 관한 법률'이 그것이다. 1994년 1월 제정돼 그후 몇 차례 개정되어 오늘에 이른 이 법은 가족 또는 개인 간의 일탈 문제로 치부돼 온 성범죄 문제에 대한 인식을 재정립하고 '성폭력 범죄를 예방하고 그 피해자를 보호하며, 성폭력 범죄의 처벌 및 그 절차에 관한 특례를 규정'하기 위해 만들어졌다.

"나는 짐승을 죽였다"며 어릴 적 가해자에게 칼을 겨눴던 김부남이 피해를 당한 지 24년, 김보은이 아버지에게 능욕당하기 시작한 지 14년째 되는 해였다. 이 법이 진즉 있었더라면 나 역시 후배의 병상 앞에서 어찌할 바를 모르지 않았을 텐데. 그렇게 생각하다가도 문득 정수리를 때리는 질문. 그 법이 있다고 우리가 지금 달려갈 곳이 없는가? 누군가 그 곁에 있어줘야 할 사람들이 줄어들었는가? 그들은 제대로 도움을 받고 나쁜 놈들은 법대로 처벌받고 있는가?

1992년 10월 28일 휴거론을 주장한 다미선교회의 설립자 이장림 목사가 그로부터 14년 전인 1978년에 번역, 출간했던 어니스트 앵글리 원작 소설 『휴거』 표지.

1992년은 내가 군대를 제대한 뒤 복학한 해였다. 여느 날처럼 술추렴을 한 뒤 들어선 술집 화장실에서 나는 특이한 낙서를 봤다. "타는 목마름으로 민주주의여, 만세"나 "파쇼 타도" 또는 "누구야 사랑해" 등등의 잡다한 낙서 위에 누군가 스프레이로 쓴 낙서였다. "1992년 10월 28일 휴거." 마치 철거촌의 깡패들이 협박하듯 담장에 써 놓는 시뻘건 글씨로, 대문짝만하게 말이다.

휴거론을 주장하는 단체는 '다미선교회'라고 했다. '다미'는 '다가올 미래를 준비하라'는 뜻으로 선교회를 이끈 사람은 이장림 목사였다. 그는 '휴거'의 개념을 처음으로 국내에 도입한 사람이기도 하다. 1978년 어니스트 앵글리의 예수 재림 소설 『랩처드』(Raptured: '황홀한, 환희의'라는 뜻)를 번역하면서 처음 사용했는데 휴거携擧는 한자어다.

성경에는 이 말이 등장하지 않는다. 단지 데살로니가전서 4장 16절~17절에 "그리스도 안에서 죽은 자들이 먼저 일어나고, (중략) 그 후에 우리 살아남은 자들도 그들과 함께 구름 속으로 끌어 올려 공중에서 주를 영접하게 하시리니"라는 말씀이 등장하는데 이때 '구름 속으로 끌어올려짐', 즉 '공중 들림'을 한자로 표현한 것이다. 예수 재림의 말세가 되면 선택받은 자는 구름 속으로 끌어올려진다는 것이다. 이장림은 이것이 실제로 일어난다고 예언했다. 휴거론의 파장은 예상 밖으로 컸다.

"나방이 휴거된다"

멀쩡히 잘 살던 철도원이 휴거에 대비한다며 가족을 데리고 잠적하는가 하면, 종말론 교회에 나가지 못하게 하는 부모를 원망하며 음독자살한 여학생도 있었다. 전 재산을 팔거나 재산의 태반을 매각해 교회에 바치고 10월 28일까지만 연명할 재산을 들고 기도에만 몰두하는 사람이 한두 명이 아니었다. 전국적으로 종말론 신도는 수천 명에 이르렀고 해외 지부까지 있었다. 신도들 가운데는 들어올려질 때 몸이 가벼워야 한다는 이유로 낙태를 한 이들도 있었다(자신의 하나님을 뱃속의 아이 무게도 감당 못하는 약골로 여기다니. 이런 믿음이 부족한 자 같으니라고!).

일시적인 해프닝으로 보기에는 종말론에 빠져든 사람들 수가 심상치 않았고 그로 인한 피해도 방방곡곡에서 흘러나왔다. 그러자 당국도 손을 놓고 있을 수 없었다. 1992년 8월 12일 대검찰청은 산하 수사기관에 "시한부 종말론이 확산되면서 일부 신자들이 생업을 포기하고 가산을 교회에 헌납하거나 일부 청소년들의 경우 학업을 중단한 채 가출하는 등 이른바 종말론이 심각한 사회문제로 비화함에 따라 이에 대해 본격수사를 벌일 것"을 지시했다. 하지만 신도들이 스스로 헌납했다고 주장하는 이상 손쓸 방법 또한 신통치 않았다. 그러자 검찰은 이장림 목사를 옭아맬 단서를 찾아낸다.

    1993년에 만기되는 환매조건부 채권RP을 구입한 사실을 찾아낸 것이다. 1992년에 휴거될 사람이 왜 환매조건부 채권을 구입한단 말인가. 이외에도 수십억 원을 신도들로부터 받아 유용한 사실을 더해 검찰은 1992년 9월 24일 이장림 목사를 구속했다. '휴거' 한 달 전이었다. 그러나 그는 억울하다며 피를 토했다.

    "저는 이번 휴거 대상자가 아니고 '환란시대'에 지상에 남아 순교해야 할 운명입니다. 그래서 활동비를 준비해둔 것뿐입니다. 신앙생활을 충실히 한다는 이유만으로 이 법정에 서서 처벌을 받아야 한다는 현실이 도무지 납득되지 않습니다. 선교회를 설립한 이후 단 한 번도 신도들에게 헌금을 강요한 적이 없습니다. 한 신도가 아파트를 팔아 헌금을 낼 때 무작정 사양하는 것은 그의 독실한 믿음에 대한 모독이라고 생각해 임시로 보관만 했을 뿐입니다."

    이장림 목사가 구속됐지만 휴거를 기다리는 사람들의 믿음은 불타오르기만 했다. 자신들의 선지자에 대한 박해는 휴거 이전의 프롤로그로만 보였고 고립된 교회 안의 믿음은 불길처럼 타올랐다. 아예 가족과 집을 팽개친 신도들은 각 교회에 모여 집단생활을 하며 휴거를 기다렸다. 심지어 10월 25일 이장림 목사가 사과 성명을 내어 '휴거는 일어나지 않는다'고 선언했으나 이미 또 다른 선지자(당시 고등학생이었다고 한다)를 새로이 영입한 종말론 신자들은 아랑곳없었다.

    문제의 휴거일 당일이었는지, 직전 어느 날이었는지 확실하지 않으나 서울에 가을비답지 않은 소나기가 쏟아진 날이 있었다. 하늘이 시커멓게 되어 낮인지 저녁인지 분간이 안 갈 정도였다. "정말 휴거되는 거 아니야?" 내가 중얼거렸을 때 친구가 뒤에서 도발을 걸어왔다. "너는 무거워서 안 들려." 나도 이렇게 받아쳤다. "너는 죄를 많이 지었으니 나랑 남겠네." 시커멓게 된 하늘과 '우르릉 쾅쾅'대는 뇌성벽력을 들으며 '이거 정말 무슨 일이 벌어지는 거 아닌가?' 하는 싱거운 두려움이 설핏 들었음을 고백한다. 아마 신도들은 세차게 쏟아지는 비와 지축을 울리는 천둥소리를 들으며 환호했으리라.

    드디어 10월 28일. 전국 166개 종말론 교회에는 하나님 눈에 잘 띄려는 취지인지 새하얀 옷을 차려입은 성도들이 집결했다. 그뿐만 아니라 종말론 따위를 믿지 않는 시민들도 무슨 일이 일어나는지 보려고 주변에 운집했고 휴거가 안 됐을 경우의 비상 상황에 대비하기 위해 경찰도 총출동했다. 신도들의 휴거를 보여주기 위해 대형 TV를 설치한 교회도 있었고 CNN, 로이터 등 외신들에게 이 역사적인 휴거의 순간을 취재하는 은혜를 베풀어 준 교회도 있었다.

마침내 밤이 오고 자정이 가까웠지만 애석하게도 신도들은 중력을 벗어날 기미가 보이지 않았다. 나방 한 마리가 불빛 속을 날아가자 "나방이 휴거된다"고 환호성을 지르며 하늘을 향해 두 팔 벌렸다. 하지만 '하나님'은 그들의 머리털 한 오라기도 구름 속으로 끌어올려 주시지 않았다. 자정이 넘었어도 신도들의 몸은 땅 위에 머물러 있었다. 분위기가 심상치 않자 일부 교회에서 목사들은 담을 넘어 도망치고 믿음이 약한 사람들은 책상을 둘러엎었다. 당시 현장에 있었던 사람에게 들은 얘긴데 어느 신도는 흥분하는 동료들 앞에서 이렇게 외쳤다고 한다.

"형제 여러분! 우리 시간이 아니라 이스라엘 시간으로 12시입니다!"

이스라엘 시간 12시가 돼도 휴거는 일어나지 않았다. 아마도 최고의 코미디는 바다 건너 필리핀에서 벌어진 일일 것이다. 한국 종말론자들의 선교를 통해 200명의 필리핀인들이 집결하여 휴거를 기다리고 있었는데 12시가 넘어도 휴거가 일어나지 않자 설교자가 이렇게 선언했다고 한다.

"교통체증 때문에 주님이 늦게 오고 계십니다."

변선환 학장의 최후 진술

그렇게 휴거 소동은 요란하고 서글픈 해프닝으로 끝났다. 한국 교회는 이를 두고 이단으로 규정했다. 성경을 잘못 해석하여 사람들을 현혹시켰다고 비판하는 한편, 기복주의와 물질주의에 젖은 한국 기독교에 대한 반성을 토로하며, 이웃과 사랑을 나누는 교회 본연의 모습을 강조했다.

하지만 나는 다른 지점에 문제의 핵심을 두고 싶다. 한국 교회의 자성은 충분히 이유 있는 것이었지만 종말론의 구원 교리 핵심은 "우리는 믿음으로 구원받지만 그렇지 못한 자는 지옥을 간다"는 주류 기독교의 그것과 결코 다르지 않았다는 주관적인 판단 때문이다.

종말론의 문제는 "그날과 그때는 아무도 모르나니 하늘의 천사들도, 아들도 모르고 오직 아버지만 아시는"(마태복음 24장 36절) 종말의 시간을 정한 것일 뿐이다. 결국 심판의 날에 그 믿음을 받아들이는 사람들만 구원받는다는 것은 한국 대부분의 기독교 교회가 신봉하는 믿음 아니었던가. 그를 여실히 증명하는 풍경 하나가 이미 휴거 소동 이전에 실감나게 펼쳐진 적이 있었다.

1992년 5월 7일 '기독교 대한감리회 서울 연회 재판위원회'는 "종교의 등불은 달라도 빛은 하나"라면서 타 종교에도 구원의 길이 있을 수 있다는 견해를 피력한 변선환 감리교신학대학 학장과 홍정수 교수에 대한 종교재판을 열었다. 1885년 감리교가 이 땅에 전파된 지 107년 이래 처음 있는 일이었다. 재판정은 감리교 종단 본부도 아니고, 기독교회관도 아닌 그 이름도 유명한 김아무개 목사(동남아 쓰나미는 하나님의 심판이라고 하셨던 바로 그분)가 시무하는 K교회였고 재판관들은 대충 알 만한 사람들로 채워져 있었다. 신학적 토론은커녕 인민재판의 기독교 버전이 펼쳐졌다.

K교회 신자들이 악을 쓰고 야유하는 가운데 스승의 무죄를 항변하는 감신대 학생들은 입이 틀어막혔고 질질 끌려 나갔다. 그런 분위기에서 감리교회법상 최고형인 출교 처분이 내려졌다. 감리교회 목사직 파면은 기본이었고 신자 자격까지 빼앗은 최악의 형벌이었다. "대학원생들이 하나같이 그에게 학위 지도를 받으려 했기 때문에 한 교수가 학생 6명 이상을 지도할 수 없도록 제한하는 법을 만들어야 했을 정도"(감신대 이정배 교수)였던 감리교신학대 학장은 사탄의 졸개로 공식 규정돼버렸다.

중세의 종교 재판관들처럼, 모세 앞의 애굽 왕 '바로'처럼 강퍅하고 완고한 종교 재판관들 앞에서 변 학장은 꿋꿋한 최후 진술을 남겼다.

"타 종교를 무조건적으로 악마의 소산이라고 생각하는 개종 중심의 선교 신학은 제국주의적인 발상이다. 지구촌에서 다양한 종교가 공존하는 현실과 그 진리성을 인정하되 종교간 대화를 통해 상대방의 종교를 배워 스스로의 정체성을 확고히 하는 새로운 신학이 정립돼야 한다."

이런 생각을 한다는 이유로 기독교인을 기독교 울타리 밖으로 내치는 기독교인들이, 휴거를 믿으며 그를 믿지 않는 자들을 통박하던 휴거론자들과 어디가 어떻게 달랐을까.

그로부터 얼마 뒤 나는 흥미로운 경험을 했다. 학교에서 통일교의 실세라 할 박보희 씨의 강연회가 열린다는 것이었다. 통일교는 1980년대 내내 대학교 안에서 자금력을 바탕으로 체제 순응적인 학생 그룹을 끊임없이 조직했던 전력이 있었는데 그 모임인 '원리연구회'는 동아리 연합회 회원 자격을 박탈당한 터였다. 그러나 문제의 강연회는 열리지 못했다.

나는 그 집회가 무산되는 현장에 있었다. "민주주의를 위해 피 흘려 온 민족의 대학에서 통일교 강연회가 웬 말이냐?"고 주장하는 이들도 있었지만 집회를 저지했던 주류는 "피가름의 교리, 섹스교 이단 통일교를 반대"하는 이른바 '복음 동아리' 회원들이었다. 평소에 그럴 수 없이 선한 미소를 띠고 캠퍼스를 누비며 복음을 전하던 남학생들, 더할 나위 없이 행복감에 겨워 "오 주여, 당신께 감사합니다"를 노래하던 여학생들이 얼마나 험악하고 앙칼지게 변하는지 나는 경악하며 지켜보았다. "여러분더러 들으라는 말씀 드리지 않습니다. 원하는 사람만 들으면 되는 강연회입니다"라며 눈물을 흘리는 원리연구회 학생에게 단매에 때려죽일 듯한 욕설이 날아갔다. 통일교 쪽이 공개한 문건에 따르면 당시 학교 인근 교회 청년회에는 일종의 '십자군 동원령'이 공유되고 있었다.

"신성한 대학의 터전에 사악한 이단의 발톱이…."

심정적으로 통일교 편이 되다

통일교의 정치적 행각과 선교 방식, 교주가 찍어주는 대로 커플을 맺고 합동결혼식을 벌이는 행태에 대해서 한 번도 동의한 적은 없었으나 나는 그 자리에서는 심정적으로 그들의 편이 됐다. 그들에게도 종교의 자유는 보장돼야 한다고 믿었기에. 하지만 거기 있던 선량한 기독교인들에게 통일교란 추방당해야 하고 타도돼야 하고 감히 우리 학교에서 집회를 허락받을 수 없는 이단자들이었을 뿐이었다. 통일교는 '사탄'일 뿐이었다. "1992년 10월

28일 종말을 믿지 않는다"는 이유로 부모를 사탄으로 몰았던 종말론 신도와 그들의 간극은 과연 얼마나 컸을까. 나는 지금도 가늠이 되지 않는다.

얼마 전 세상을 떠난 향린교회 고 홍근수 목사는 이렇게 말한 바 있다. "나를 모르면 지옥에 간다니, 예수 천당 불신 지옥이라니. 이런 신성모독이 어디 있는가. 왜 사랑의 하느님을 돌팔이 잡신으로 만들며 예수 그리스도를 사이비 무당으로 만드는 것인지 모르겠다."

나는 이 말에 동의한다. 예수는 사마리아인에게 다가서며 "유대 천국 잡종 지옥"이라는 신화를 깼던 사람이고 나를 따르지 않는 어린양을 "너 지옥!"으로 갈라세우는 게 아니라 마지막 한 마리를 위해 끝까지 노력했던 목자 아니었던가. 만약 예수가 이 세상을 암행한다면 그는 휴거를 부르짖었던 사람들에게도 혀를 찰 것이거니와 길거리에서 '예수천당 불신지옥'이라는 정신적 협박을 일삼는 자기 신도들의 책상을 둘러엎을지도 모른다. 또 수만 명이 죽어간 쓰나미를 하나님의 심판이라 치부하고, 인도의 사원이나 이슬람 모스크에 가서 가스펠송을 부르거나 남의 절에 들어가 불상의 목을 자르는 이들에게는 삿대질을 퍼부었을지도 모른다. 이렇게 호령하면서 말이다.

"독사의 자식들아 너희는 악하니 어떻게 선한 말을 할 수 있느냐(마태복음 12장 34절). 내가 너희를 사랑한 것같이 너희도 서로 사랑하라. 너희가 서로 사랑하면 이로써 모든 사람이 너희가 내 제자인 줄 알리라(요한복음 13장 34~35절). 너희는 사랑을 이렇게 하느냐"고 말이다. 나 역시 4대째 기독교인으로서 적어도 내가 성경에서 만난 예수는 그런 분이었다.

1992년 장편 『즐거운 사라』가 외설적이라는 이유로 구속
되는 마광수 교수. 1심에서 징역 8월에 집행유예 2년을 선
고받았고 3년 뒤 대법원은 이를 확정했다.

1990년대 초반 세상을 시끄럽게 달군 이름이 많지만 그중 '마광수'라는 이름 석 자를 빼놓을 수 없다. 연세대학교 국어국문학과 교수인 그는 1989년 『나는 야한 여자가 좋다』라는 수필집을 내면서 화제의 주인공이 됐다.

> 보다 솔직하게 본능을 드러내는 사람, 자기 자신의 아름다움을 천진난만하게 원시적인 정열을 가지고 가꿔 가는 사람이 '야한 사람'이다. 나는 지금까지의 경험으로 보아 '야한 마음'이야말로 우리가 행복한 삶을 누리기 위한 첫째가는 비결이 될 수 있다고 생각한다.

이런 서문으로 시작하는 이 책은 최소한 B급 태풍 이상의 충격으로 한국 사회를 강타했다. 기실 강의 중에 여학생들에게 "너희들 섹스해봤어? 사랑하니까 섹스하는 거야. 섹스해봐야 사랑을 알아!"라고 마르고 기다란 손가락을 뻗어 대던 교수는 별종일 수밖에 없던 시기였다. 하물며 그 생각이 책으로 나와 베스트셀러가 됐을 때의 충격이란.

왜 난 서점에서만 그 책을 독파했나

"사랑은 관능적 욕망 그 자체이며 인간의 행복은 성욕의 충족에서 온다"는 마광수 교수의 주장에 가장 발끈한 것은 여성계였다. 한국가정법률상담소는 회지《가정상담》을 통해 "야한 여자를 관능적 백치미의 여성으로 정의, 사고 능력이 모자랄수록 남성의 사랑을 받는다는 종속적 여성상"을 보여주고 있다고 비판했고 이화여대 총학생회는 "(임신 등의 문제를 일으키지 않기 위해) 혼전관계는 오럴섹스가 좋다"고 말한 마광수 교수에게 '마魔광수'라는 독설을 퍼부었다. 내가 다니던 학교에도 대자보가 붙어 마광수 교수를 비난했는데 거기에는 마광수 교수의 이름을 狂獸광수라고 적었다. '미친 짐승'이라는 의미였다. 비난은 좌우, 보수와 진보가 따로 없었다. 서울대학교 손봉호 교수는 "마광수 교수라고도 부를 것 없이 마광수 씨라고 불러야 한다"고 일갈했고 소설가 이문열은 "구역질난다"고 내질러버렸으니 그야말로 '공공의 적'이었던 셈.

물론 그를 옹호하는 축의 목소리도 있었지만 비난의 쓰나미에 묻혀버렸다. 그 증좌로는 나 자신을 들 수 있다. 고백건대 그 책을 읽는 모습을 보였다가는 변태로 낙인찍힐까 두려웠던 나는『나는 야한 여자가 좋다』와 후속작『가자, 장미여관으로』를 서점에서 몇 시간 동안 서서 독파했다. 그때 단상은 이랬다. "되게 솔직하긴 하네." 하나 더 고백하자. 그러고 학교로 돌아와 후배들에게 열심히 마광수 또라이론을 주창했다. 나는 매우 솔직하지 못했던 셈이다.

한 인터뷰에서 마광수 교수는 이렇게 말했다.

"요즘 대학생들은 너무 빨리 순응해버려 스스로의 본성에 정직하기 위한 투쟁 정신을 찾아보기 힘들다. 그때부터 삶은 재미없어지는 거다. 나는 언제나 학생들에게 저항하고 반란하라고 가르친다. 어린아이처럼 솔직한 다양성과 자유를 위해."

'야함'에 대한 솔직한 토로 역시 그에게는 저항이었던 것일까. 군사독 재라는 표현을 듣던 정부와 제도권, 그리고 그에 맞선다는 운동권조차 합세한 융단폭격을 맞으면서도 그는 꿋꿋하게 자신의 욕망을 표현했고 그 수위를 오히려 높여갔다. 그로부터 몇 년 뒤 터져나온 것이 『즐거운 사라』 사건이었다.

1992년 10월 29일 마광수 교수는 '음란문서 제조 반포' 혐의로 구속됐다. 검찰은 "지나치게 성적 충동을 자극해 문학의 예술성 범주를 벗어났다"며 사법 처리의 변을 밝혔다. 나는 그날을 명징하게 기억한다. 복학한 후 예전에는 거리가 멀었던 도서관이라는 곳에 익숙해질 즈음, 도서관 휴게실에서 이어졌던 짧은 문답 탓이다. "아니 그게 구속감이냐? 무협지 작가들, 주간지 소설 쓰는 사람들 다 잡혀가게?"라고 내가 물었을 때 한 법대생이 이렇게 답했다. "교수잖아. 레벨이 다르지. 사회적 파급력이 다르고." 내가 이 문답을 기억하는 이유는 그래도 운동권 물을 먹었다는 법대생 친구의 말이 신문에서 찾아 읽은 마광수 교수를 구속한 검사의 논리와 빼닮아 있었기 때문이다.

> 인간의 교육을 책임지는 교수의 신분에 그것도 유명 대학 교수가 공동체 존립을 저해하고 성적 쾌락이라는 개인적 욕망만을 추구하는 행위를 정당화하는 것은 무책임한 소행이다. 피고인 측에서는 『즐거운 사라』가 음란 서적이 아니라고 주장하고 있으나, 음란 서적 기준은 작가의 주관적 판단에 따라서는 안 되고 도서 그 자체에 대한 판단에 따라야 한다.

이 기소장을 쓴 검사는 '수만 권의 장서를 가진 독서가'였다고 한다. 그는 "단순 음란의 단죄 차원이 아닌 위기적 상황에 처한 정신적 문화적 흐름에 대한 경고"의 필요성을 설파하며 징역 1년을 구형했고 1심에서는 징역 8개월에 집행유예 2년이라는 유죄 판결이 내려졌다. 3년 뒤 대법원도 마광수 교수의 상고를 '이유 없다'고 기각했다.

하지만 그래도 1990년대는 1980년대와는 달랐다. 1989년 『나는 야한 여자가 좋다』에 대한 여론이 주로 비난 일변도였다면 『즐거운 사라』사건 때에는 연세대 총학생회를 비롯한 많은 이들이 마광수 교수를 지지하며 그 무죄 주장에 목소리를 높였다. 그들이 내건 플래카드 역시 사뭇 도발적이었다. "마광수는 결코 인도와도 바꿀 수 없다." 이는 다른 연세대 학생이 붙인 대자보에서 지적하듯 "같은 식민지 체험을 한 국민으로서 영국인들의 제국주의적 우월감을 비판 없이 차용한 것"임에 분명했고 주한 인도대사관까지 이 버릇없는 대자보에 항의하면서 고개를 숙이긴 했지만.

마광수가 셰익스피어 수준으로 격상된 사실은 시사하는 바가 크다. 세상은 꽤 빠르게 변하고 있었다. 1980년대를 지배하던 도덕적 엄숙주의는 어느새 오리알 신세가 되어 낙동강 하구를 지나고 있었다. "지나친 성묘사로 쾌락주의를 조장"한다고 『나는 야한 여자가 좋다』를 비판하던 이들은 점차 그 목소리에 힘을 잃고 있었다. 반면 '사랑'에 당당한 모습들은 좀 더 빈번하게 눈에 띄기 시작했다.

"당신들은 안 하고 살아? 이것도 신성해!"

『즐거운 사라』사건이 있던 다음 해 겨울, 여자 후배 한 명이 감기에 걸려 몸져 누웠다는 소식이 들렸다. 그런데 이유가 희한했다. 그 추운 겨울 밤새 거리를 헤매다가 그랬다는 것이다. 대관절 무슨 연유로 거리에서 밤을 지새웠냐고 물어보니 같이 자취하는 여학생의 군인 애인이 갑자기 휴가를 나왔다는 것이었다. 예고 없이 나온 휴가였지만 자취하는 친구는 "나 얘하고 자야 되니까 너는 오늘 나가서 자고 와줘"라고 서슴없이 요구했고, 밤 11시에 졸지에 쫓겨난 여자 후배는 오갈 데 없이 거리를 헤매다가 동거녀의 군바리 애인이 집을 떠난 뒤에야 몸을 누일 수 있었다는 것이다.

이 에피소드를 들으며 복학생들은 하나같이 이맛살을 찌푸렸다. 아니 용무가 있는 사람들이 여관으로 가야지 왜 함께 자취하는 사람을 쫓아내며, 추운 겨울날 애인과의 시간을 보내기 위해 친구를 내쫓는 못된 처사가 세상에 어디 있느냐며 소매를 걷었던 것이다. 그때 흥분하던 친구가 했던 말이 기억난다. "우리 같으면 그냥 다 같이 술 먹고 방구석에 제각각 자빠져 곯아 떨어졌을 텐데. 요즘 애들 참." 얼씨구 나이 몇 살이나 더 먹었다고 '요즘 애들' 타령이냐고 비웃으면 할 말 없지만 뭔가 세상은 다른 세상으로 옮겨가고 있었다.

오늘날도 그렇지만 1990년대에도 인적이 드문 캠퍼스의 심야 시간에는 심심찮게 강력 사건이 발생했고 이에 따른 자체 규찰대가 조직돼서 야간 순찰을 돌았다. 이 규찰대들은 우범지대를 돌면서 캠퍼스에 스며들어 음주가무를 즐기는 고등학생들을 쫓아내거나 취한 학생들의 싸움을 말리는 등 활동을 벌였는데 그들의 또다른 단속 대상 중 하나는 '캠퍼스를 여관 삼아' 사랑을 나누는 청춘들이었다. 청춘들의 남녀상열지사야 1970년대건 1980년대건 숱하게 있었겠지만, 당시 규찰대 활동을 하던 후배가 침을 튀기며 해준 얘기에 따르면 심야의 캠퍼스에도 실로 많은 커플들이 그들만의 밤을 지새운다고 했다. 당시 규찰대의 무용담을 듣다가 깔깔대고 웃은 대목이 있었다.

규찰대가 등장하여 플래시를 비추거나 인기척을 내면 대개는 화들짝 놀라서 주섬주섬 옷 챙겨 입고 사라지는 것이 상례였는데 어느 한 남학생이 거칠게 대들어 '신성한 캠퍼스'에서의 풍기 문란 행위를 단속하던 규찰대를 당황하게 만든 것이다. 그는 이렇게 외치며 규찰대원들을 몰아붙였다 한다. "당신들은 안 하고 살아? 신성한 캠퍼스? 이것도 신성한 일이야!" 이 말은 한동안 유행어가 됐었다. "당신들은 안 하고 살아?" 그 말을 들으며 폭소를 터뜨린 다음 슬그머니 차오른 의문들이 있었다. 규찰대는 왜 그 청춘들의 '거사'를 굳이 방해하고 플래시를 비추며 "아저씨!"를 부르짖어야 했을까. 누구에게 피해를 주는 일도 아닌데 왜 '단속'의 대상이 돼야 했을까.

돌이켜보면 1990년대는 그때껏 한국 사회를 지배했던, 좋게 말하면 엄숙주의, 나쁘게 말하면 위선의 벽이 깨져나가는 과정이었다. 밤이면 지하 세계에 펼쳐진 음습하지만 휘황한 공간에서 온갖 추잡한 욕망을 다 발산하다가 낮에는 짐짓 성도덕의 문란을 한탄하던 어른들의 세계는 말할 것도 없다. 더하여 '조직 내 연애 금지'를 내걸고 혁명가연하던, 술 마시고 포르노 나오는 여관을 찾아 헤매고, 다음날 오후에는 전두환의 3S 정책(스포츠, 스크린, 섹스) 비판에 열을 올리던 이들조차도, 노골적일 만큼 솔직해진 욕망들의 거침없는 지적 앞에 발가벗은 임금님 신세가 돼 머리를 긁적이던 시기였다. 1994년 영화 〈너에게 나를 보낸다〉에서 '엉덩이가 예쁜 여자' 배우 정선경에게 달라붙어 욕망을 채우는, 운동권 청년이 부르짖던 '파쇼 타도'는 벌거벗은 임금님들에 대한 최대한의 조롱이었다. "파쇼 타도? 흥 니들은 안 하고 사니?" 하는.

1997년 6월 열린 한국여성학회 13차 춘계 학술대회에서 나온 이화여대 김은실 교수의 일성은 1990년대의 단면을 그대로 드러내고 있다.

> 1990년대에 이르러서는 마치 성적이지 않은 것은 존재하지 않는 것 같다. 성이 상품화되고 상품이 성화되는 일상에서 성적 매력을 사회적 자본으로 사용하는 여성이 해방된 여성이라고 인정하는 젊은 '페미니스트'들도 등장하고 있다.

"섹시하다"는 말은 칭찬이 되고…

1980년대 말, 아니 1990년대 초만 해도 날렵한 청바지를 입고 온 여자 동기에게 "오 섹시한데?" 했다가는 "어휴, 짐승"이라는 소리를 들으며 손칼을 맞기 십상이었다. 하지만 언제부턴가 빠르게 '말과 행동에 성적 매력 있다'는 뜻의 '섹시하다'는 형용사는 칭찬의 의미로 바뀌었다. 즉 성적 매력을 보유한 것이 자랑스럽고 그를 찬미해주는 게 부자연스럽지 않은 시대가 된 것이다. 1996년 2월 4일자 〈매일경제〉에 따르면 전국 20대 여성 500명에게 "남성들로부터 어떤 말을 들을 때 가장 기분이 좋은가?"라는 질문을 던졌을 때 1위 예쁘다, 2위 지적이다에 이어 '섹시하다'는 당당히 3위를 차지했다(장담컨대 2위와 3위의 순위는 1년 내에 변경됐을 것이다). 또 섹시하다는 말에 대한 선호도는 여사원(20퍼센트)이나 기혼여성(15퍼센트)보다 여대생들로부터 그 선호도가 높았다(26퍼센트). 즉 나이가 젊을수록 '섹시하다'는 말에 대한 선호도가 높았던 것이다.

1990년대, 욕망을 드러내는 것에 예의와 거리낌을 두지 않고 욕망을 불러일으키는 행동에 대해 비난과 눈 흘김의 강도가 점차 줄어들던 시기.

애인과 함께 여름휴가를 다녀왔다는 사실을 숨기지 않고 친구들에게 말할 수 있게 된 시기이자 영화도 아닌 연극 무대에서 배우들이 전라로 출연한다는 소식에 복학생들이 술값 아낀 배춧잎 꺼내 들고 대학로로 집결하던 때였다. 동시에 도도한 적나라赤裸裸의 물결에 경악을 금치 못하며 어떻게든 막아보겠다고 둑을 쌓고 수갑을 꺼내 들고 치도곤을 꺼내드는 사람들이 설치던 과도기이기도 했다. 그 서슬에 마광수 교수가 당했고 영화 〈거짓말〉과 〈노랑머리〉가 가위질당했으며 연극 〈마지막 시도〉의 연출자는 구속을 면하지 못했다. 그러나 세게 쥐면 쥘수록 새어나오는 모래처럼 사람들은 바뀌고 있었다. 1990년대 중반 이후로는 더욱 그랬다.

1996년 8월 남태평양에서 조선족 선원들이 주도한 한국 해운 사상 최악의 페스카마호 선상반란 사건으로 한국인 7명, 인도네시아인 3명, 조선족 1명이 목숨을 잃었다. 1996년 9월 2일의 페스카마 선상 살인 현장검증 모습.

언젠가 새로 온 사장님이 직원들 인적 사항을 작성해 보고하라고 한 적이 있다. 이름 옆에 출신 지역을 기재하는 칸이 있었는데 얼핏 내 항목을 보니 한자로 함북咸北이라고 적혀 있는 게 아닌가. 함경북도라니. 관리팀 직원에게 어떻게 된 거냐고 물었을 때 "사장님이 원적지를 원하셔서…"라는 대답이 돌아왔다. 원적? 그제야 까마득한 옛날, 드라마 〈응답하라 1994〉의 배경이 되던 그즈음, 입사 원서에 원적을 적는 칸이 존재했던 기억이 났다. 내 원적은 함경북도 학성군이다.

　원적이란 아버지 고향을 말하는 것이라는데, 그렇게 본다면 내 원적은 함경북도도 아닌 중국 만주 길림성이 돼야 한다. 아버지는 일제강점기에 두만강을 건너가 살았던 수많은 조선인들의 자식 중 하나였고, 만주에서 태어나 만주에서 살다가 해방 이후에야 할아버지를 따라 다시 두만강 넘어 고국에 돌아왔던 것이다. 할아버지의 형제 가운데 '눈보라 휘날리는 바람 찬 흥남부두'에서 남쪽을 향한 건 오직 할아버지네 가족뿐이었고 어떤 이는 북한에, 어떤 이는 만주에 흩어져 그 후 완전히 분리된 삶을 살았다.

방송사들이 앞다투어 연변을 찾다

내가 고2 때, 집으로 편지가 배달됐다. 편지 겉봉에는 달필의 한자가 쓰여 있었다. "조선남반부朝鮮南半部 부산시釜山市 양정동陽亭洞". 중국에서 온 편지였다. 1983년 이산가족 찾기 생방송 이후 '중국에서 찾습니다'라고 해서 중국 조선족들의 소식도 국내에 전달됐는데 그중 한 경우였는지 모른다. 어쨌든 편지를 보낸 사람은 작은할아버지, 즉 할아버지의 동생이었다. 중국과의 수교는커녕 '광둥 시내 호텔에 영어 한마디 하는 직원이 없던' 시절, 몇 번의 편지가 오간 끝에 아버지는 홍콩을 통해 중국에 들어가 중국 대륙을 관통하여 베이징을 거쳐 연길까지 가는, 장거리 여행으로 작은할아버지와 상봉하는 뜨거운 혈육의 정을 보여주셨다. 돌아오신 뒤에는 유독 여행담이 길었다. "사람들도 얼마나 순수하고 정겨운지 몰라. 남조선에서 손님 왔다고 얼마나 반갑게 맞아주는지…. 옛날 우리 모습이 거의 그대로 남아 있는 것 같아. 학교에서도 우리말 가르치고 우리글을 배운다. 중국은 중국인데 중국이 아니야. 완전히 우리 땅이야. 조선족 땅이야."

조선족. 나는 이 단어를 그때 처음 들었다. 중국에 거주하는 56개 소수민족 중 하나이며 해방 뒤 돌아오지 않고 중국에 정착한 옛 조선인들과 그 후예를 일컫는 말, '조선족'은 그렇게 내게 다가왔다.

중국과 우리 관계가 개선되면서 그 단어는 더욱 가까워졌다. 1986년 아시안게임 때 이미 '중공' 선수단은 '중화인민공화국'의 국호를 획득하고 잠실벌을 행진했고 이내 '중국'이라 하면 '자유중국'이 아닌 대륙의 거대한 나라를 일컫는 대명사로 전환됐으며 쌍방 간의 교류도 날로 그 폭이 넓어졌다.

1988년 6월 26일자 〈한겨레〉에 이런 기사가 나온다.

6·25를 통해 총칼로 맞섰던 한·중 관계가 학문 교류의 새 지평을 열어가고 있다. 한국을 알고 배우려는 중국의 젊은이들이 하나둘씩 모여들고 있는 가운데 이미 학위를 받고 본국으로 돌아간 중국 국적의 유학생도 있다. 국내의 유학생은 대부분 중국 국적의 한국인 3세로 친척 방문을 목적으로 입국해 체류기간을 연장, 실질적인 유학의 형식을 밟고 있다.

이 기사에 따르면 '현재 서울에 거주하는 유학생'은 3~4명이었다. 그로부터 26년 뒤 한국에 들어와 있는 중국 유학생 수를 셈해보면 격세지감도 이런 격세지감이 없다. 그 빈약한 유학생들은 거의 조선족이었던 만큼 중국과 한국의 교류 초창기에 이 조선족이 단단히 한몫했음을 알 수 있다.

10억 인구의 중국에서 자치주를 꾸리고 살아가며 우리 언어와 문화를 지켜가는 '중국 속의 한민족', 조선족 역시 대단한 호기심의 대상이었다. 그 이미지에는 호기심뿐 아니라 조금은 과잉된 민족의식, 분단과 해방 이전에 대한 향수와 '옛 고구려의 후예' 같은 신비감까지 범벅되어 있었다.

방송사들 역시 앞다투어 연변을 찾았다. 그 가운데 KBS에서 내보낸 다큐멘터리의 한 장면은 지금도 기억에 남아 있다. 그 영상 속에서 취재진은 한 지역에서 다른 지역을 기차로 이동하는데, 곱게 한복을 차려입은 젊은 조선족 여성 몇이 기차를 따라오며 작별 인사를 하고 있었다. "안녕히 가십시오." "또 만납시다." 눈시울들이 붉어진 것은 멀어져가는 얼굴에서도 보였고 그들의 손짓에서 전해지는 정감이란 말로 표현할 수 없을 만큼 따뜻했다. 다큐멘터리를 함께 보던 아버지도 감회에 서려 한 말씀 하셨다. "저게 우리 모습이지. 조선족은 정말 대우를 해줘야 된다. 독립운동가들 후손 아니냐." 그렇게 아름다운 풍경이 황량하게 변모하는 데는 그다지 시간이 걸리지 않았다.

이미 1990년대에 이르면 연변은 한국 유행가가 꽝꽝 울리는 가운데 백두산을 찾는 한국 관광객들이 북적거리고 있었고, 제 버릇 개 못 준다고 돈 다발 들고 벌이는 온갖 추태가 신문지상을 장식했다. 이때 일부 조선족은 황금의 땅 엘도라도를 남한에서 찾게 된다. 초기 고국 방문자들이 '중국 본산' 한약재를 들여와 톡톡히 재미를 본 뒤 그야말로 '한약재 러시'가 형성되었다. 수많은 조선족이 한약재를 싸 들고 한국으로 달려왔다. 1990년대 초 덕수궁 돌담길과 시청역 지하상가, 파고다 인근 공원에는 억센 연변 사투리의 조선족들이 펼친 노점으로 부산했다. 그들 대부분은 '가족 방문'을 위해 온 사람이었다. 그즈음 작은할아버지도 한국 땅을 밟으셨다.

당숙모의 보자기에 들어 있던 것은…

할아버지를 영락없이 빼닮은 형제 중 막내였던 그분의 얼굴은 지금도 선명하다. 평생 다시 보기 어려울 수도 있겠다 싶어 무엇 하나 해드리려 하면 "일없다! 네 아바이 안 그래도 우리 오게 한다고 돈 마이 썼다!"하고 손을 내저으셨다. 하루는 그분을 모시고 이곳저곳을 다니다가 개장한 지 얼마 안 된 롯데월드에 모시고 갔다. 놀이기구를 타실 연배는 아니지만 그 자체가 구경거리가 될 것 같아서였다. 아니나 다를까 작은할아버지는 크게 놀라신 듯했다. 정신없이 돌아가는 놀이기구와 휘황하게 번쩍이는 조명들, 화려한 퍼레이드와 음악 소리는 연변에서 평생 농사짓고 살아온 조선족으로서는 상상하기 어려운 풍경이었던 것이다.

입을 다물지 못하던 할아버지가 한 질문 중 하나는 이것이었다. "이거 돌리는 데 전기가 얼마나 들어가나?" 글쎄요, 하고 넘겼는데 검색해보니 당시 롯데월드는 월 1,200만 킬로와트, 의정부시(인구 40만 명) 사용량의 절반을 혼자 잡아먹고 있었다. 모르긴 해도 당시 중국 연변자치주 연길시 전체의 전력 소비에 육박했을 것이다.

그렇듯 오색찬란한 롯데월드의 조명처럼 눈부신 성장을 하던 한국 자본주의의 발밑으로 조선족은 계속 유입됐다. 우리 가족에게도 '초대받지 않은 손님'이 왔다. 공항에서 눈물을 지으며 "또 볼 수는 없겠지"라고 손을 흔드시던, 꼿꼿했던 작은할아버지가 돌아간 뒤 그 아들과 며느리가 방문한 것이다. 수백만 원어치의 한약재를 싸들고서. 나에게 당숙모가 되는 분은 배가 남산만 했다. 그 몸으로 둘러업고 온 보자기에서 고슴도치 쓸개니 뭐니

하는 듣도 보도 못한 물건들이 쏟아질 때의 난감함이란. 그중 일부는 어찌어찌 소화했지만 대부분은 처치 곤란이었다.

결국 여비는 보태줄 수 있을지 몰라도 한약을 더 이상 팔아드릴 수 없다는 말을 해야 했고 그들은 실망한 얼굴로 집을 나섰다. 그 뒤로 연락도 없었다. 아마도 그분들은 그 약을 처리하지 못했을 것이다. 이미 국내 한약재 시장은 휘청일 만큼 공급 포화 상태였다. 그분들을 마지막으로 봤을 때 흘낏 우리를 돌아보던 눈초리에는 '참 야박하구먼' 하는 원망의 빛이 서려 있었다. 동시에 그들을 바라보던 아버지의 시선도 묘했다. 처음으로 사촌동생을 만난 반가움과 안타까움과 연민과 아울러 멸시의 색깔도 진하게 섞이고 있었던 것이다. 당숙이 배부른 아내를 데리고 떠나던 1992년의 설 즈음 신문에는 이런 기사가 실렸다.

> 설 연휴가 계속된 5일 오전 9시께 서울역 앞 지하도에는 특이한 말씨의 중국 동포 500여 명이 여느 때처럼 삼삼오오 떼를 지어 이야기꽃을 피우고 있었다. 주위를 두리번거리며 한국에 온 지 한 달쯤 됐다고 조심스레 말하는 김 씨는 경기도 안산시의 한 염색공장에서 일한다고 했다. 그들은 자기들끼리의 이야기판에 불쑥 끼어든 서울의 동포를 달가워하지 않았다. 느닷없이 끼어든 서울 동포는 그들의 한국행을 못마땅해하고 감시하는 방해꾼으로 비쳐지고 있을지도 모른다는 생각이 들었다.

어느새 조선족은 한국 자본주의 피라미드 맨 아래를 구성하는 집단이 되어 갔다. 식당 아주머니부터 3D 업종에 종사하는 노동자에 이르기까지 조선족은 기타 외국인들과 그 자리를 메웠다. 어쩌면 그들은 우리가 가장 늦게 발견한 '동족'이면서 가장 먼저 발견한 '외국인 노동자'였을지 모른다.

조선족 또한 아무리 힘들어도 1년만 벌면 집 한 채 산다는 '코리안드림' 홍수에 휩쓸려 김포공항과 인천 부두로 쏟아져 들어왔다. 이들을 노리는 범죄도 기승을 부렸다. 1996년 우리민족 서로돕기 운동본부가 짧은 기간 동안 조사한 통계만 봐도 피해자는 18,000명, 조선족들이 당한 사기 총액도 300억 원을 훨씬 넘었다.

바로 그해, 1996년 8월 남태평양에서 페스카마호의 비극이 일어났다. 조선족 선원들이 주도한 한국 해운 사상 최악의 선상반란 사건이었다. 한국인 일곱 명, 인도네시아인 세 명, 조선족 한 명이 목숨을 잃었다. 살아남은 단한 명의 한국인 선원과 인도네시아 선원들의 기지로 배 안에 갇힌 채 체포된 조선족들은 항해 내내 선장과 갑판장의 비인간적인 폭행과 욕설에 시달렸다고 입을 모았다. 이미 험한 뱃일을 감당하겠다는 한국인은 적었고 그 빈 곳을 조선족을 비롯한 외국인들이 채우고 있었다. 당시 규정으로는 외국인 선원은 전체의 50퍼센트를 초과할 수 없었지만 한국인 선원 월급의 20~30퍼센트만 주면 고용할 수 있는 외국인 선원의 수는 그 기준을 쉽게 초과했고 페스카마호도 그랬던 것이다.

사형선고 받은 전재천, 3만 명이 탄원서를 내다

더욱이 비명에 간 페스카마호의 선장은 선장으로서 처음 항해에 나선 터라 의욕에 차 있었다. 처음 배를 타 멀미나 해대고 일이 서툰 조선족이 답답했을 것이고 그 호령은 부드럽지 않았을 것이다. 조선족들은 난생처음 당해보는 대접과 욕설에 분노를 키웠고 그 대립이 심각해지는 가운데 비극은 일어났다. 이 사건은 한국과 조선족 사회 양쪽에 심대한 충격을 던졌다.

일부 한국인은 조선족이 보여준 잔인함에 치를 떨면서 이들에 대한 편견의 벽을 높였고, 조선족 사회는 한국 사회의 차별이 이 참극을 빚어냈다며 어금니를 물었다. 주범으로서 11명의 생명에 가장 큰 책임이 있는 전재천은 사형선고를 받았는데, 그는 고향을 떠나오기 전 인자하기로 이름난 음악 교사였다. 그의 5형제 모두 모범적인 군 생활을 거쳐 중국 정부로부터 '광영지가'라는 명예로운 칭호를 받은 가족이었다. 전재천이 페스카마호 선상 생활을 기록한 수기가 중국 내 조선족 언론에 실렸고 이는 큰 파장을 불러일으켰다. 결국 3만 명에 이르는 조선족이 정상참작 해달라는 탄원을 보내기에 이른다. 내용은 대충 이랬을 것이다.

유가족에겐 너무 죄송합니다. 하지만 형님의 범행이 고국 동포들의 차디찬 냉대와 구타를 견디지 못해 일어난 것임을 깊이 헤아려 주십시오.

— 전재천의 동생 전재수의 탄원 중에서

그들의 범죄 행각은 돌아볼수록 잔인했다. 특히 그 배의 선원도 아닌, 병이 나서 조선족들을 하선시키기 위해 사모아항으로 돌아가는 페스카마호에 옮겨 탔을 뿐인 젊은이를, 의자에 묶어 바다에 던져버린 대목에서는 욕이 튀어나온다. 하지만 그들은 6년 전만 해도 온 방송사 다큐멘터리가 "순박하고 소탈한 우리 민족의 원형질이 남아 있다"고 감격스레 읊던 조선족의 전형 같은 사람들이었다. 그들은 왜 그렇게 바뀌었을까.

1990년대에 접어들면서 우리 사회에 본격적으로 등장한 특수한 존재, 완전히 다른 체제에서 자라난 외국인이면서 동시에 우리 동포였던 조선족의 부침은 짧은 기간 파괴적으로 나타났다. 조선족 사회는 붕괴라는 표현이 모자라지 않을 만큼 격변을 겪었고 우리 안에 내재된 배타성과 잔인함은 처절하게 증명됐다. 그런 의미에서 페스카마호 사건은 일어나서는 안 될 사건이지만 일어날 수밖에 없었던 사건이었고 앞으로도 일어날 수 있는 사건이다.

이렇게 보면 "통일은 대박"이라던 박근혜 대통령의 말에 토를 달고 싶어진다. 1990년대 우리 곁에 다가왔던 조선족의 어제와 오늘을 돌아볼 때 과연 우리에게 통일은 대박일 수 있을까. 통일에 대한 고민과 준비가 미진할 때 갑작스레 통일이 되고 북한 사람들이 새롭게 우리 사회에 대량으로 신속하게 유입된다면 우리는 어제를 거울삼아 그 시절의 아픔과 오류를 되풀이하지 않을 수 있을까. 북한 인구는 2,200만 명, 조선족의 열 배다.

111

1991년 10월 19일. 여의도광장 차량질주 사건 범인
김용제가 범행 현장에서 사건을 재현하고 있다.

1997년 겨울 한반도는 추웠다. '6·25 이후 최대의 국난'이라는 IMF 사태가 온 나라를 먹장구름처럼 뒤덮고 있었다. 그 엄혹했던 한 해가 다 가기 직전인 12월 31일, 조간신문 한 귀퉁이에 또 하나의 살벌한 소식이 실렸다. "23명 사형, 15년 만에 최대 규모." 법무부는 "장기 미집행 사형수가 너무 많아 교도소의 수용 부담이 커졌기 때문"이라고 했다. 당시 분위기가 어땠는지는 모르겠으나 요즘, 사형을 집행한 다음 비슷한 말을 했다면 법무부 당국자는 엄청난 곤욕을 치러야 했을 것이다. 세상에 '수용 부담' 때문에 23명의 목을 매달다니!

그 23명의 사형수 가운데에는 나이가 서른 살도 안 된 김용제라는 청년이 있었다. 그가 대법원 확정 판결로 사형을 선고받은 것은 1997년 12월 30일로, 꼭 6년 1개월 동안 사형수로 지낸 셈이다. 그사이 몇 번의 집행을 모면했지만 결국 사형대 앞에 서게 됐다. 그는 자신을 돌보아 온 수녀에게 이런 유언을 남겼다고 했다. "인간 대접을 해주신 것에 감사드리며 짧게나마 인간답게 살고 갑니다." 그는 어떤 사연을 뒤로하고 밧줄을 목에 받았던 것일까.

"인간이 다 개로 보였다… 더 못 죽인 게 한"

1991년 10월 19일은 토요일이었다. 가을의 절정이었지만 만날 애인 하나 없던 불우한 청년들은 도서관에 틀어박히거나 동아리방에서 기타나 두들기고 있어야 했고 나도 그중 하나였다. 시커먼 복학생들이 옹기종기 모여앉아 술을 마시기 시작하는데 갑자기 후배 한 명이 들어오더니 황망한 소식을 전했다.

"트럭 한 대가 여의도 광장을 싹 쓸어버렸대요. 수십 명이 죽었대요." 인터넷은 고사하고 컴퓨터도 귀하던 시절, 무슨 일인지를 알기 위해서는 뉴스 시간을 기다려야 했다. "여의도에 우리 조카 사는데….""야, 아무개도 오늘 거기 데이트 갔어." 불안한 시선과 쫑긋 세운 귀로 뉴스를 맞이한 우리는 후배의 전언만큼은 아니라 해도 여의도 광장에서 벌어진 엽기적인 사건에 말을 잃었다.

지금처럼 공원이 조성되기 전, 한때 비행장으로까지 사용되었을 만큼 드넓었던 여의도 광장은 주말을 맞아 인파로 그득했다. 가족끼리 연인끼리 자전거를 타며 내지르는 환성과 학생들의 새된 웃음소리, 모처럼 가족들끼리 손잡고 거닐며 나누는 담소 소리에 여의도는 시끌시끌했다. 언제부턴가 광장 한켠에 서 있는, 흰색 프라이드가 부릉거리며 들썩일 때 아무도 그에 신경 쓰는 사람은 없었다.

누군가의 시야에 흰색 프라이드의 움직임이 들어왔다. '제 갈 길 가겠지.' 그러나 머금고 있던 미소를 풀지 않고 있던 사람들의 얼굴은 급속도로 얼어붙었고, 입에서 나오는 비명의 데시벨은 점점 높아갔다. "어, 어, 어, 어 저 미친놈이!"

흰색 프라이드가 마치 영양 떼를 덮치는 사자처럼 인파 가운데로 달려들었던 것이다. 비명과 엔진 소리가 여의도 광장의 하늘을 찢었고, 눈 깜짝할 사이 프라이드의 작달막하지만 튼튼한 몸체는 여러 사람들을 치받았다. 일단의 희생자들을 짓밟은 차는 맹수처럼 포효하며 방향을 바꿨다. 부웅 부우웅. 죽을 힘을 다해 넓디넓은 광장에서 벗어나려는 사람들을 향해서 자동차는 다시금 전속력으로 달려들었다. "도망가는 사람은 끝까지 쫓아갔다." 훗날 김용제의 회고다.

좌충우돌하던 자동차는 자전거 대여소 시설물에 부딪치면서 멈춘다. 여기서 천만다행한 일이 생겼다. 앞바퀴에 무언가 끼면서 차 시동이 꺼진 것이다. 운전자는 계속 기어를 조작하며 차를 움직이려고 기를 썼다. 그러나 차는 다시 움직이지 않았다. 그때까지 넋을 잃고 있거나 망연히 서 있던 사람들이 차로 달려들었다. 그때 차 문을 열고 모습을 드러낸 건 나이 스무 살을 넘었을까 말까 한 젊은이였다. 인상도 그리 험악하지는 않았지만 손에 든 등산용 칼에는 명백한 살기가 서려 있었다.

정체불명의 괴한과 몇 명의 시민들이 대치했다. 도망가던 괴한은 소녀하나를 인질로 잡았다. 겁에 질린 소녀가 울부짖자 그는 칼을 휘둘러 그녀의 배를 찔렀다. 이때 또 하나의 천우신조가 일어났다. 그 칼이 허리띠 버클에 걸렸고 소녀는 무사했던 것이다. 그 순간 에워싸고 있던 사람들이 범인을 덮쳤다. 그중 한 명이 범인의 팔을 낚아챘고 어지러이 몽둥이질이 이어졌다. "잡았다!" 범인은 그 자리에서 맞아 죽었어도 할 말이 없었을 것이다. 이미 그가 지나온 타이어 바퀴 자국 위에서 두 명이 숨을 거뒀고 20명이 넘는 이들이 피를 흘리고 있었기 때문이다.

이마가 찢어져 피가 철철 흐른 상태에서 영등포경찰서로 끌려간 김용제는 기자들의 질문에 악다구니로 답했다. "사람들이 마냥 즐겁게 노는 것을 보니 내 처지가 원망스럽고 세상에 대해 뭔가 복수를 하고 싶었다." "술 마셨습니까?" "안 마시고 맨 정신으로 그랬다! 인간들이 다 개로 보였다. 더 못 죽인 게 한이다!"

처음 액셀러레이터를 밟아 사람 하나를 친 뒤 그는 아예 눈을 감고 이어폰에서 들리는 팝송만 들으며 가속페달에서 발을 떼지 않았다고 했다. 그의 차 안에는 이런 유서가 남아 있었다.

> 괴로워 죽고 싶다. 오늘 세상을 하직하기로 했다. 그렇잖아도 힘겨운 세상, 눈까지 나빠 더욱 괴롭다. 세상이 싫다.

스무 살 청년에게 세상은 왜 그렇게까지 힘겨웠던 것일까.

3심 내내 사형선고 받은 '젊은 악마'

김용제는 충북 옥천의 찢어지게 가난한 집에서 태어났다. 아버지는 청각장애인이었고 어머니 역시 눈이 심하게 나쁜 장애인이었다. 김용제는 선천적 약시였는데 어머니에게서 물려받은 유전적 장애로 보인다. 몇 번의 가출과 귀가 끝에 어머니는 끝내 집을 나가 돌아오지 않았고 아버지는 실의 끝에 농약을 먹고 스스로 목숨을 끊었다.

김용제의 삶은 기구하면서 동시에 불량했다. 중국집 배달원, 멍텅구리 배 선원, 공장 직공 등 안 해본 일이 없었지만 그의 눈이 항상 문제가 됐다. 주소를 보지 못해 헤매는 배달원과 공장 기계에 부딪치기 일쑤인 직공을 용납하는 사장은 드물었다. 심지어 오는 손님한테 인사만 하면 되는, 즉 시력과 관계없는 나이트클럽 웨이터 일을 얻고 좋아했지만, 그는 왕림한 나이트클럽 사장님을 알아보지 못하고 "손님 어서옵쇼!"를 부르짖다가 바로 잘렸다. "어느 놈이 현관에 소경을 세워놨어?" 사장의 호통이었다.

김용제도 열심히 살아보려다가 장애 때문에 좌절한, 그저 순박한 청년만은 아니었다. 김용제가 자신을 돌보던 수녀에게 보낸 편지들을 모은 책 『마지막 사형수』를 보면 짧은 생 동안 그가 거의 모든 범죄를 저질렀다는 것을 알 수 있다. 절도, 강도, 방화 등. 하지만 그의 편지를 읽어내려가다 보면 또 하나의 사실을 알게 된다. 그가 막다른 고갯길에서 범죄의 검은손을 여러 번 쳐들었을지언정, 그 고개와 고개 사이의 능선길에서는 필사적으로 정상적인 삶을 살아 보려고 애썼다는 사실이다. 모든 노력은 결국 암담한 절망에 뒤덮였다.

생을 포기한 상태에서 김용제는 지금까지 자신을 내리누르던 세상을 향해 가시들을 창처럼 내뻗은 거대한 고슴도치가 된다. 이 고슴도치는 여의도 광장을 미친 듯 질주했고 두 명의 사망자를 비롯해 수많은 희생자를 냈다. 시민들의 분노는 대단했다. 당시 현장 기사를 보면 "그놈을 자기가 한 그대로 차에 깔아뭉개 죽여버려라!"는 목소리도 들린다. 스무 살 김용제는 '젊은 악마'가 되어 3심 내내 사형을 선고받고 결국 사형수가 된다.

희생자 가운데 윤신재라는 여섯 살 아이가 있었다. 세발자전거를 타고 여의도 광장을 앙증맞게 달리던 아이는 차에 치여 그 자리에서 숨졌다. 그 아이를 자기 손으로 키우다시피 했던 할머니는 그야말로 목이 찢어지도록 악을 쓰고 싶은 심경이었을 것이다. 직접적인 피해를 입지 않은 시민들이 "차로 갈아 죽여라!" 하고 부르짖는 판에, 눈에 넣어도 아프지 않을 쌍둥이 남매 중 사내아이가 한 미치광이 때문에 생명을 잃다니.

김용제가 사형선고를 받은 뒤 할머니는 그를 찾아갔다. 자신에게 허리를 끊는 아픔을 준 범죄자가 "도대체 어떻게 생겨먹은 놈인지" 궁금한 것은 인지상정이다. 누구나 현장검증 때 마스크에 모자를 쓴 범인을 보면 "모자 벗겨!"를 부르짖지 않던가. 아마 할머니도 그랬을지 모른다. 신앙의 힘을 빌려 용서하는 마음도 가지려고 애썼겠지만, 또 그런 이유로 이뤄지기 힘든 면회도 가능했을 테지만, 대체 누군지 얼굴이나 보자는 마음 또한 컸으리라.

그때 할머니가 본 것은 그야말로 '사시나무 떨듯' 벌벌 떠는 모습이었다. 눈을 제대로 쳐다보지도 못하고 "잘못했습니다"를 연발하는 김용제를 보면서 할머니는 그 마음을 누그러뜨렸다. "공포에 떨고 있는 용제의 모습을 보고는 그러한 범행을 저지르게 한 책임이 우리 사회에도 있구나 하는 생각을 떨칠 수가 없었습니다. 내 손자라 여기고 사랑을 심어주려 합니다."

그리고 할머니는 손자의 원수 옥바라지에 나선다. 『마지막 사형수』에 나오는 김용제의 편지에는 할머니의 모습이 이렇게 담겨 있다. 어느 날 할머니는 김용제를 위해 유명한 안과 의사와 함께 방문하여 안경을 맞춰준다. 안경 정도로는 그의 약시를 보완할 수 없었지만 김용제는 "헛수고인 줄 알았지만 물리칠 수 없었다"고 했다. 할머니는 자신이 건넨 안경을 쓴 김용제와 함께 성경을 읽었다. 고린도전서 13장 4~5절 '사랑'의 장이었다.

사랑은 오래 참고 사랑은 온유하며 시기하지 아니하며 사랑은 자랑하지 아니하며
교만하지 아니하며 무례히 행하지 아니하며 자기의 유익을 구하지 아니하며

김용제는 할머니가 성경을 읽으며 하염없이 울었다고 했다. 아마 그도 숨죽여 울었을 것이다. 특히 그 다음 구절을 그들은 이를 악물고 읽었을 것이다.

성내지 아니하며 악한 것을 생각하지 아니하며

부모로부터 이어진 가난과 장애, 사회로부터 별다른 돌봄 없이 내동댕이쳐진 생. 그 속에서 키운 분노와 앙심으로 악마가 됐던 김용제와, 그 소행에 천금 같은 손자를 잃은 분노와 앙심을 뼈를 깎듯 도려내고 그와 함께 성경을 읽는 할머니. 그들은 울먹이면서 그 구절을 읽었을 것이다. 마지막 한마디는 두 사람 모두에게 쉽지 않았을 것이다.

모든 것을 참으며 모든 것을 믿으며 모든 것을 바라며 모든 것을 견디느니라

앞으로 견딜 일은 둘 다에게 많았다.
    할머니의 남편이 화병으로 세상을 등졌고, 자식의 죽음으로 상심한 며느리도 암으로 세상을 떠났다. 그 죽음들 앞에서 어찌 "성내지 아니하고 앙심을 품지 아니할" 수 있었으며, "모든 것을 견디기가" 쉬웠을까. 그러나 할머니는 김용제의 불운한 과거 속에서 용서의 열쇠를 찾는다. 그리고 김수환 추기경과 함께 김용제의 감형을 탄원한다.
    "지독한 근시에 어머니의 가출과 아버지의 죽음, 가난 속에서 세상에 대한 원망과 자포자기의 몸부림은 어쩌면 우리 사회의 책임도 있습니다. 따뜻한 사랑과 행복한 가정을 가졌더라면 그런 일은 발생하지 않았을 것입니다. 내 손자라고 여기고 무엇보다 사랑의 마음을 심어주려고 합니다."
    할머니의 사랑과 용서도 헛되이 1997년 12월 30일, 그는 대한민국에서 집행된 (현재까지) 마지막 사형수 명단에 올랐고 교수대에서 생을 마쳤다. 김용제는 재소자가 새로 들어올 때마다 엎드려 통사정을 해서라도 그 발을 씻

어 주며 죄를 씻기를 바랐다고 한다. 굶주리는 북한 어린이들을 생각하며 꼬박꼬박 금요일 점심을 굶기도 했다. 모범수 김용제는 입회인들이 흐느끼자 "울지 말라"고 달래기까지 한 뒤 교수대에 섰다. 약시였기에 안구를 기증할 수 없었던 그는 신장 기증 의사를 밝혔지만 아쉽게도 실패했다고 전해진다.

그의 범죄는 '묻지마 범죄'의 원조 격에 해당한다. 특정한 누군가를 목적으로 한 것이 아니라 "아무나 죽어라" 하고 불쑥 자신의 속에서 키워온 강철 가시로 전혀 관련 없는 누군가를 찔러버리는 범죄 말이다. 그렇기에 그는 더욱 주목받았고 사형을 면하지 못했다.

그로부터 20년이 지난 요즘 우리는 뻔질나게 일어나는 '묻지마 살인'에 직면하고 있다. 몇 년 전 한 살인범은 길을 가다가 "행복한 웃음이 들려" 그곳으로 찾아가 칼질을 했고 한 가족을 송두리째 파멸시켰다. 그런 소식을 들을 때마다 세상이 왜 이렇게 험해졌지 한탄하고 "그놈들이 한 그대로 그놈들을 죽여라"라고 분노한다. 바로 우리가 그 세상의 까칠함에 돌기를 더하고, 냉혹함에 냉기를 더하며 살고 있을지도 모른다는 사실을 망각하면서.

얼마 전 한 어머니가 발달장애 아이를 도무지 감당할 수 없고, 모든 수용시설에서 아이를 거부하는 상황에 직면하자 아들을 죽이고 스스로 목숨을 끊어버린 기사를 읽었다. 언젠가는 "어머니의 상처가 썩어가도록 외면하는 불효자식"에 대한 제보를 받고 취재해봤더니, 그는 비정규직으로서 병든 어머니와 지적장애인 여동생을 부양하던 노총각이었다. 나는 그를 만나지 못했다. 사전 취재를 가기도 전에 목을 매 세상을 떠났던 것이다.

이런 일들이 아무렇지도 않게 일상처럼 일어나는 세상에서 우리는 살아간다. 누가 밥을 굶든, 시름시름 앓든, 어디에 올라가서 농성을 하든 세상은 돌아간다. 누가 자살이라도 하면 의지박약한 놈이라고 탓이나 하면 되는 세상 아닌가. 그렇다면 그 한켠에서 누군가 허옇게 눈을 뜨고 차 운전석에 앉아 분노로 가득 찬 얼굴로 우리를 노려보게 되는 일이 결코 특별한 일은 아닐 것이다. 과연 우리의 '사랑'이 그들의 '앙심'과 '분노'를 다독일 힘이 있는가. 과연 우리는 그들더러 '모든 것을 견디라'고 설교할 깜냥이 남아 있는가. 우리는 김용제와 그를 용서했던 할머니에게 무슨 말을 할 수 있을까.

```
        @@@@
      @@@@@@
     @@    @@
     @@    @@
        @@@
         @@@
     @@      @@
     @@      @@
     @@@@@@
        @@@@
```

우째 이런 일이:
전세 대란에서 지존파 범죄까지

〈한겨레〉에 실린 박재동 화백의 만평. "아빠! 우린 안 죽는 거지?"라는 아이의 말이 전세 대란에 대한 현실을 잘 보여 준다.

대학에 입학할 무렵 학교 앞 백반 값은 1,200원이었다. 학교 구내식당 장국밥은 450원이었다. 말하자면 '세종대왕' 한 분만 계시면 학교 안에선 근 20명이, 학교 밖에서도 여덟 명이 넉넉히 배를 채울 수 있었다는 이야기다. 거기에 서울 출신이거나 서울에 끈이 있는 학생들은 당시만 해도 '몰래바이트'라 불렸던 과외를 하며 한 달에 25만~30만 원 정도의 고소득을 올렸다. 밥값에 비추어 시세를 가늠해보면 요즘의 100만~120만 원 정도의 짭짤한 수입인 셈이다. 데모로 시끄럽고 배를 곯고 다니는 고학생도 많았지만 캠퍼스는 나름 풍성했고 사회적 분위기도 그랬다. 1980년대의 '3저 호황'으로 인한 경제 성장과 88서울올림픽의 후광은 여전히 그 빛을 잃지 않고 있었다.

그런데 1990년 봄이 왔을 때 뭔가 분위기가 심상치 않았다. 일단 학교 앞 밥값이 1,500원으로 단번에 올랐다. 일거에 25퍼센트가 훌쩍 뛴 것이다. 1,500원 2,000원 하던 돈가스는 거의 100퍼센트가 상향 조정됐다. 하숙비도 들썩들썩했다. 오른 하숙비를 감당하지 못해 짐을 싸들고 친구 자취방이나 학생회관을 전전하는 친구들이 꽤 많았다. 당시의 물가상승지수를 굳이 찾아보지 않더라도 1980년대의 호황과는 사뭇 다른, 이상기류가 흐르기 시작했음은 분명하다. 그리고 캠퍼스에서 일어난 일은 빙산의 일각일 뿐이었다.

1990년 3~4월, 전셋값 때문에 죽은 사람만 17명

국민은행 통계에 따르면 1990년 서울 전셋값 상승률은 23.7퍼센트에 달했고 그 전해에는 29.6퍼센트에 이르렀다. 그러니까 1980년대에서 1990년대로 이어지는 길목에서 전셋값이 무려 50퍼센트 넘게 오른 것이다. 1988년 서울올림픽과 이후 신도시 건설에 이르기까지 전국을 휩쓸아친 부동산 열풍과 인플레이션의 파도가 쓰나미로 화하여 서민들의 터전을 덮친 결과였다.

> 폭등하는 부동산 가격에 내 집 마련의 꿈은 고사하고 매년 오른 집세도 충당할 수 없는 서민의 비애를 자식들에게는 느끼게 하고 싶지 않다.

1990년 4월 10일, 온 가족과 함께 세상을 등진 한 가장의 유서다. 그의 아이들은 일곱 살, 여덟 살이었다. 유달리 춥고 눈도 많이 왔던 겨울을 거쳐 찾아온 1990년의 봄은 여전히 겨울처럼 삭막했다. 3월과 4월 사이, 전셋값을 감당하지 못해 죽어간 이가 17명이나 되었던 것이다.

이즈음 〈한겨레〉에 실린 박재동 화백의 만평 하나를 선명하게 떠올릴 수 있다. 어느 허름한 방 안, 튀어나올 듯 눈이 충혈된 아버지가 쭈그리고 앉아 있다. 방 안에 달랑 하나 있는 장롱 위에는 언제든 이사 가야 할 처지

124

를 상징하는 듯 짐 보따리가 얹혔다. 아버지 앞에 앉은 남매는 아버지에게
뭔가 다급하고 애타게 말하고 있었다.

"아빠! 우린 안 죽는 거지?"

그 무렵 그렇게 바닥으로 눈을 내리깔던 아버지는 한둘이 아니었고, 그
가운데 몇 명의 눈은 실제로 살기에 뒤집혀 아이들의 목을 스스로 조르기도
했다. 오죽하면 1990년 4월 전셋값에 치여 죽어간 17명의 영혼을 위로하는
위령제까지 열렸을까. 경실련과 전국세입자협의회가 준비한 합동위령제에
서 세입자들은 추모사를 읽으면서도 이후 다가올 가을 이사철을 걱정하고
있었다.

1990년 봄은 실로 봄 같지 않았다. 활짝 피어났다 곧 맥없이 떨어지는
꽃잎처럼 많은 생명이 세파에 휩쓸려간 나날이었다. 그해 봄, 가장 슬픈 죽
음으로 나는 이 사건을 들고 싶다. 그 죽음은 전셋값 때문에 들이닥친 것은
아니었지만 가난 때문에 삶이 깎아지른 벼랑 아래로 떨어진 것은 동일하다.

1990년 3월 9일, 서울 마포구 망원동의 한 연립주택 지하방에서 불길
이 솟았다. 발견자는 청소를 하던 중 난데없는 연기가 피어오르는 것을 본
이웃 아주머니였다. 아주머니는 부리나케 연기 나는 곳으로 달려갔지만 문
은 자물쇠로 잠겨 있었다. 다행히 안에는 사람이 없구나 가슴을 쓸어내린
아주머니는 알음알음 수소문하여 경비원으로 일하고 있던 집주인과 인근
합정동에서 파출부 일을 하던 그 아내에게 집에 불이 났다는 소식을 전했
다. 그런데 숨이 턱에 닿도록 집으로 달려온 어머니의 얼굴은 백지장처럼
새하얗게 변해 있었다.

"애들이! 애들이 안에 있었어요."

모두가 망연자실하고 말았다. 문을 밖으로 잠근 것은 부모였다. 아이들
이 어리니 행여 부엌에만 나가도 연탄불이나 식칼 등 다칠 일이 많고, 밖에
라도 나가면 길이라도 잃을까 두려웠다. 부모는 다섯 살, 세 살 아이들을 방
안에서 놀게 하고 문을 잠갔다. "조금만 있으면 엄마가 올게", 그 약속을 남
기고. 그러나 아이들은 살아서 엄마를 보지 못했다. 아이들은 그 작은 손톱
으로 열리지 않는 문을 긁어대다가 화마에 휩싸였다. 다섯 살 혜영이는 방
바닥에 엎드린 채, 세 살 영철이는 옷더미 속에 코를 박은 채 숨져있었다.

125

부부는 충청도에서 농사를 짓다가 도저히 가난을 이길 수 없어 서울로 올라온 사람들이었다. 살려면 일을 나가야 했고 남편 혼자 힘으로는 벅찼다. 아내도 생활전선에 뛰어들어야 했지만 걸리는 것은 아이들. 시골에 계신 어머니에게 보냈다가 "더 이상 못 맡겠다"는 말과 함께 아이들은 되돌아왔다. 돈을 쪼개 이웃에게 주며 아이들을 봐달라고 부탁해봤지만 그것도 얼마 가지 않아 끝이 났다. 그렇다고 아내가 집에 들어앉자니 오르기만 하는 집세와 늘어가는 빚더미가 하늘같았다. 대책은 하나, 아이들을 집에 두고 문을 잠그고 나가는 것뿐이었다. 다섯 살 누나에게 세 살 동생을 데리고 잘 놀라는 당부만이 가난한 부모가 할 수 있는 조처의 전부였다. 그리고 아이들은 성냥을 가지고 놀다가 화마에 휩싸였다.

"몇 푼이나 번다고. 여편네가 문 잠그고 나가서…"

이 사건은 온 사회에 커다란 충격을 주었고, 내게도 매우 껄끄러운 기억을 심어주었다. 사건 발생 후 어느 날, 술을 한 잔 걸치고 버스 차창에 머리를 기대고 잠을 청하는데 뒤에 앉았던 중년의 부부가 남매의 일을 화제 삼는 것이 들렸다. 건성건성 넘기고 있는데 둘의 대화가 갑자기 화전火箭이 되어 내 귓전을 뚫고는 머릿속에서 폭발했다.

"몇 푼이나 번다고. 여편네가 문 잠그고 나가서 그 지랄을 하게 했는지. 남편이나 여편네나 똑같다."

"맞아요. 무조건 애들은 엄마가 있어야 돼."

솔직히 악의가 있어서 한 말은 아니었다. 시내버스를 타고 다니는 승객이었고, 그 행색이 '싸장님'과 '싸모님'도 아니었다. 나름 슬픔에 혀를 차는 말이었고, 안타까움을 표한다는 것이 좀 지나쳤을 수도 있다. 그러나 부부는 내게 봉변을 당했다. 다음 정거장에서 올라탄 선배가 끼어들고 혼이 빠진 부부가 황급히 내리지 않았더라면 아마 나는 경찰서 신세를 졌을지도 모른다. 마치 내가 죽은 아이들의 아비라도 되는 양 악을 썼고 엄마라도 되는 양 어떻게 그런 말을 할 수 있느냐고 퍼부어댔으니까. 이십몇 년 전 어느 버스 안에서 술 냄새 풀풀 풍기는 젊은놈의 느닷없는 발악에 혼비백산했을,

이제는 할아버지 할머니가 되었음직한 당시의 중년 부부께 다시 한 번 사죄의 뜻을 표한다.

그때 나를 화나게 했던 것은 그 대화에서 나온 하나의 명제였다. "애들은 엄마가 길러야지!" 어찌 보면 당연한 명제다. 그러나 세상에서 가장 옳은 명제가 가장 잔인한 명제인지도 모른다. 법대로 하면 되고, 가정은 지켜져야 하며, 아이들은 부모의 사랑을 받으며 자라야 하고, 자식은 부모에게 효도해야 한다. 그 옳고 지당한 책임을 사회가 전담 내지는 분담하지 않고 개인에게만 떠밀 때, 그 명제는 사람들을 끌어올리는 동아줄이 아니라 그 목을 잡아 죄는 올가미 줄로 변신한다. 남의 집 마루를 닦아서 번 돈 30만 원을 몽땅 빚을 갚는 데 들이부어야 겨우 살아갈 수 있었던 어머니에게 그 명제는 무엇이었을까.

아이들이 죽은 지 6개월 뒤인 1990년 10월, 세상에서 가장 슬프다고 단언하는 노래가 세상에 나왔다. 그 노래는 공연윤리위원회 심의를 거부한 탓에 방송으로는 들을 수 없었지만 노래를 듣고 눈물을 쏟은 사람들의 입소문으로 퍼져갔다. 가수 정태춘의 '우리들의 죽음'이란 곡이었다. 정태춘의 5집 음반에 실린 이 노래는 그의 낮게 깔리는 음성도 음성이지만 간간이 삽입된 가슴 쩡한 내레이션으로 더욱 유명했다. 특히 마지막 내레이션은 아이들의 것이었는데 노래를 듣는 사람들은 예외 없이 이 대목에서 눈물을 쏟았다.

엄마, 아빠! 슬퍼하지 마 / 이건 엄마, 아빠의 잘못이 아니야 / 여기, 불에 그을린 옷자락의 작은 몸뚱이, 몸뚱이를 두고 떠나지만 / 엄마, 아빠! 우린 이제 천사가 되어 하늘나라로 가는 거야 / 그런데 그 천사들은 이렇게 슬픈 세상에는 다시 내려올 수가 없어 / 언젠가 우린 다시 하늘나라에서 만나겠지 / 엄마, 아빠! 우리가 이 세상에서 배운 가장 예쁜 말로 마지막 인사를 해야겠어 / 엄마, 아빠… 엄마, 아빠… 이제 안녕

정태춘의 '우리들의 죽음'이 바꾼 인생

1990년 3월 9일. 감당할 수 없는 전셋값의 벼랑에 온 가족이 함께 몸을 던

지는 일이 줄을 잇던 즈음, 맞벌이를 하고 밤늦게까지 일하지 않으면 하루 연명조차 할 수 없게 된 사람들이 격증하던 시기에 어린 남매는 죽어갔다. 앞만 보고 달려온 고도성장의 동력이 사그라들고 그 그늘 속 절망과 슬픔은 깊어지던 1990년대의 신호탄이었다. 불행한 남매의 죽음, 그리고 그 남매를 담은 노래 '우리들의 죽음'은 한 사람의 인생을 바꿔 놓았다. 진보 진영에서 부동산 문제에 관한 한 최고의 전문가로 손꼽혔던 손낙구 씨는 그의 저서 『부동산 계급사회』 서문에서 자신이 왜 부동산 문제에 몰두했는지를 이렇게 밝힌다.

가수 정태춘이 눈물로 부른 '우리들의 죽음'이란 노래가 있다. 1990년 3월 9일 어느 맞벌이 부부의 어린 자녀가 비극적으로 숨진 사건에 얽힌 사연을 담았다. [중략] 그로부터 15년 뒤인 2005년 10월 11일 서울 서초구 원지동 '개나리마을', 빈민들이 비닐하우스로 집을 짓고 사는 이곳에서 엄마가 공장에 야근하러 간 사이 불이 나 여섯 살, 네 살배기 형제가 불에 타 숨지는 사건이 일어났다. [중략] 지하 셋방이나 비닐하우스에서 자라다가 채 인생의 꽃을 피워 보지도 못하고 불에 타 죽어야 하는 아이들 앞에서 명색이 노동운동과 진보운동에 몸담아 온 사람으로서 스스로에게 묻지 않을 수 없었다. '그 15년 동안 나는 과연, 과연 무엇을 했단 말인가'라고.

그로부터 몇 년간 손낙구 씨는 필사적으로 대한민국의 깊숙한 근저에 똬리를 틀고 앉아 사방의 자양분을 빨아들이는 부동산이라는 괴물과 사투를 벌이게 된다. 희망이란 이렇게 생겨나는 것이 아닐까. 어둠이 더 짙어지고 냉기는 갈수록 심할 때, 그 속에서 삶의 온기를 되찾기 위해 안간힘을 쓰는 사람들이 있다는 것. 어둠과 냉기에 시들어가는 이들을 안타까워하는 마음을 잃지 않고, 무엇이든 해보자며 팔을 걷어붙이는 사람들이 있다는 것. 그들의 절망은 나의 책임이기도 하다는 것을 잊지 않고 함께 슬퍼해주는 것. 그렇게 희망은 돋아나는지도 모른다.

어찌 보면 1990년대는 지금보다는 희망이 더 많이 남아 있던 때가 아닌가. "정부는 대책을 세워라"는 호소가 보수언론부터 대학교수들의 시국

선언까지 이어지고 있었으니까. 하루에 수십 명이 절망 속에 목숨을 끊어도 신문 한 귀퉁이 차지하기 어렵고, 한 공장 출신의 해고자 수십 명의 생명이 연이어 사라져도 눈 하나 깜짝하지 않는 요즘에 비하면 그나마 따뜻하지 않았는가.

1990년대 중반부터 제기된 '성희롱'에 대한 경각심은
1999년 2월 남녀차별금지법 제정으로 이어졌다. 사진은
정부에서 배포한 성희롱 예방교육 비디오의 한 장면.

현재는 몇 마디 말밖에 못하는 실력으로 전락했으나 나에게도 영어 잡지
《타임》을 줄줄 읽어내리던 시절이 있었다. 물론 '줄줄' 읽기 위해서는 적잖
은 시간과 너덜너덜한 영한사전을 필요로 하긴 했지만 말이다. 1991년 어느
날 《타임》을 독파하던 중 뜻밖의 단어에 부딪쳤다. "sexual harassment".
흑인으로는 사상 두 번째로 미국 연방 대법관에 임명된 클래런스 토머스 판
사의 스캔들 기사에서였다. 애니타 힐이라는 여자 교수에 따르면 토머스 판
사가 자신을 'sexual harassment'라고 한 바 있다는 거였다.

이걸 어떻게 번역해야 맞는 건지 스터디 그룹 안에서는 격론이 일었다.

사전에는 '괴롭힘' '학대' 정도로 등재돼 있는데 뭘 해도 번역이 들어맞지 않았다. '성 학대'로 번역하니 갑자기 채찍을 휘두르는 남자와 비명을 지르는 여자의 이미지가 떠올랐고 '성적 괴롭힘'으로 번역하니 애니타 힐 교수의 증언과 딱 맞는 것 같지가 않았다. "끈질기게 데이트를 요구했고 음담패설을 늘어놓았다"인데, 미국에서는 이 정도가 대법관을 낙마시킬 만한 범죄적 사안이 되는 것인가 하는 생각이 들었다. "글쎄, 이 정도는 우리도 하지 않았냐?"

우 조교 사건과 3,000만 원

막걸리에 촌스러운 이미지가 대표적이었던 우리들은 '끈질긴 데이트 요청'의 경험을 직간접적으로 보유하고 있었고, 여학생들이 질색하는 표정이 역력한데도 'EDPS', 즉 음담패설을 집요하게 늘어놨던 기억이 들러붙어 있었다. 신입생 환영회에서 남녀불문 "에라 ×팔 니×미" 운운하는 성적 욕설 추임새를 힘차게 내지르는 걸 조장하고 은연중에 부추겼던 문화까지 떠올리면 더욱 민망해진다. 그런데 이 'sexual harassment'의 번역 문제는 언론이 해결해주었다. 당시 기자들도 우리처럼 처음에는 좀 헛갈리는 거 같더니 '성희롱'이라는 표현으로 통일했던 것이다.

'성희롱'이라는 단어는 1990년대가 낳은 신조어였다. 1995년 7월 29일자 〈한겨레〉에 실린 칼럼은 다음과 같다.

> 우리나라에서 '희롱'이라는 말은 있으나 '성희롱'이라는 말은 없었다. 성희롱은 성적 지분거림을 의미하는 신조어일 뿐이다. 서구적 개념의 섹슈얼 하라스먼트는 '성적 침해'를 뜻하는 것으로 우리의 성희롱 개념뿐 아니라 포옹이나 육체적 접촉 등 온갖 성적 지분거림을 포괄하고 있다.

이 칼럼만이 아니다. 찾아보면 이미 1980년대 일본에서는 '세쿠 하라(섹슈얼 하라스먼트의 일본식 준말)'라 불리며 초미의 관심의 대상이 되었다는 보도도 있었다. (〈동아일보〉 1989년 11월 28일자)

그러나 그때까지만 해도 먼 나라(미국) 또는 이웃 나라(일본)의 이야기로 치부되던 '성희롱'의 문제는 1993년 10월 18일 A급 태풍으로 한국을 강타했다. 태풍의 진원지는 서울대학교 화학과 실험실이었다. 1년간 계약직으로 근무하던 우 모 조교가 관리 책임자인 신 모 교수로부터 '불필요하거나 난처한' 신체접촉을 당하고 성적으로 불쾌한 발언을 지속적으로 들어온 것에 항의해 재임용 대상에서 제외되었다는 것이다. 이에 담당 교수와 서울대학교 총장, 그리고 대한민국을 피고로 하여 5,000만 원의 손해배상을 제기한 것이다. 1심에서는 3,000만 원의 배상 판결이 내려졌고 2심은 성희롱을 불인정했다. 6년 법정 소송 끝에 내려진 최종 배상 금액은 500만 원이었지만, 어쨌든 2심만 제외하면 모든 판결이 교수의 성희롱을 인정했다.

"그동안 우리 사회에 만연되어 있었던 상사에 의한 여직원 성희롱을 여성 인권에 대한 침해이자 처벌이 뒤따르는 범죄로 규정한 것이라서 이와 유사한 사건으로 피해를 입은 여성이 가해자에게 피해보상을 요구할 수 있는 법적인 기준을 마련했다"는 여성계의 평가(〈여성신문〉 1998년 2월 20일자)는 논외로 하더라도 이 사건이 가져다준 충격은 생생하게 기억에 남아 있다. 특히 3,000만 원의 배상을 판결한 1심 이후의 파장은 더욱 그렇다.

술자리를 비롯한 모임마다 예전처럼 음담패설을 슬그머니 꺼냈다가는 "이거 성희롱이야"라는 소리를 들어야 했으며 "오우 섹시한데?" 하며 여자 동기의 자태를 칭송하다가 "돈 많이 벌어놨나 봐?"라는 소리를 농담 반 진담 반 듣게 되는 한국 남자들이 한둘이 아니었다. 고생했다고 여직원 등을 두들기다가 "부장님! 이거 뭐 하시는 거예요?" 소리에 혼비백산한 부장님들도 지천이었고 직장 내 성희롱 예방을 위한 비디오까지 등장했다. 제목은 "건강한 일터 자유로운 여성."

성 개방의 물결이 엄숙과 정숙의 둑을 넘어 도도하게 흐르던 1990년대에 '성희롱' 문제가 불거진 것은 어찌 보면 당연할 것이다. 이는 때로 '딸 같아서' '친밀감의 표시로' 여성의 의사와 권리를 무시하는 문화에 대한 반발이었고 동시에 "아무리 좋은 의미여도 나 자신에게 싫은 일을 감당할 수 없다"는 반란의 깃발이다. 1990년대 초 성폭력 특별법 제정 과정에서 여성계가 강조했던 것도 '정조 유린' 운운하는 조선 왕조스러운 발상에서 벗어난

'성적 자기결정권'의 정립이었다. 즉, 사생활 영역에서 자기 스스로 내린 성적 결정에 따라 자기 책임 아래 상대방을 선택하고 성적 관계를 스스로 결정할 권리의 보장, 그에 대한 침해로서의 성범죄 처벌을 주장한 것이다. 전세계적으로 독보적인 존재인 간통죄에 대한 도전이 시작된 것도 1990년대에 들어서였다.

봇물처럼 터져 나온 성에 대한 문제의식들

1990년 6월 부산지법 김백영 판사는 간통 혐의로 구속된 남녀의 구속영장 발부를 정지하고 석방하는 한편 헌법재판소에 간통제 위헌제청 신청을 했다. 현직 판사로는 처음 있는 일이었다. 김 판사의 위헌제청 결정문은 이렇게 지적하고 있다.

> 간통죄가 성의 자기결정권을 박탈함으로써 헌법 제10조에 규정된 국민의 행복추구권을 침해하고 성적 행동에 대해 국가 형벌권이 개입되면 헌법 제17조에 보장된 사생활의 비밀과 자유를 침해할 여지가 있다.

이때 여성계는 한목소리로 간통죄 폐지 반대를 주장했다. 간통죄가 사회적, 경제적 약자인 여성들의 유일한 법적 무기라는 인식이 컸기 때문이다. 그런데 그로부터 10년 뒤《이프》의 황오금희 편집장은 이렇게 말했다.

> 간통죄로 아내를 고소하는 남편이 남편을 고소하는 아내보다 더 많고, 간통죄로 피소된 여성의 인권이 무시되고 있는 점 등을 감안할 때 간통죄는 더 이상 여성과 가족을 보호하는 법이 아니다.

즉 간통죄로 고발당한 여자의 수가 남자의 수를 웃돌게 됐다는 의미다. 물론 혼자서 간통할 수는 없는 노릇이고 손뼉도 마주쳐야 소리가 나는 법이었지만.

이건 비단 법적인 문제만은 아니었다. 1990년대 문화 전반에는 성과 관련된 문제의식들이 봇물처럼 터져 나왔다. 일례로 한국 문학은 '불륜'과 '욕망'으로 넘쳐났다. 대의와 이념의 잔치는 끝나고 "살아서 펄떡이던 말들, 살아서 고프던 몸짓"(최영미, 『꿈의 페달을 밟고』, '마지막 섹스의 추억' 중)을 용감하게 입 밖에 꺼내고 행하는 데 주저함이 적어진 시기였다.

바로 그즈음 나는 초보 방송 PD였다. 연예인들보다는 '일반인'들을 소재로 한 프로그램을 주로 맡았기에 수많은 사람들을 만났다. 거리 인터뷰라도 한 번 나가면 최소 수십 명과 말을 섞었고 어린아이부터 노인들까지, 노숙자부터 장관까지 각양각색의 사람들을 두루 만나고 다녔다. 자타가 공인하는 순진한 청년이었던 나는 그 과정에서 심대한 문화적 충격들을 겪었다. 채팅으로 만난 남녀가 결혼한 스토리를 취재하던 어느 날 마시던 커피를 내뿜는 실례를 범한 것은 하나의 예일 뿐이다. "채팅하다가 처음 만나니 어떻던가요?"를 묻는데 여자가 이렇게 대답했던 것이다. "바로 잤어요. 뭐 좋던데요."

"만나서 바로… 잤어요?" 입을 헤벌리는 PD를 이상하다는 듯 쳐다보던 뜨악한 눈망울은 지금도 잊기 어렵다. 김건모의 '잘못된 만남'이 대형 히트를 치던 무렵 나는 "친구의 애인을 사랑할 수 있겠느냐?"는 질문을 거리에서 취재했다. 그때 한 여대생이 화사하게 웃으며 팔짱 끼고 있던 남자친구를 가리키며 "얘, 내 친구 거였어요. 제가 뺏었어요"라고 말하던 청명한 오디오 또한 귀에 쟁쟁하다. 역시 더듬거리면서 "치… 친구에게 미… 미안하지 않았어요?"라고 물으니 그래도 남자는 머리를 긁는데 여자는 또 한 번 나의 순진함을 즈려밟았다. "골키퍼 있다고 골 안 들어가는 거 아니라면서요." 나는 속으로 생각했다. '아니, 그 골키퍼 당신 친구라지 않았습니까.'

그런 기억 중에 독특한 일을 하나 꼽으라면 1996년 가을에 있었던 은퇴한 제비족과의 만남이 되겠다. 일생 동안 제비족으로 살았다는 사연을 재연하기 위한 취재차 만남이었다. 그를 처음 봤을 때 나는 경악했다. 170센티미터에 턱걸이하는 나보다도 키가 작았고, 외모도 수수했으며 차림새도 그야말로 보통 50대 아저씨였다. 혹시 제비족도 매니저가 있나 싶었는데 아니나 다를까 그가 싱긋 웃으며 물어 왔다. "아닌 거 같지요? 제가 맞아요." 30년을 제비로 일했고 아들딸 대학 가르치고 유학까지 보냈으며 그 아내는 평생 동안 남편을 회사원으로 알고 살았다는, 그야말로 완전무결한 프로급 제비. 지금까지 몇 명의 여자를 만나셨느냐는 말에 그는 끝자리 수까지 정확한 수백 단위의 수치를 댔다. 581명, 뭐 이런 식으로.

그의 장구한 이야기를 들으며 나는 때로 무릎을 쳤고 입을 벌렸고 고개를 숙이기도 했다. 그의 이야기는 글자 그대로 하나의 풍속사였고 은밀한 문화사였으며 한국 현대사의 그림자였다. 애초에 제비족이 우리 사회에 제비집을 짓기 시작했던 것은 외화 획득이라는 이유로 한창 혈기왕성한 남녀 부부들이 집단적으로 생이별을 강요당한 시기와 궤를 같이한다. 즉 베트남이나 중동 건설 등에 수만 명의 한국 근로자가 동원됐고 그 아내들은 중동에서 보내는 피 같은 돈으로 집안을 건사하며 독수공방하던 시기 말이다. 그때 이 제비족이 요즘 말로 어떻게 '밀당'을 했고 어떤 식으로 '전과'를 올렸는지에 대한 자세한 설명은 생략한다. 궁금하면 메일 주시라.

여자들이 바람나면 왜 독해지는지 알아요?

그나저나 이 초로의 제비족은 화려한 세월을 뒤로하고 은퇴를 계획하고 있었다. 책을 써볼 생각을 하는 등 나름 수십 년 제비 인생을 정리할 생각도 갖고 계셨다. 체력이 부쳐서 그러는 거냐고 물었을 때 그는 단호하게 아니라고 답했다. "지금도 젊은 남자들 몇은 때려눕힐 만합니다." 그럼 왜? 그의 답은 이랬다. "여자들이 바뀐 거지요. 저희는 여자들의 욕망을 이용하는 직업 아닙니까. 원래 여자들은 욕망을 감춰야 칭찬받는 존재였어요. 그 꽁꽁 잠긴 욕망 주머니에 바람을 내고 구멍을 넓혀주고 그걸로 잇속을 차리는 게 우리 일이었거든요. 하나 더해 그 욕망 뒤의 두려움을 우리는 캐치했던 거거든요. PD님, 여자는 바람나면 제 자식도 못 알아본다고 하지요? 그게 뭐 성적인 쾌감 때문에 그러는 줄 알아요? 아닙니다. 바람났다는 게 알려진 순간 여자는 돌아갈 데가 없었던 거예요. 남자들이야 남자가 다 그런 거지 하고 넘어가지만요. 오갈 데 없는 사람은 독해질 수밖에 없는 거죠. 하지만 독해지기 전까지 얼마나 두렵겠어요. 우린 그 두려움을 이용했던 거죠."

그의 언변은 거침 없었고 저속한 얘기를 하면서도 품위를 잃지 않았다.

'아, 이런 사람이 제비구나.' 침을 꼴깍꼴깍 삼키며 집중하던 내게 그는 웃으며 말했다.

"저는 여자의 욕망을 끌어내는 데 익숙했고 거기서 보람(그는 이렇게 표현했는데 웃겼지만 웃지 못했다)을 느꼈고요. 그런데 요즘 여자들은 주저함도 두려움도 줄어들었어요. 그리고 그들이 눈을 돌릴 공간도 무한대로 늘었습니다. 요즘 젊은 제비들은 채팅방에서 놀아요. 저희 시대는 갔다고 생각합니다."

이미 이마에 여러 줄 가기 시작한 주름살 아래에서 한 제비족은 그렇게 말하며 웃었다. 그 웃음 역시 선연하다.

1990년대는 이제껏 감추어져 온, 그리고 감춤을 미덕으로 알았던 또는 감추는 체하고 살았던 욕망들이 터져 나오던 시기였다. 일견 대담해 보이면서도 한쪽으로는 당황스러웠고 환호하는 한편, 동시에 생소하고 뜨악했던 변화의 출발점이었다. 그러나 돌아보건대 "그 시작은 창대하였으나 끝은 미약한" 변화로 느껴진다. 그때까지 속박되었던 것들이 놓여나고 뭇사람들을 놀래긴 했으나 1990년대를 쓸고 지나갔던 문화적 충격의 도도한 물결은 다시 고인 물이 돼버렸다 싶어 입맛이 쓰다. 하늘을 막던 기와지붕은 치워졌으나 그 위에 유리천장을 드리운 느낌이랄까.

"왜 내가 원하지 않는 일을 강요하는가?"라는 여성들의 외침이 본격화한 지 20년이지만 아직도 전직 국회의장은 골프장 캐디의 가슴을 만지고 "딸 같아서 그랬다"는 변명을 늘어놓고도 무사하다. 아이들과 영화를 봐도 잔인한 폭력 장면은 아무렇지 않게 함께 보지만 남녀가 한 침대에 있는 장면만 나오면 당황하여 어쩔 줄 모르는 게 또 우리 아닌가.

1994년 3월 19일 횡령 등의 혐의로 구속되는 상춘식 상문고 교장. 통곡 속에 치러진 교사들의 양심선언으로 그 거악의 꼬리가 만천하에 드러나고 말았다.

얼마 전 한참 나이 어린 작가가 황망한 일을 당한 뒤 "우째 이런 일이!"를 연발하는 걸 보았다. 경상도 출신도 아니면서 그 말을 쓰는 것이 우스워서 그 표현을 어떻게 아느냐고 물었더니 다들 관용어처럼 사용하지 않느냐는 대답이 돌아왔다. 어린 작가는 이 말이 대한민국 사람들 누구나 아는 관용어로 자리 잡은 계기를 기억하지 못할 것이다. 그녀가 초등학생 아니면 유치원생이었을 1993년 초의 일이었으니까.

　1993년 초반, '문민정부'의 찬연한 타이틀을 내세운 김영삼 대통령의 인기는 하늘에 구멍을 숭숭 뚫을 듯 드높았다. 지지율은 96퍼센트에 육박

했으며 이는 지금껏 깨지지 않는 기록으로 남아 있다. 그에게 거의 표를 주지 않았던, 즉 야당 후보에게 몰표를 던졌던 호남 지역에서도 그 현상은 다르지 않았다. 수십 년 한국 정치를 지배해왔고 그제껏 힘을 잃지 않던 정치 군인들의 뿌리들을 "놀랬재?" 한마디와 함께 날려버린 두둑한 배짱도 멋있었지만 인기의 이유는 전방위적으로 펼쳐진 사정查正 칼날이었다.

"우째 이런 일이"의 기원이 된 최형우 사건

오랜 세월 한국 사회에 칡넝쿨처럼 얽혀들어 있던 부정부패의 촉수들에 거침없는(혹은 거침없어 보이는) 칼질이 시작됐다. 그 시작으로 군 장성 진급 관련 비리들이 적나라하게 드러났다. 워낙 많이 받아먹은 나머지 전 참모총장의 별명이 '금빨대'라는 둥, 돈 주고 별을 산 장군들은 "땅 팔아 별을 샀다"고 하여 땅별이라 불린다는 둥 흉흉한 소문들이 자명한 사실로 드러났다.

"앉으면 다다미 한 장 누우면 다다미 두 장, 예나 다름없이 청빈을 달게 생각하며 살아가고 있다. 아무쪼록 거짓 없는 나라를 만드는 데 힘써주기 바란다"는 일본인 은사의 편지를 읽고 또 읽으며 눈물을 훔쳤다는 국회의장도 재산 신고 때 빌딩과 별장을 빼놓았다가 정계에서 물러났다. 대통령도 국회의장과 오랜 친구이지만 어쩔 수 없다고, 씁쓸해했다고 했다. 이렇듯 대통령으로부터 상방검(옛날 임금이 출전하는 장수에게 하사했던 칼)을 받아 인정사정없는 사정查正을 진두지휘한 사람은 대통령의 오른팔 최형우 민자당 사무총장이었다. 최형우 사무총장은 속 시원하게 사정의 칼을 휘둘렀고 국민들은 환호했다. 칼끝이 향한 목표 중 하나는 대학 입시 비리였다.

기실 각 대학에 부정입학생들, 즉 시험을 보지 않고 들어온 사람들이 있다는 것은 공공연한 비밀이었다. 내가 다니던 학교에도 많았다. 모 전직 대통령의 조카는 승마 특기자로 입학했는데 체중이 90킬로그램이 넘는 거구였다. 그 체중으로는 적토마를 데려온들 승마 특기자가 될 수 없었다. 그러니 누가 얼뜬 행동을 보이면 "너 잔디 깔고 들어왔지?" 즉 너 돈 내고 들어온 게 아니냐, 하는 농담이 대학가에 횡행했던 것도 무리가 아니었다.

부정입학자들과 대학 관계자들의 이름이 연일 지상을 수놓고 사람들의 박수 소리가 드높을 즈음, 뜻밖의 보도가 터졌다. 개혁을 선도하며 성역 없는 사정을 주도하던 최형우 사무총장 본인의 아들이 대학에 부정입학했다는 폭로였다. '개혁 총장' 최형우는 스스로 말에서 내려올 수밖에 없었고, 오른팔이 부러진 김영삼 대통령은 망연자실했다. 이때 대통령 입에서 나왔다는 말이 "우째 이런 일이"였다. 세상에 우째 이런 일이. 그 후 이 말은 참담하고도 황망한 사건들을 대할 때마다 4,000만 인구가 되씹는 읊조림이 되었다. "세상에, 우째 이런 일이." 그리고 1994년 3월 14일 수많은 한국 사람들은 다시 한 번 그 말을 내뱉었다. "기가 막혀서, 세상에 우째 이런 일이."

어느 고등학교 교사들이 강남경찰서 기자실로 몰려왔다. 그들은 자신들의 학교에서 벌어지는 온갖 비리와 부정, 그리고 그 핵심에 있는 교장의 전횡에 대해 눈물로 폭로했다. 어떤 이는 말을 잇지 못할 만큼 격하게 대성통곡을 했다. 너무도 쌓인 게 많았기 때문이었을까. 그 내용을 들어보면 가히 대성통곡도 모자랄 지경이다. "영어 채점을 하고 있는데 교감과 학년 주임이 와서 31점 받은 박 아무개 군이 '수'를 받을 수 있도록 34점으로 고치라고 강요했습니다. 알고 보니 아버지가 김포 세관 간부더군요.""이야기 나온 그 학생의 세계사 채점을 하고 있는데 비슷한 요구가 있어서 거절했더니 교감이 와서 왜 말을 안 듣느냐며 직접 고쳤습니다.""어느 회사 이사의 아들이 '우'가 나온 것을 교감이 직접 '수'로 고치고 도장을 찍었습니다."

여기까지도 분통이 터질 지경인데 2차 양심선언에 합류한 교사의 울먹임을 듣다 보면 같이 붙들고 통곡하고 싶어질 지경이다. 학교는 돈 많은 집 아이들 성적을 조작했을 뿐 아니라 돈 없는 집 아이들을 억누르고 쥐어짜는 노릇까지 다 했다. 교사에 따르면 한 학생은 공부도 잘하고 인기도 있었지만 아버지가 버스 운전기사라는 이유로 반장을 맡지 못했다. 3학년이 되어 선거 제도가 도입된 이후에야 반장을 할 수 있었고 학생회장까지도 맡았는데 학교 쪽은 이 학생의 부모에게 마수를 뻗쳤다. "졸업생 수상자에 해당하니 기부금을 내시오."

담임교사는 넉넉잖게 사는 학생의 부모로부터 100만 원을 받아들고 가슴을 쳤을 것이다. 내가 이렇게 하면서까지 교사를 해야 하나 하고. 하지만 다른 수가 없었다. 찬조금을 받아내지 못하면 자신의 월급으로 그걸 메워야 했으니까. 교사들로 하여금 학교 옆에 세워진 재단 소유의 골프 연습장에서 공을 줍도록 했던 학교에서 무슨 일이 가능했을까. 온갖 기기묘묘한 비리들이 넘쳐나는 가운데 이를 세상에 알려 보려는 교사는 으슥한 밤길에서 괴한들에게 폭행까지 당했다. 참 세상에나 만상에나 우째 이런 일이.

이쯤 되면 대체 학교 이름이 뭔지 궁금할 것이다. 여기서 영화 두 편을 힌트로 드린다. 먼저 배우 권상우가 주연한 영화 〈말죽거리 잔혹사〉가 있었다. 그가 울분에 차 "××! 대한민국 학교 다 ×까라 그래!"라고 부르짖는 장면이 있다. 그를 그렇게 울분에 빠지게 한 학교는 말죽거리를 '나와바리'로 한 '정문고등학교'였다. 두 번째 힌트. 정준호가 주연한 코미디 영화 〈두사부일체〉에도 아주 황망한 학교가 등장한다. 교장이 앞장서 성적을 조작하고 학교를 자기 호주머니 속에 넣고 주무르던 학교, 급기야 졸업장 따러 학교에 간 조폭 조직원이 열 받아 "학교를 접수한다"고 똘마니들을 출동시켜 학교 쪽 깡패들과 맞서기까지 했던 이상한 학교. 아이들을 때려잡는 데 일가견이 있던 교사마저 학교 쪽의 만행에 견디다 못해 눈물의 양심선언을 해야 했던 희한한 학교. 영화 속 학교의 이름은 '상춘고등학교'였다. 〈말죽거리 잔혹사〉의 정문고등학교와 〈두사부일체〉의 상춘고등학교를 합치면 그 학교의 이름이 나온다. 바로 '상문고등학교'다.

2001년 다시 교단에 서려 했던 장아무개 교장

교사들의 통곡으로 이뤄진 양심선언으로 그 거악의 꼬리가 드러나긴 했지만 아직도 갈 길은 멀었다. 교육청 감사팀이 출동했을 때 또 한 번 "우째 이런 일이" 소리가 튀어나왔던 것이다. 교육청 감사팀이 상문고에 긴급히 쳐들어간 것은 좋았으나 학교 쪽이 자료를 제출하지 않고 버티는 통에 멀거니 앉아 있다가 돌아갔고, 교직원들은 취재진의 접근을 막으면서 증거가 될 시험 답안지들을 불태우고 있었다. 그러니 머리가 심하게 짧았던(상문의 두발검사는 악명이 높았다) 학생들이 달려와 자신들이 경험한 학교 비리를 쪽지에 적어 기자들에게 건네주며 파이팅을 외치는 진풍경이 벌어지기도 했다. 이미 그곳은 교육의 현장이 아니었다. 교장과 이사장을 꿰찬 부부의 왕국이었고 돈벌이 터전이었다. 교사들을 농노, 아니 교노敎奴로 거느린 봉건영주의 성이었다. 1985년 5월 23일자 〈경향신문〉 기사를 보자.

> 사회정화위원회는 상문고교 교장이 영어 수학 담당 등 네 명의 교사를 동원, 비밀 과외를 해온 사실을 밝혀냈다.

그런데 이 사건에서 구속된 인원은 교사 등 네 명이었다. 그럼 동원한 교장은 어디에? 그 다음 기사를 보면 더 아리송하다.

> 그러나 경찰은 교장에 대해서는 과외교사와 공범으로 처벌할 수 있으나 아직 학부모를 처벌한 전례가 없어 입건하지 않은 채 국세청과 교육위원회에 통보했다.

즉 교장을 처벌하지 못한 것은 교장이 바로 '그 학부모'였기 때문이었다. 상문고 교장이자 주인은 자기 학교 선생들을 불러 자기 자식 과외를 시켰다. 그런데 정작 어쩔 수 없이 과외를 한 교사들은 몽땅 쇠고랑을 찼는데, 막상 자기 애 공부 가르치라고 명령(부탁은 아니었을 테니까)한 교장은 '학부모'라는 이름으로 입건조차 안 된 것이다. 이 기묘한 나라, 그게 한국이었다.

이쯤 되면 "우째 이런 나라가!" 소리가 튀어나올지 모르겠다. 영화 속에서 상춘만 교장은 이렇게 얘기한다. "뭔가 착각하고 있는 모양인데, 조선 땅에는 널린 게 선생이야." 왕년의 상문고 교장은 그의 반평생 내내 이렇게 얘기하고 싶었을 것이다. "뭔가 착각하는 모양인데 조선 땅에서는 사립학교 주인이 장땡이야."

이렇게 한 학교를 말아먹고 수십억 돈을 챙기고 성적을 조작하여 뭇 선량한 학생들의 뒷덜미를 잡아채는 범죄를 저질러 처벌을 받고도 전 교장과 전 이사장 부부는 상문고에 돌아오려고 기를 썼다. 그도 그럴 것이다. 1974년 14평 연탄 아파트에 생활하던 사람이 1994년에는 200억 원이 훨씬 넘는 거부가 됐다는 보도가 있었으니, 그런 재테크 수단을 뺏기고도 눈에 불을 켜지 않는 사람은 없지 않을까. 당시의 기사다.

교장 집의 1층 거실은 대리석 바닥이었고 호화가구와 샹들리에로 장식되어 있었다. 각층을 연결하는 복도에는 카펫이 깔려 있었고 10미터 길이의 샹들리에가 지하 1층에서 2층까지 복도가 난 공간을 관통하면서 매달려 있었다. 지하에는 20여 평 정도의 홈바가 있었는데 외제 양주 등 고급술이 벽 쪽에 가득 놓여 있었다. 홈바 밖에는 인공연못이 만들어져 있었다.

탐욕과 주책은 죽어야 낫는다는 공통점을 지닌다. 횡령 등 혐의로 구속됐던 교장 일가였지만 횡령 금액을 다 갚은 뒤에는 또다시 이사진으로 복귀했다. 학생과 교사들의 반발이 거세게 일었고, 교육청이 이사진 승인을 철회하자 교장 일가는 행정소송을 냈다. 그런데 재판부는 다음과 같은 판결로 상문고 학생과 교사들을 기함하게 만든다. "교사들이 불법적인 실력 행사로 재단의 이사진을 바꿀 수도 있다는 선례를 남겨선 안 된다." 그 뒤 상문고는 기나긴, 그리고 허다한 이들에게 씻을 수 없는 상처를 남긴 '비리재단 반대 투쟁'의 소용돌이에 휘말리게 된다. 그 소용돌이는 1990년대를 넘어 21세기까지 이어졌다. 그 단면이 극적으로 표출된 순간 중 하나는 2001년 상문고 입학식이었다.

이날의 주인공은 장 아무개라는 새로운 교장이었다. 1994년 교사들의 양심선언 당시 교감으로서 교사들이 성적 조작의 주범으로 지목했던 대상이자 감옥까지 갔다 온 이였다. 그런 사람이 교장으로 임명돼 입학식에서 훈화를 하겠다며 학교에 발을 들이밀었던 것이다. 1999년 사립학교법 개악으로 천하 없는 비리를 저지른 사람도 2년 뒤에는 복귀가 가능했으니 법적으로는 문제가 없었다. 그는 자신의 사퇴를 촉구하는 학부모들에게 이렇게 말했다. 그리고 그 말은 교육자라는 사람의 얼굴이 어느 정도 두꺼울 수 있는지 알게 해준다. "1994년도의 일은 위에서 시켜서 한 죄밖에 없습니다. 앞으로 열심히 하겠습니다."

행동에 나선 자들만이 뭔가 얻을 수 있었다
그렇게까지 교장이 하고 싶었을까. 아니 대관절 이 나라의 법이 어떻기에 그런 사람이 교장으로 입학생들에게 "소년이여 야망을 가져라" 하고 훈계할 엄두씩이나 낼 수 있었을까.

거슬러 올라가 상문고 교장과 이사장 일가의 복마전은 도대체 어떻게 형성될 수 있었을까. 그것은 1994년 교사들의 양심선언 중의 일부 증언으로 짐작할 수 있다. "교장은 학교를 입시사관학교로 만들었습니다. 교사와 학생들을 옥죄어 명문 대학교에 많이 입학시키면 모든 부정이 덮어진다는 것이 교장의 생각이었습니다."

결국 이 사태의 주범이었던 교장은 많은 공범들을 거느리고 있었다. 장 아무개 교감을 위시한 똘마니들은 말할 것도 없이, "우리 애 성적이 잘 나오겠지요?" 하면서 돈 봉투를 쥐어 주던 학부모들, 그럴 능력은 안 되어도 어쨌건 애들 잘 휘어잡고 공부 열심히 시켜 명문 대학에 많이 입학시키면 좋은 학교라고 눈을 지그시 감았던 학부모들, 교장 교감이 성적을 고치라고 지시할 때 울컥하다가도 '세상이 뭐 그런 거지' 하며 마지못해 응하며 '내가 교장 비리 캐내서 뭘 어떻게 하겠냐' 했을 교사들, 졸업이나 하고 좋은 대학 가면 그만이라는 학생들. 그 모두의 묵인과 좌시 앞에서 골백번 "우째 이런 일"을 읊을 사건들이 이 세상에 펼쳐졌던 것이다.

그래도 상문고 스토리는 해피엔딩으로 끝났다. 2002년 대법원은 최종적으로 비리 재단의 학교 복귀를 물리치는 판결을 내렸다. 이는 학생과 교사, 학부모를 비롯하여 교장 개인의 전횡과 비리를 목도하며 울분에 떨었던 졸업생들까지 합세하여 행동에 나선 결과였다. 서른 즈음에 접어든 졸업생들이 "정의는 살아 있다. 상문인아 일어서라." 팻말을 들고 모교 앞에 섰던 모습은 기억에도 새롭다. 그들이 "이건 아니다!"며 일어나지 않았더라면 그 학교는 이 나라의 '법'과 '전례', '분위기'로 인해 귀신도 혀를 빼 물 비리를 자행하던 이들에게 도로 넘어갈 수밖에 없었을 것이다. 그저 혀를 차는 것 가지고는 아무것도 해결되지 않는다. 술자리에서 울분을 토하고 식탁을 두드리는 것으로는 숙취밖에 얻는 것이 없다. 행동에 나선 사람들만이 뭔가를 바꿀 수 있었다.

1994년 9월 21일 오후 전남 영광군 불갑면 금계리 연쇄납치 살인조직 지존파 일당의 아지트에서 범인 김현양이 도끼로 피해자 대역인 마네킹을 내리치는 장면을 재연하고 있다.

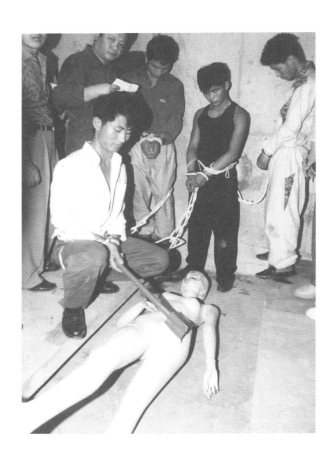

〈한겨레〉 초창기 시사만화의 새로운 지평을 열었던 박재동 화백. 그의 만화
집『목 긴 사나이』에는 다음과 같은 내용이 실려 있다. 학창 시절 '영원한 우
정'을 약속하고 그 시절을 기념사진으로 간직하고 있는 옛 친구 둘이 반가
운 만남을 가진다. 고향에서 농사를 짓고 있던 한 친구가 모처럼 때 빼고 광
내서 서울에 올라왔는데 또 다른 친구는 엄청난 졸부가 돼 있었다. 가족마
다 차를 굴리는 것은 기본, 온 집안을 대리석으로 장식하고 수천만 원짜리
난 향을 맡으며 호텔 뷔페는 애들이나 오는 데라고, 시원찮다고 불평하는
졸부. 오랜만에 만난 친구의 아내와 자식들을 위한 백화점 쇼핑까지 으리으

리하게 끝장내버리는 졸부 말이다. 하지만 다시 시골로 내려간 친구는 농약을 마신다.

친구가 잘될 수도 있지, 그런 일로 농약을 마시는 게 이상한 설정 아니냐는 질문이 나올 수도 있다. 그러나 순진한 농민을 절망에 빠뜨린 것은 친구에 대한 시기가 아니라 당시 한국 사회의 수많은 보통 사람들을 강타한 박탈감이었다. 만화 속의 '농약'은 박탈감을 상징했다. 문제의 부자 친구는 "땅만 한 게 없지!"를 뇌까리는 부동산 졸부였다. 실제로 1990년대 초반 경기도 일원, 즉 분당, 일산, 산본, 평촌 등 한적한 교외에 별안간 아파트 거탑들이 치솟으면서 땅의 소유주들은 돈벼락을 맞았다. 그들 중 일부는 한국 사회의 과소비를 주도하는 '돈×랄'의 경지를 개척했다.

"1억을 며칠 만에 거머쥐니 200만 원은…"

비단 신도시뿐이 아니었다. 1980년대 말 1990년대 초 전국을 휘몰아친 부동산 열풍 속에 입지전적인 기업가가 평생 벌 돈을, 한순간에 거머쥔 인사들이 속출했다. 1991년 12월 27일자 〈한겨레〉의 '한겨레 한마당'에는 대문짝만한 크기로 '졸부의 전성시대'라는 기사가 실렸다. 땅 투기로 떼돈을 번 전 은행 차장과 공무원의 아내 등이 연이어 등장하는 이 기사에 따르면, 1991년 9월 서울대학교 경제연구소 심포지엄에서는 1989년을 기점으로 토지매매를 통해 실현된 자본 이득이 국민총생산의 38퍼센트에 이르며 토지공사 추정으로는 국민총생산의 총 77퍼센트인 85조 원에 달했다고 한다. 이 기사 속 은행원은 이렇게 이야기한다. "1억을 며칠 만에 거머쥐니 월급 200만 원이 우습게 보였다."

가수 송대관의 출세작으로 '해뜰 날'이라는 노래가 있다. 박정희 전 대통령도 "노래는 이렇게 신이 나야지!"라고 한마디 했다는 소문 난 '건전가요'. 한국 사람들이라면 누구나 좋아하고 사랑했던 이 노래의 가사는 이렇다.

꿈을 안고 왔단다 내가 왔단다 / 슬픔도 괴로움도 모두모두 비켜라 / 안 되는 일 없단다 노력하면은 / 짱하고 해뜰 날 돌아온단다 / 뛰고 뛰고 뛰는 몸이라 괴로움

지만 / 힘겨운 나의 인생 구름 걷히고 / 산뜻하게 맑은 날 돌아온단다 / 쨍하고 해 뜰 날 돌아온단다

이 노래가 국민가요가 된 데에는 누구에게나 비슷한 생각이 있었기 때문이다. 어마어마한 부잣집도 있고 찢어지게 가난한 집도 많았지만 뼈 빠지게 일하고 등골 우려내 자식 공부시키면, 또는 남동생 대학 보내면, 우리 막둥이가 고시 패스만 하면, '쨍하고 해뜰 날'이 돌아올 것이라는 희망 말이다. 고대광실은 아니더라도 번듯한 내 집에서 자식들 방 하나씩 주고 살 수 있다는 희망으로 일렁이던 시대가 분명 있었다. 적어도 1990년대 이전만 해도 그랬다. 물론 그 희망의 촛불에 타죽은 불나방도 숱했고 촛불이 엎어져 집구석을 태워버린 경우도 있었지만 희망은 희망이었다.

그러나 1990년대 초반 한국을 강타한 졸부들의 대행진은 "뛰고 뛰는 몸이라 괴로웁지만" 쨍하고 해뜰 날을 기다리던 사람들에게 '별 들어 봐야 쥐구멍'임을 일깨우는 뺨따귀였다. 천민 자본주의가 펼쳐보이는 화려함 앞에 가장 먼저 절망한 사람들은 졸부들의 반대편 극단에 선 사람들이었다. 그리고 어떤 이들의 가슴속에서 절망은 독기로 변한다.

1994년 추석 즈음, 국민들은 눈앞에 펼쳐진 독기의 향연 앞에 모골이 송연해지고 만다. 1994년 9월 19일은 추석 연휴 마지막 날이었다. 연휴의 피곤함을 잊고자 일찍 잠자리에 들 채비를 하던 사람들은 TV 화면 앞에서 꽁꽁 얼어붙고 말았다. 지존파라는 이름의 조직이 사람들을 납치하여 돈을 빼앗고 죽이고 소각로까지 설치하여 불태워버렸다는 엽기적인 뉴스가 화면을 뒤덮은 것이다.

연습 삼아 사람을 죽였고, 일종의 '살인 공장'을 차려두고 그를 실행에 옮겼다는 그들의 범죄는 한국 범죄사뿐 아니라 세계 범죄사를 통틀어 드문 예였다. 담당 형사였던 고병천 당시 서초경찰서 강력1반장의 말은 다음과 같았다.

마피아 등 조직범죄는 100퍼센트 폭력조직이다. 하지만 살인을 목적으로 모인 범죄조직은 전세계적으로 유례가 없었다. (<일요신문> 2014년 7월 23일자)

그야말로 준비된 살인자들의 집단. 요즘 이 얘기를 하면 누구나 '사이코패스'를 운위할 것이다. 그러나 그 사실을 강력히 부인하는 것 역시 담당 형사였다. 그들을 체포해 후일 사형장에서 이슬로 사라지기 전 가톨릭 세례를 받을 때 대부까지 되어 주고 가족도 인수를 거부한 시신까지 거둔 경찰관 고병천은 이렇게 말했다. "그들은 사이코패스가 아니었어요. 우리 사회의 엄청난 상대적 빈곤이 괴물을 만든 겁니다."

　카메라 앞에서도 히죽히죽 웃으며 "나는 인간이 아니야"라고 뇌까리고 다시 쳐다보기도 끔찍한 범죄를 눈 하나 깜짝 않고 저지른 저들이 사이코패스가 아니라니. 그 속사정은 수사 과정에서 여실히 드러났다. "집이 너무 가난하여 크레파스조차 챙겨 갈 수 없었습니다. 그런데 담임 선생님은 그런 저를 친구들 앞에서 모욕하고, 옷까지 벗긴 채 수업 시간 내내 알몸으로 복도에 서 있게 했습니다. 수치스러웠습니다. 가난이 저주스러웠습니다. 그때 선생님이 그런 모욕을 주지 않았더라면 제가 오늘 이런 범죄자가 되지 않았을지도 모릅니다"라는 주범 김기환의 말은 일견 뻔뻔하지만 냉소가 서려 있다. 그는 초등학교 시절 1등을 놓치지 않았던 우등생이었다. 그럼에도 그는 돈이 없어 학교를 제대로 다니지 못했다.

왜 '그랜저 이상의 차 소유자'라 명시했나

체포 후 조사를 받을 때 형사가 8,000원짜리 잡탕밥을 시켜주었는데 일당 중 한 명이 말했다. "이게 제가 세상에서 먹어 본 가장 비싼 밥입니다." 그가 바로 카메라 앞에서 히죽히죽 웃으며 "더 못 죽인 게 한"이라고 뇌까리던 김현양이었다. 그 외에도 일가족이 모여앉은 자리에서 "같이 죽어버리자"는 말이 나와 공포에 떨었던 어린 시절을 지녔던 이도 있고, "가난에 평생 시달린 부모님께 효도 한 번 하기 위해" 범죄에 가담했다는 이도 있었다. 언뜻 다양해 보이지만 결국은 엇비슷한 동기 속에 그들은 인간에서 악마로 탈바꿈했다. 온 나라를 요즘 말로 '멘붕'으로 몰아넣었다.

　고병천 형사에 따르면 지존파는 두 번에 걸쳐 만들어졌다.

첫 번째 지존파는 그래도 먹고 살 만한 애들이었다. 그런데 범죄 계획을 듣고 다들 못하겠다고 한 것이다. 두목 김기환의 성격을 아니까 첫 번째 지존파 애들은 외지로 피신하고 그랬다. 두 번째 모은 애들이 사건의 장본인들이었다. 처음 모은 지존파가 실패하자 더 어렵게 살고 더 못 배운, 삶이 힘든 애들만 모은 것이다.

〔위 〈일요신문〉 기사〕

그나마 먹고 살 것이 있고 벼랑 끝까지 내몰리지 않은 범죄꾼들이 지레 겁을 먹고 포기한 뒤, 김기환은 이미 벼랑 아래로 떨어져 올라갈 희망이 없어진 이들을 찾았다. 희망의 동아줄이 사라진 이들에게 드리워진 절망의 독사 꼬리였다. 지존파 이외에도 그 꼬리를 움켜쥔 사람들은 많았다. 막가파라는 이름의 범죄 조직은 외제 자동차를 몰고 가는 여성을 납치한 뒤 생매장해 죽이는 끔찍한 범죄를 저질렀다. 그들 역시 부유층을 무차별적으로 납치해 돈을 빼앗고 죽일 계획을 세우고 있었고, "돈이 많은 사람을 무조건 죽이고 싶었다"고 했다. 택시를 몰고 다니며 여자들을 납치, 살해했던 온보현 역시 "나 같은 사람들은 살기 각박해서"라며 범죄 동기를 밝혔다.

그들의 행동이 악마와도 같았음은 부인할 수 없다. 살려달라고 울부짖는 사람들 앞에서 웃으며 삽질을 하거나 목을 조르고 공기총을 쏜 순간, 그들은 완벽한 독사의 현신이었다. 하지만 중요한 것은 그 독기는 그들만이 오롯이 키워낸 것이 아니라 상당 부분 우리 사회가 불어넣은 것이라는 점이었다.

1994년 1월 17일, 지존파가 출현하기 8개월 전, 서울 도산대로에서는 해괴한 폭행 사건이 일어났다. 전 중앙정보부장 이후락의 손자와 롯데그룹 부회장의 아들 등이 "티코가 그랜저를 추월한다"는 이유로 티코에 탄 운전자 일행을 두들겨 패 전치 8주와 4주의 중상을 입힌 것이다. '그랜저 이상의 차 소유자'를 명시한 지존파 일당의 살인 강령이 묘하게 겹쳐 보이지 않는가.

지존파가 던진 충격은 상당했다. 온 언론이 '인간성 회복 캠페인'을 벌였고 그 가운데 '사회 지도층'에 대한 신랄한 비판도 뒤를 이었다. "범죄자에 대한 개인적 증오와 저주에만 집착한 나머지 우리 사회의 총체적 병리 현상과 그것이 주는 경종의 의미를 가볍게 보아 넘겨서는 안 되며"(〈동아일보〉 1994년 11월 3일자) 상대적 빈곤감을 부추기는 우리 사회의 모순 척결에 나라의 명운을 걸어야 한다는 호소가 줄을 이었다. 그런데 엉뚱한 소리를 하는 사람들도 있었다. 그 가운데에 김종필 전 국무총리가 서 있었다. "평준화라는 이름으로 기계적인 교육을 시켜온 탓에 이상스런 사상이 침투했다"(〈한겨레〉 1994년 9월 24일자)는 것이다. 그들에 따르면 지존파는 우리 사회의 모순이 키운 악마가 아니라 '이상스런 사상'의 결과였다. 이외에도 김종필 전 총리는 지존파의 사회적 의미를 탈각시키는 발언을 서슴지 않았다. 그는 한 공무원 교육에서 이렇게 말했다. "사지가 멀쩡한 사람으로 건강하게 태어난 것, 기아와 내전에 허덕이는 아프리카에 태어나지 않았고, 한반도 중에서도 북한이 아닌 남한에 태어났다는 것, 이 세 가지에 고마워할 줄 알아야 건전한 사람이다. 사지가 멀쩡한 사람이 지존파를 사회의 잘못 때문이라고 말하는 것은 어처구니가 없는 일이다."

그로서는 지존파를 이해하기도, 그에 대한 사회적 책임을 인정하기도 싫었던 것 같다. 더 힘든 삶 속에서도 자신들에게 고분고분 죽으라면 죽는 시늉까지 하고 살아가는 '건전한' 사람들도 많은데 어찌 그런 인간 이하의 짓을 저지를 수 있으며, 그 책임을 사회에 돌리기까지 하다니! 그의 눈에 지존파는 그저 돌연변이고 불그죽죽한 사상이 준동한 결과물이며 도려내 버리면 되는 독버섯일 뿐이었다.

달라지는 게 없는 사회

지존파는 이 세상에 없다. '집중심리제'를 통해 최대한 신속히 재판이 진행되었고, 이후 사형수로서 몇 년을 지내는 관례조차 무시된 채 서둘러 교수대에 매달았던 것이다. 죗값은 치러야 하므로 이에 대한 유감은 없다. 그러나 다른 데 유감이 있다. 지존파 사건 이후 장안을 달군 사회적 반성과 지도층의 회개, 부유층의 각성 촉구의 목소리는 깡그리 사라졌다는 것이다.

범죄꾼들은 자신의 과오를 사회에 돌리는 무책임한 독버섯들일 뿐이며 "아프리카도 아니고 북한도 아니고 남한에 사지 멀쩡하게 태어난" 이들이라면 그저 묵묵히 일하고 시키는 대로 따르고 주는 대로 받으면서 살아야 하는 것이 미덕이 된 사회가 오늘날 우리 사회다. 경비원이라는 이유로 아파트 주민에게 온갖 설움을 다 당하고 그들의 행태에 대한 분노를 폭발시킨다는 것이, 결국 자기 몸에 불을 지르는 게 고작인 사회가 되었다. 그 분신 앞에서 아파트 주민들은 집값을 걱정하고, 자신들의 안전과 편리를 지켜주던 경비원이 3도 화상을 입고 누워 있는 병원을 찾는 이 없거나 드문 것이 지금의 대한민국이다. 명백한 사실은 1994년 당시보다 불평등은 심해졌고 절망은 더 깊고 넓어졌다는 것이다. 우리에게 지존파는 과거지사이기만 할까.

1995년 6월 29일 저녁 6시, 서울 서초구 삼풍백화점이 맥없이 무너져 내렸다. 사고 직후 강남소방서, 서초경찰서 등 관내 행정 관공서의 전화가 시민들의 폭주하는 신고로 불통됐다. 이 사고로 502명이 죽었다.

1993년이 밝았다. 나라는 근 30년 만에 처음 맞는 민간인 출신 대통령의 정부, 즉 '문민정부'의 태동으로 정초부터 분주했다. '대통령직 인수위원회'가 구성됐고(이른바 '인수위'는 이때부터 시작된다. 이전의 노태우 대통령은 간략한 취임위원회로 갈음했다), 선거에서 김영삼 후보를 지지한 사람이건 그렇지 않은 사람이건 새 정부의 순조로운 출발을 기원하고 있었다.

그런데 그 다짐과 기원의 마음이 가득한 1월 7일 새벽 1시 반쯤, 충북 청주 소방서에 화재 신고가 접수됐다. 화재 장소는 청주시 상당구 우암동 주상복합건물 우암상가였다. 현장에 제일 먼저 도착했던 소방관 김기원은 떨리는 손으로 무전기를 들었다. "전 차량 전 직원 출동 바란다. 반복한다. 전 차량 전 직원 출동 바란다." 청주 시내 전 소방서에 총동원령을 내릴 만큼 심각한 화재였다.

2시 10분쯤, 소방관들과 옥상의 주민들, 주변의 사람들은 이상한 소리를 듣는다. 펑! 펑! 건물 안에 있던 LPG 가스통이 터지는 소리였다. 아무리 큰 화재가 일어나도 건물 골조만큼은 이상이 없어야 하는 것이 상식이지만, 우암상가 아파트는 사람들의 비명을 아귀처럼 삼키면서 속절없이 무너져내렸다. 어떤 어머니는 아들을 꼭 안은 채 콘크리트 더미에 파묻혔고, 어떤 소년은 독서실에서 공부하고 있다가 창밖으로 자신의 부모와 두 형이 울부짖다 건물과 함께 사라지는 것을 지켜만 봐야 했다. 사망자 28명을 비롯해 사상자는 76명에 이르렀다.

구포역을 떠도는 귀신 소문

사람들은 의외로 이 사고를 기억하지 못한다. 그 후 대한민국을 연쇄적으로 덮친 대형 사고의 퍼레이드가 기억력을 혼미하게 했기 때문일지도 모른다. 다음은 3월 26일 구포역 무궁화호 전복 참사였다. 시속 85킬로미터 속도로 달리던 열차가 갑자기 땅이 꺼지면서 탈선해 레일 밖으로 튕겨 나가 휴지처럼 구겨졌다. 사망자 78명, 부상자 198명에 이르는 대참사였다. 땅이 꺼진 이유는 간단했다. 사고 지점에서 지하로 통과하는 전력구 공사를 했는데, 철로가 지나는 바로 아래에서 발파 작업을 했던 것이다. 즉, 수백 톤짜리 기차가 사람 수백 명을 싣고 100킬로미터 가까운 속도로 달리는 그 아래에서 다이너마이트를 터뜨렸다는 얘기다.

"밤차 타고 가는데 기차 창밖에 누군가 얼굴이 보이더라카이. 졸다가 기절초풍을 안했나." 사고 직후 부산을 다녀온 친구의 말이었다. 그렇게 구포역 사고 지점에서 귀신이 나온다는 소문은 부산에선 꽤 파다하게 퍼져 있었다. 하기야 78명이 떼죽음을 당했으니 그럴 수밖에 없겠지. 그러나 그 슬픈 귀신들도 머지않아 사람들에게서 잊혀질 운명이었다. 이번에는 목포에서 비행기가 떨어진 것이다.

7월 26일. 당시 전남 목포공항의 기상 상태는 비가 오고 안개가 끼는 등 불량했다. 오후 2시 20분 서울을 떠나 목포에 착륙 예정이던 아시아나 항공 733편 비행기는 착륙에 애를 먹고 있었다. 1차 시도 실패, 2차 시도 실패. 그쯤이면 다른 곳으로 기수를 돌렸을 수도 있으련만, 세 번째 착륙을 시도하던 비행기는 목포공항 레이더망에서 사라졌고 인근 산자락에 추락한 채 발견되었다. 66명이 죽고 40명이 다쳤다. 그야말로 겨울, 봄, 여름으로 이어지는 대참사의 연속이었다.

가을이라고 무사했으랴. 하늘과 땅에서 사고가 났으니 바다인들 무탈했으랴. 1993년 10월 10일 또 하나의 비극이 서해 바다를 덮친다. 그날 기상은 좋지 않았다. 바람은 초속 14미터로 불었고 2~3미터의 파도가 일었다. 그러나 서해훼리호는 뱃고동을 울렸다. 불안하기는 했지만 '설마' 별일이야 있을까 싶었을 것이고 정원(221명)보다 141명을 더 태울 만큼 선착장을 메우던 이들이 내밀던 지폐의 유혹도 한몫 했을 것이다. 무리한 운전을 거듭하던 배는 마침내 갑작스러운 키 조작 끝에 송두리째 뒤집어지고 말았다.

배가 뒤집힌 다음 구명조끼를 손에 넣은 승객들은 거의 없었다. 어디에 있는지도 몰랐고 가르쳐주지도 않았다. 천운으로 스티로폼이나 나무판을 움켜쥔 사람들이 파도에 휩쓸리며 구조를 기다렸다. 경찰 헬기는 30분 뒤, 구조선은 1시간 뒤에나 현장에 도착했다. 무려 292명의 생명이 차가운 바다에서 온기를 잃은 뒤였다. 멀쩡히 웃고 떠들고 낚싯대를 가늠하고 모처럼의 해상 데이트에 들떠 있던 남녀노소 292명이 수중고혼이 돼버린 것이다. 그나마 70명이 구조된 것은 근처에서 사고를 발견하고 다급히 달려온 어민들의 초인적인 노력 덕분이었다.

춘하추동으로 수십 명에서 수백 명의 목숨이 사라지는 일이 그야말로 '비일비재'하게 벌어졌고 이는 사회적 트라우마를 낳기에 충분했다. "육해공 사고 다 났으니 이제는 지하철인가"라고 농담 아닌 농담을 하던 한 친구는 "재수 없는 소리 하지 마. 말이 씨 된다"는 격렬한 성토에 머리를 긁어야 했다. 또 사람들은 구포, 목포, (서해안) 격포에서 사고가 났으니 다음은 영등포 아니면 반포라는 등의 농담을 주고받으면서 속으로는 섬뜩해했다. 그런 반응은 지극히 당연했다. 마치 짜기라도 한 듯 사건 사고들이 거짓말처럼 줄을 이었으니까.

'꼬르륵' 소리로 기억하는 그날의 사고

다음 해인, 1994년 10월에는 멀쩡하던 성수대교 가운데가 뚝 동강나 강물 위로 떨어져서 32명이 죽었다. 그러더니 서울 주택가 한복판에서 폭음이 치솟았다. 아현동 가스 폭발 사고였다. 이 폭발로 죽은 12명의 유족 중에는 내 지인과 관련된 사람도 있었다. 한창 활동하고 있던 통신동호회 회원의 오빠가 폭발 현장에서 작업 중이었던 것이다. 창졸간에 병원에 달려갔을 때 나는 매우 어리석은 질문을 하고 말았다. "어떻게… 시신은?" 대답하지 못하고 나를 쳐다보기만 하던 그 눈망울은 지금도 가끔 꿈에 나온다. 그녀의 오빠는 폭발의 진원지에 있었던 것이다.

다시 해가 바뀌어 1995년 여름, 또 하나의 초대형 사고가 한국을 덮쳤다. 이전의 모든 참사의 참혹함을 잊을 만큼 거대하고 무지막지한 참사, 삼풍백화점 붕괴였다. 신입 조연출로서 열심히 테이프를 나르던 즈음, 갑자기 한 선배가 "삼풍백화점이 무너졌다"는 소식을 전했다. 무너졌다고 하니 그저 백화점 공사 현장에서 골재들이 무너졌나 보다 했다. 다시 업무상 발걸음을 재촉하던 중 TV에 등장한 삼풍백화점 붕괴 현장 앞에서 나는 얼어붙고 말았다. 당시 대한민국 모든 사람들이 그랬을 것이다.

사고 직후 강남소방서, 서초경찰서 등 관내 행정 관공서의 전화가 일시에 불통됐다. 시민들의 신고 전화가 폭주했기 때문이다. 관공서 관계자는 물론 취재 기자들조차 이 소식을 믿지 못했다. "백화점이 무너지기는! 건물에 금 정도가 갔겠지." 잠시 후 현장에 도착한 그들 모두는 할 말을 잃었다. 서울시장 선거가 갓 치러진 뒤라 조순 당선자도, 최병렬 서울시장도 현장으로 달려왔으나 그들이 할 수 있는 일은 넋을 놓고 지옥도를 지켜보는 일뿐이었다. 현장에 있던 한 여성 네티즌이 이동 단말기를 가지고 다니면서 PC 통신 게시판에 상황을 상세히 올렸는데 그가 올린 짧은 글 하나가 오래도록 기억에 남는다. "최 시장 울어요. 최병렬 시장 울어요. 너무 기가 막힌가 봐요. 아무 말도 안 하다가 눈물만 흘려요."

최틀러라는 별명의, 바늘로 찔러도 피 한 방울 안 나올 것 같은 인상이던 최병렬 서울시장이 속절없이 눈물 바람을 할 만큼 현장은 끔찍했다. 건물 붕괴의 내막은 더 기가 막혔다. 삼풍백화점 이준 회장은 애초에 아파트 단지 상가로 설계된 시설을 백화점으로 변경할 것을 요구한다. 시공사 우성건설은 붕괴 위험이 있다며 이를 거절했고, 이 회장은 자신의 회사인 삼풍건설에 이 일을 맡긴다. 비극의 시작이었다.

탐욕만큼 빠르고 정확하게 공유되는 것이 어디 있으랴. 원래 설계상 기둥의 둘레는 32인치였지만 실제로는 23인치로 줄었다. 그 다이어트의 대가는 다들 알아서 챙겨드셨다. 이미 그 전에 천장이 내려앉고 바닥이 꺼지고 전기가 나가는 등 위험 징후가 나타났는데도 이준은 "칸막이를 치고 영업"하라는 명령을 내렸다. 그때 간부회의에서 나왔다는 말은 치를 떨게 한다. "하루 매상이 얼만데."

서울 시내 모든 구조인력이 삼풍으로 총집결했다. 일손이 모자란다는 소문에 자원봉사자도 줄을 이었다. 흙 속에 건물 더미 속에 묻힌 사람들을 위해서 땅 위의 사람들은 죽을 힘을 다했다. 장비도 경험도 부족했다. 당장 건물 더미 지하에서 불이 나자 이를 끄기 위해 물을 뿌려야 하느냐 마느냐 갈팡질팡했고 사람들은 땅 속에서 죽어갔다. 사망자는 무려 502명. 끝내 시신을 찾지 못한 사람이 여섯 명이었다. 하지만 기적은 일어났다. 보기만 해도 숨이 멎을 듯한 건물 더미 속에서 살아나온 사람들이 있었던 것이다. 11일 만에 최명석 씨가, 사고 13일 후에는 유지환 씨가, 장장 16일 뒤에는 박승현 씨가 구조됐다. 그들은 모두 지하 1층 매장에서 일하던 젊은이였다.

그 기적의 생존자 가운데 한 사람을 어깨 너머로 만났던 경험이 있다. 일반인과 함께 외국을 여행하는 형식의 프로그램이 있었는데 한 선배가 이스라엘 여행자로 삼풍 생존자 중 한 명을 섭외했던 것이다. 그 선배는 그때 기억을 이렇게 회상했다.

"보통 청년이었어. 그렇게 큰일을 겪은 것 같지도 않았고. 촬영 내내 사고 얘기는 하지 않았어. 나도 구태여 꺼내지 않았고. 그런데 한 이스라엘 청년을 만나게 되는데 그 청년이 그런 말을 해. '자기는 죽음을 항상 곁에 두고 산다'고. 자기 친구 중에도 테러로 죽은 사람이 있고 전투하다가 전사한 사람도 있다는 거지. 그런데 그 얘기에 개가(생존자가) 민감하게 반응하더군. 그 마음이 이해 간다는 거야. 그날 밤 처음으로 내게 사고 얘기를 했어. 걔는 사고를 청각으로 기억하더라고. 청각! 듣는 거 말이야. 하기야 사고 나고 파묻혔을 때 뭐가 보였겠니. 그런데 처음에는 주변에 사람들이 많이 살아 있었대. 얘기도 나누고 서로서로 힘내라고 응원도 하고. 그런데 점점 그 소리가 줄어갔다는 거지. 언젠가는 갑자기 위에서 물이 쏟아지더래. 건물 더미 지하에서 난 불을 끄려고 지상의 소방차가 물을 뿌린 거지. 그런데 자기보다 아래에 있던 사람이 이렇게 말을 계속하더래. '물이 차올라와요' '허리까지 찼어요' '그쪽은 꼭 살아 나가세요' 그리고 '안녕'까지. 그다음은 꼬르륵, 꼬르륵 물속에서 사람 숨이 막혀 가는 소리였대. 자기는 그 소리를 평생 못 잊을 거라고."

군사정권 끝, 문민정부 시작의 신호탄 '와우'

그렇게 생과 사는 갈렸다. 장담컨대 1993년에서 1995년 사이, 대형 참사로 죽어간 사람들의 수는 이스라엘에서 테러로 죽어간 사람들보다 많았을 것이다. 도대체 왜 그 시기에 상상을 뛰어넘는 대형 사고들이 정신을 못 차릴 만큼 빈번하게 대한민국을 덮쳤던 것일까. 그것은 자업자득의 총결산이었다.

우암상가아파트가 있던 우암동의 원래 이름은 와우동이었다. 이름이 바뀌지 않았다면 우암아파트는 '와우아파트'였을지도 모른다. 와우아파트? 어디서 많이 들어 봤을 것이다. 바로 1970년 4월 8일 새벽, 곤한 잠을 자고 있던 사람들을 품고 와르르 무너져내린 서울의 아파트 이름이다.

와우아파트는 한창 고도성장의 드라이브를 걸던 시기, 불도저라는 별명의 서울시장 김현옥이 9만 가구를 입주시킨다는 야심찬 계획의 일환으로 지은 아파트 중 하나였다. 불도저 시장의 뜻은 가상했으나 '불도저'에 '괜찮아 정신'과 '설마 정신', 그리고 '사바사바 정신'에 '안 되면 되게 하라' 구호까지 장착된 것이 문제였다.

지질 검사도 하지 않고 철근을 날려먹고 급격한 경사로에 아파트를 세우면서 기둥까지 빼먹은 끝에 와우아파트는 무너졌고 33명의 생목숨을 앗

아가고 말았다. 바로 그 '와우'의 이름이 군사정권의 끝물과 문민정부의 여
명에 대형 사고의 신호탄으로서 다시 출현한 것이다. 우연치고는 기묘하지
않은가.

　　탐욕의 야만이 불러온 이 모든 지옥의 진창에서도 오롯이 빛나던 희망
의 기억 또한 간직해야 할 것이다. 서해훼리호가 가라앉을 때 일제히 비상
무전을 타전하며 현장으로 모여들어 70명의 소중한 목숨을 구했던 어민들,
어떻게든 시신이라도 수습해보겠다며 바다 바닥을 긁고 뒤져 사망자 292
명 모두를 건져낸 사람들, 일손이 달린다는 소식에 자기 일을 작파하고 삼
풍백화점 현장에 달려와 구조작업을 도왔던 시민들이 그것이다. 언젠가 삼
풍 현장에 있었던 소방관을 만났을 때 그는 이런 말을 했다.

　　"'살았다 살아 있어!' 이 한마디만 들으면 나도 모르게 짐승같이 소리
를 질렀어요. 구해 나올 때는 엉엉 울었어요. 그냥 미치도록 좋아서. 제발
살아만 있어라 내 목숨 걸고 구하겠다. 그런 마음이었어요." 그런 사람들이
있었기에 그렇게 많은 마魔가 낀 역사 속에서도 대한민국은 무너질 듯 무너
지지 않고 버텨왔는지도 모르겠다.

1999년 10월 30일 발생한 인천 인현동 호프집 대참사. 속절없이 타버린 건물이 당시의 참혹했던 현장을 적나라하게 보여준다.

시사 프로그램 조연출일 때 종종 청소년 탈선 문제나 방황하는 아이들을 취재하러 가는 곳이 있었다. 서울 노원구 중계역 근처나 화양동 일대, 수능 끝난 날의 신촌 등이었다. 그곳에만 가면 담배를 피우거나 술을 먹고 배회하는 불량한 청소년들을 얼마든지 만날 수 있었다. 이런저런 인터뷰 와중에 "오늘 축제가 끝나서 밤새 놀아요" 하는 말을 들은 적이 있다. 축제 따위는 언감생심 꿈도 못 꾸는 고등학교를 나왔고 축제를 한다고 해도 적극적으로 참여하지 못했을 쑥맥 기질 때문에 나는 고등학교 축제에 대해서 별 이해가 없었다. "고딩들도 축제 하냐?" 그리고 무심히 넘어갔는데 그때 같이 있던 동료가 눈을 동그랗게 뜨고 "너는 고등학교 축제 하는 거 몰라?" 하고 물었다. 대학 축제가 그렇듯 고등학교 축제도 꽤 성대하게 열린다는 것이다. 1999년 10월 30일은 인천의 몇몇 학교 축제가 끝나는 날이었다.

업주와 경찰의 관계는 짙고도 끈끈했다

축제를 끝내고 한껏 상기된 학생들이 몰려든 곳은 동인천역 부근이었다. 노래방, 분식집 등 즐길 수 있는 시설들이 많았지만 이곳으로 학생들이 몰려든 이유는 이른바 '뚫리는 집', 즉 미성년자도 술을 사 먹을 수 있는 곳이 있었기 때문이었다. 호프집 '라이브 2'도 그중 하나였다. 이 호프집 주인은 청소년에게 술을 파는 것을 금한다는 법은 아랑곳하지 않는 사람이었다. 어쩌면 그날을 벼르고 있었는지도 모른다. 축제가 끝났으니 아이들이 파도처럼 밀려올 것이고 대목이라 여겼으리라. 역시 아이들은 몰려왔고 주인은 거리낌 없이 맥주를 채워 학생들에게 전했다.

맹랑한 일은 이날 이 호프집은 장사를 하면 안 되는 날이었다는 것이다. 청소년에게 술을 판매한 문제로 단속에 걸려 영업정지 처분을 당한 상태였기 때문이다. 그러나 주인은 태연히 가게 문을 열었고 아이들을 끌어들인 뒤 문을 잠그고 술잔을 돌리고 돈을 셌다. 심지어 돈 받고 술을 팔면서도 "대충 먹고 빨리 나가야 다음 손님 받는다"며 술을 다 마시지도 못했는데 등을 떠밀기까지 했다.

그런데 지하실에 있던 노래방에서 사달이 났다. 노래방에서 아르바이트를 하던 10대들은 묘한 내기를 했다. 시너에 불이 잘 붙는지 라이터 기름에 불이 잘 붙는지 입씨름을 한 끝에 위험한 탐구 정신을 발휘한 것이다. 어느 쪽이든 불은 상상외로 잘 붙었고 그 불은 눈 깜짝할 새에 위층으로 번지기 시작했다. 건물 자체도 어처구니없을 만큼 화재에 취약했다. 지하 노래방 천장에는 스프링클러가 아예 달려 있지 않았고 화재경보기도 먹통이었다. 심지어 화재 전날 지하 노래방 공사를 하던 인부들이 공사에 방해가 된다며 소화분말액을 자동 분사하는 천장의 확산소화기 15대를 모두 제거했는데 이는 결정타였다.

164

1층은 식당, 2층은 호프집, 3층은 당구장이었는데 1층 사람들은 대부분 빠져나왔지만 2층과 3층은 급작스런 불길에 휘말렸다. 3층 사람들은 뛰어내리다가 큰 부상을 입기도 했다. 그런데 어렵지 않게 뛰어내려 목숨을 구할 수 있는 2층에서는 한 명도 창문을 열고 뛰어내리지 못했다. 출입구로 나오지도 못했다. 당시 50평 규모의 호프집에 120여 명의 학생이 들어차 있었다. 연기가 올라오고 화재임을 직감한 학생들로 인해 폭 1.2미터의 좁은 통로는 꽉 차 버렸지만 출입구는 열리지 않았다. 가게 지배인은 "돈 내고 나가!" 학생들에게 소리를 지르다가 불길이 올라오자 기겁을 하고는 자기 혼자만 아는 비밀 출구로 도망가 버렸다. 학생들은 창문이라도 찾으려 했으나 그것도 불가능했다. 베니어합판으로 막아 놨던 것이다. 그 지옥 같은 밀실 호프집에서 학생들은 매캐하게 피어오르는 사신死神을 만나게 된다.

그렇게 큰 화재는 아니었다. 소방차가 득달같이 달려왔고 불은 30여 분 만에 완전히 진화됐다. 그러나 2층 호프집에 들어선 소방관들은 평생 지워지지 않을 끔찍한 정경에 아연실색하고 말았다. 50평 남짓한 실내에 100명이 넘는 학생들이 뒤엉켜 쓰러져있었다. 출입구 반대편 주방에는 불길로부터 조금이라도 도망가고 싶었던 사람들이 겹겹이 쌓여있었다. 소방관들은 누가 시킨 것도 아닌데 전부 산소통을 벗어던졌다. 산소통을 메고 있으면 2인 1조로 구조를 해야 했지만 산소통을 벗어던지면 각자 한 명씩 둘러업고라도 나올 수 있기 때문이었다. 어떻게든 그 지옥에서 한 명이라도 더 구하고자 하는 마음이었을 것이다. 하지만 그들의 노력도 헛되이 단 30분에 57명의 목숨이 사라졌다. 대부분 10대 청소년이던 희생자들은 불쏘시개가 된 자재 속에서 뒤엉킨 채 죽었다.

우리 사회의 안전불감증이 빚은 참사임과 동시에 '어른들의 세계'가 만들어낸 범죄의 결과였다. 청소년들에게 술을 대놓고 팔아온 업주는 하루에 두세 번씩 고발됐지만 태연히 장사를 했다. 그가 경찰, 공무원들과 쌓아 놓은 '인간관계'가 있었기 때문이었다. 호프집 주인이 소유한 집에 전세금을 내지 않고 들어가 산 공무원도 있었다. 주인이 작성한 뇌물 상납 기록부는 각급 공무원들의 이름으로 넘쳐났다. 심지어 화재 현장 근처에서 경찰이 호프집 주인임을 인지하고도 조사할 생각도 하지 않고 귀가시킨 것을 보면 그

유착 관계가 얼마나 짙고 끈끈했는지를 짐작할 수 있다.

살아남은 친구들이 발표하지 못한 성명서

유가족들은 통곡하고 울부짖었다. 그 슬픔 위로 그들은 또 하나의 아픔을 견뎌야 했다. "왜 그런 곳에 가서 죽었느냐"는 희생자들의 '탈선'에 대한 수군거림 또는 공공연한 험담이었다. 이 판국에 인천시는 책임이 없다고 발을 뺐고 시교육청은 교장 회의를 소집하여 '학생 단속 강화'를 역설했다. "날라리들이 가면 안 되는 곳에 가서 놀다가 죽었다"는 낙인은 유족들의 재가 되어버린 가슴을 칼끝으로 헤집어 놓았다. 피해자 가족들이 대통령에게 보낸 호소문을 읽으면 그 마음이 만져질 듯 느껴진다.

> 말 없는 애들이라고 멋대로 나쁜 아이들로 몰아가는 것이 너무나 가슴이 아프고 원통할 뿐입니다. 죽고 다친 것도 억울한데 방탕아로 몰고 있으니 통탄할 일 아니겠습니까?! 사고 당일 인천 시내 대부분의 고등학교에서는 학교가 주최한 축제가 처음으로 열렸습니다. 학생들 또한 생전 처음 해보는 특별한 축제에 들떠 있었을 것이 자명하고 수일 전부터 뒤풀이를 계획했고 이야기했을 것입니다. 당시 인천 시내의 비슷한 시간 비슷한 장소에는 각 학교에서 쏟아져 나온 많은 학생들로 가득 차 있었을 것으로 생각이 됩니다. 수많은 업소 중 '라이브 2'라는 업소 안에 100명 이상이 들어차 있었듯이…. 그렇게 많은 학생들이 다 불량아이고 비행청소년이면 교육청은 비행청소년 양산청쯤 되는 셈일진대, 그 책임은 과연 누가 어떻게 지는 건지 얘기도 없습니다.

"그 상황에서 죽어간 이들은 불량학생이 아닙니다!"라고 외치려던 사람들이 또 있었다. 바로 죽은 학생들의 친구들이었다. 인천 지역 15개 고등학교 학생 대표들은 모임을 열고 죽은 친구들에 대한 따가운 시선에 대해 반박하고 어른들의 잘못을 지적하는 성명을 준비했다. 학교장과 교육청 당국 등의 '어른'들은 대경실색을 하고 그들을 막아섰다. 인천 교육감은 관내 82개 학교 교장들을 소집하여 학생들의 집단행동을 막으라고 윽박질렀고 학교장들은 학교로 돌아가 학생들을 불러 성명서 발표에 가담하지 말 것을 종용했던 것이다. 결국 성명서는 무산됐다. 발표하지 못한 성명서는 다시 읽어도 명문이고 죽은 친구들을 생각하는 청소년들의 마음이 절절하게 울려 나온다.

먼저 불의의 사고로 세상을 떠난 학우들에게 진심으로 애도의 뜻을 보냅니다. 물론 그들이 학생으로서 가지 말아야 할 장소에 출입한 것은 잘못이었습니다. 어른들의 말씀대로 아직 저희에게는 술에 대한 가치관이 제대로 확립되지 않았습니다. 하지만 학생들 앞에 말리는 사람 따로 파는 사람 따로인 상황이라면 학생들은 자신이 하고 싶은 쪽으로 손을 뻗칠 것은 불 보듯 한 일입니다. 청소년 보호법에는 만 18살 미만의 학생에게는 술과 담배 판매를 일절 금지한다는 조항이 있습니다. 그러나 단속을 해야 하는 공무원들은 아니나 다를까 뇌물수수 혐의로 구속되는 상황입니다. 인천시도 반성하기보다는 죽은 친구들이 문제가 많아서 그렇다는 말만 하고 있습니다. (중략) 저희들에게도 이번 사태를 판단할 수 있는 분별력이 있습니다. 그런데 언제까지나 저희 학생들과 청소년들을 무시하는 행정을 하신다면 제2의 인현동 참사는 일어나고 말 것입니다. 우리 학생들은 이제 더 이상 언제나 그랬듯이 기성세대가 저지른 잘못을 자신들의 상호 이익을 위해 대충 절충하고 덮어가는 식으로 해결하는 것을 바라보지는 않을 것입니다. 저희들에게 호프집에 출입하지 말라고 다그치시기 전에 저희들이 모여 이야기할 수 있는 장소를 마련해 주십시오. 깨끗하고 올바른 행정을 펴주십시오. 학생들도 어른들의 제재가 있기 전에 먼저 반성하고 잘못을 고칠 수 있도록 노력하겠습니다.

돈을 주고받고, 설마 뭔 일 나겠어 하는 생각에 소화기 치우고, 영업정지 맞고도 문 잠그고 영업하고, 오는 대로 술 팔고, 그걸 뻔히 알면서도 모른 체하고 그런 데는 날라리들이 가는 곳이라고 치부해버리고. 거기서 수십 명의 청소년이 죽어도 "그러게 왜 그런 데를 가?" 혀를 차는 것뿐인 어른들. 탐욕스럽고 진실로 게으른 어른들은 이 성명서를 읽었어야 했다. 잘못을 깨닫고 성명서를 읽는 학생들 앞에 머리를 숙였어야 했다. 그들은 그러지 않았다. 그저 "가만히 있으라"고 말했고 학생들은 치밀어 오르는 분노를 누르며 성명서를 접을 수밖에 없었다. 그게 어른들이었다. 그게 대한민국의 어른들이었다.

미안하다, 미안하다, 다 어른들 탓이다

2014년 4월 16일의 끔찍한 소식 이후 나는 기이한 증상에 시달렸다. 밥 잘 먹고 술 잘 마시고 깔깔대고 대화하다가도 신문만 읽으면, TV만 보면, 인터넷만 들여다보면 눈물이 터져 나오는 남부끄러운 증상. 장소를 가리지 않아 전철에서든 회사에서든 질질 짤 듯하여 이를 악물고 참는 일이 비일비재해졌다. 지금도 차가운 바닷속에 있을 아이들을 생각하면 금방 눈물이 그렁그렁해진다. 그러기를 반복하던 어느 날 문득, 1999년 10월에 일어난 인현동 화재 참사가 떠올랐다. 사건들은 많이도 닮아 있다.

연기가 올라오는데도 "돈 내놔라"면서 학생들의 탈출을 막다가 저 혼자 비밀 출구로 탈출해버린 지배인과 수백 명 승객들을 팽개치고 가장 먼저 배를 버린 선장. 하루에도 두 번 세 번 신고가 들어가도 주인이 태연하게 영업을 하게 해주었던, 사고 대처 매뉴얼조차 없고 뭘 어떻게 하는지를 모르면서 '최선'만 다하고 있는 대한민국의 시스템. 참사 후 "학생 단속령"을 내리고 이제는 "수학여행 중단"을 대책이라고 내놓는 대한민국의 어른들은 15년의 시차를 둔 일란성 쌍둥이일 수밖에 없지 않겠는가.

세월호 참사에서 가장 가슴이 미어지는 순간은 "가만히 있으라"는 방송을 철석같이 믿고 구명조끼를 입은 채 사물함 밑에 들어가 있던 아이들의 희미한 얼굴들을 볼 때였다. 배가 완연히 기울어가는데도 어른들 말을 믿고 "한데 뭉쳐서" "교회 나가는 애들은 기도하면서" 가만히 앉아 있던 걸 보면 걷잡을 수 없이 눈물이 흐른다. 인현동 호프집 희생자들을 "가면 안 될 데를 찾아갔다가 죽은 날라리들, 방탕아들"로 몰아가고, "이건 아니지 않습니까" 항변하려던 그들의 친구들에게 "가만히 있으라"고 눈을 흘기던 못난 어른들은 이제 알리바이를 잃어버렸다. 더 이상 할 말이 없게 돼버렸다. 암담함 속에서 나는 그때 어른들이 하지 못했던 인사를 되뇌고 있다. "미안하다. 미안하다 애들아. 정말로 미안하다." 왜 우리 어른들은 이렇게도 게으르고 후안무치한 걸까. 왜 우리 아이들은 이렇게도 착하고 유순한 걸까.

천국이 있다면 지금쯤 15년 전 불구덩이에서 죽어간 아이들이 몰려나와 차디찬 물의 지옥에서 벗어나 천국을 찾은 아이들을 맞이하고 있을 것이다. 그때 인현동 호프집 학생들은 단원고등학교 학생들을 끌어안고 이렇게 절규할지도 모른다. "그래 우리는 술이라도 먹었다고 치자. 어른들이 하지 말라는 일을 했다고 치자. 그런데 너희들은 왜. 대체 그 어른이란 종자들은 왜 너희들을 죽였나." 상상일 뿐이지만 그 상상 속에서 나는 몸이 오그라든다. 미안하다. 미안하다 애들아. 우리 탓이다. 다 어른들 탓이다.

아득한 희망의 세월:
남북 단일팀에서 탈북자의 등장까지

1991년 세계 탁구선수권대회에 남북 단일팀으로 참가한
북한의 리분희 선수(왼쪽)와 현정화 선수가 손을 잡고 웃고
있다.

대학에 들어가서 낯선 것 중 하나가 '연호年號'였다. 적잖이 비장한 연호들이 대자보와 과 학회지, 심지어 자판기 일회용 컵에도 수놓여 있었다. 그중 가장 많이 본 연호는 '분단조국'이라는 연호였다. 내가 입학했던 1988년은 '분단조국 44년'이었다.

　　이런 분단 조국의 역사 속에서, 남북이 계속 으르렁거리는 와중에도 '정치와 무관한' 스포츠만큼은 힘을 합쳐보자는 논의가 꽤 오래전부터 나왔다. 1964년 도쿄 올림픽을 앞두고 IOC의 권유를 받은 남북은 단일팀 구성을 위해 머리를 맞댔으나 결국 결렬됐다. 하지만 당시 합의된 항목에는 이런 것이 있었다.

국가國歌는 해방 이전의 '아리랑'으로 한다.

이 합의는 수십 년 동안 지하에 묻혀 있다가 1990년대 들어 샘물처럼 솟아오르게 된다.

'KOREA'냐 'KORYO'냐, 깃발 정하기부터 난항

연이은 방북 파동으로 1980년대 끝자락의 남북관계는 매우 험악했지만 1990년대가 동터오면서 남북은 새로운 관계를 모색하기 시작했다. 그 분위기가 사뭇 바뀌고 있음을 극적으로 드러낸 사건은 1990년 베이징 아시안게임이었다. 이 아시안게임을 앞두고 남북은 그놈의 '단일팀'을 위해 협의를 계속했다. 팀의 깃발을 정하는 일부터 난항이었다.

남측은 흰색 바탕에 녹색 한반도가 그려지고 그 아래에 'KOREA'라는 문구를 새긴 기를 제시했고 북측은 흰색 바탕에 황토색 한반도에다 'KORYO', 즉 '고려'를 영문으로 새긴 기를 제시했다. 그놈의 색깔이 뭐라고, 치열하게 맞서던 남과 북은 결국 흰색 바탕에 파란색 한반도 지도가 새겨진 깃발로 합의를 했다. 지금도 간간이 누군가의 손에 들려 펄럭이는 한반도기의 탄생이었다. 끝내 아시안게임에 남북 단일팀을 내보내지는 못했지만 베이징 아시안게임에서 남북은 '합동응원'의 형태로 작은 통일을 이뤄내었다.

북한 응원 단장이 남한 응원단을 찾기도 했고 남한 응원단을 이끌던 뽀빠이 이상용은 북한 응원단 앞으로 뛰어들어 열렬한 박수를 받기도 했다. 뽀빠이 아저씨와 농악대 옷을 입은 북한 응원단이 뜨겁게 끌어안은 사진은 보는 사람의 눈시울을 뜨겁게 했다. 생각해보면 쉬운 일인데 어찌 그리 어려웠던지.

베이징 아시안게임 이후 남과 북의 국가대표팀이 서울과 평양을 각각 방문하여 치르는 통일 축구대회가 성사되었다. 일제 강점기, 그리고 해방 직후 행해졌던 '경평전'의 부활이었다. 남북의 화해 분위기는 점차 무르익었다. 1991년, 즉 분단조국 47년 4월, 분단 이후 최초의 남북 단일팀을 출격시키는 데 합의한다. 일본 지바에서 열린 세계 탁구선수권대회였다.

사람들의 주된 관심은 여자 탁구에 쏠렸다. 여자 탁구에 관한 한 중국은 세계 최강이라는 수식어도 모자랐다. 그나마 개인전에서는 중국을 꺾는 개가를 올린 적도 있었지만 단체전에서 중국을 꺾는다는 것은 하늘의 별을 따는 일이었다. 그때까지 중국은 단체전 8연패의 위용을 과시하고 있었다. 이에리사라는 스타를 내세워 한국 대표팀이 단체전에서 중국을 꺾은 적도 있지만 이후 단 한 번도 중국은 우승컵을 놓치지 않았다. 수십 년 동안 탁구좀 친다는 남과 북 모두에게 중국은 '넘사벽'이었다.

영화 〈코리아〉에서 보듯 남과 북의 선수들이 갑자기 한 팀이 된다는 것은 쉬운 일이 아니었다. '분희 언니'라는 말에 '정화 동무'로 맞받는 어색함 속에서도 현정화, 홍차옥, 리분희, 유순복으로 이뤄진 남북 단일팀은 승승장구하면서 결승에 진출했다. 북한 선수들이 부담을 느끼던 유럽 선수들을 무너뜨린 것은 현정화였고, 간염에 걸린 몸을 무릅쓰고 분전하여 한국 선수들을 감동시킨 것은 리분희였다.

탁구로 하나가 되다

그리고 결승전. 상대는 말할 것도 없이 중국이었다. 그 선봉에는 탁구의 마녀 덩야핑이 서 있었다. 덩야핑은 한국 선수들을 매번 좌절시켰던 '마녀'였고 이 마녀는 빗자루 대신 라켓을 타고 다니며 세계대회 우승만 18번을 차지하는 대기록을 세운 사람이었다. 그런데 이 마녀가 맥없이 거꾸러졌다. 마녀를 물리친 것은 남한의 에이스 현정화도, 북한의 고참 리분희도 아닌 홍안의 함경도 처녀 유순복이었다.

현정화에 따르면 "약 먹은 것처럼 공을 쳤다. 한 포인트를 따내곤 한 40~50센티미터씩 점프를 하면서 소리를 질렀다"고 한다. 약 먹었다는 표현이 틀리지도 않은 것이, 그 후로 유순복이 덩야핑을 물리친 적은 없었다고 한다. 아마도 그녀는 '약'을 먹었을 것이다. 사상 최초로 민단과 총련이 한데 모여 환영 만찬을 베풀고, 경기장에서 한 깃발 아래 백발성성한 1세부

175

터 우리말 서툰 3세들까지 코리아를 부르짖는 그 모든 분위기가 약이 아니면 무엇이었으랴.

현정화도 질 수 없다는 듯 중국 국내 선발전에서 두각을 나타낸 신예 가오쥔을 눌렀다. 게임 전적 2 대 0. 한 번만 더 이기면 우승이 눈앞에 있었지만 역시 중국은 중국이었다. 현정화와 리분희 두 에이스가 나선 복식에서 졌고 현정화마저 중국의 덩야핑에게 덜미를 잡혔다. 다시 유순복이었다. 1991년 4월 29일 탁구선수권대회 여자단체 결승전 마지막 경기에 나서는 유순복이 화면에 잡혔을 때 아련하게 들리는 소리가 있었다. 아파트 아래층에서 함께 TV 화면을 지켜보는 가족인 듯했다.

"유순복! 유순복! 유순복!"

작달막하고 동그란, 현정화처럼 매섭지도 않고 리분희처럼 노련해 보이지도 않는 뭉툭한 처녀는 세계 랭킹 2위 가오쥔을 만났다.

운명은 2세트에서 갈렸다. 유순복은 천리마의 기세로 백핸드를 휘두르고 속도전의 스피드로 스매시를 해 1세트를 따냈고, 2세트를 맞았는데 중국의 가오쥔은 2세트 들어서 막강한 '가오'를 잡기 시작했다. 유순복은 12 대 17까지 몰렸다. 가오쥔의 승리까지 4점을 남겨 둔 상황에서 갑자기 유순복은 또 약을 먹은 듯했다. 유순복은 한 점 한 점 거짓말처럼 따라붙기 시작했다. 마침내 그녀가 동점을 이뤘을 때, 나 역시 '40~50센티미터의 점프'를 하며 펄쩍펄쩍 뛰고 있었다. 급기야 가오쥔을 잡아버린 순간에는 내가 마치 유순복인 양 마루에 드러누웠다.

재일동포들은 하염없이 울면서 만세를 불렀다. 젊은이고 늙은이고 스탠드에 일어서서 만세를 부르는 모습은 감동 그 자체였다. 처음으로 이룬 단일팀이 중국을 꺾고 세계를 제패하다니. 처음으로 울려 퍼지는 '아리랑'을 따라 부르면서 눈물을 흘린 사람은 한둘이 아니었을 것이다.

반공주의자 아버지마저 아들을 얼싸안고…

단일기가 휘날릴 곳은 아직도 남아 있었다. 1991년 6월에 열린 세계 청소년축구대회였다. 남북 청소년들이 함께 이룬 단일팀이 조금이라도 성과를 내주기를 기대하다가 대진표를 보고 절망했던 기억이 새롭다. 남북단일팀은 마라도나의 나라 아르헨티나, 루이스 피구(2002년 월드컵의 그 피구)가 이끄는 주최국 포르투갈, 그리고 유럽의 아일랜드와 한 조였다. 만만하기는커녕 해볼 만하다고 표현할 상대조차 꼽기 어려웠다. 첫 경기는 아르헨티나전이었고 경기 시간은 새벽이었다. 알람시계를 두 개 맞춰놓고 새벽 2시에 일어나 눈을 비비며 경기를 기다렸다. 승리를 기원한 건 아니었다. 손발을 맞춘 지 얼마 안 되는 남과 북의 청소년들에게 감히 아르헨티나를 어떻게 해보라는 기대는 하기 어려웠던 것이다. 그저 실망하지 않을 만큼, 그 패배의 원인이 '단일팀'으로 돌려지지 않을 정도의 경기가 펼쳐지기만을 기대했다.

예상외의 선전, 한 치도 물러서지 않는 격전 끝에 0대 0을 이어가던 중, 비겨도 이긴 거라며 함께 밤을 새우던 아버지와 덕담을 나누는 차에, 나는 믿기지 않는 장면에 벌떡 일어서고 말았다. 아르헨티나 문전에서 흘러나온 공을 가로챈 북한 출신의 조인철이 미사일 같은 슛을 쏘았고 통쾌하게 네트에 꽂혀버린 것이다. 당신이 함경도 출신이시면서도 "북한 놈들"이라면 눈을 부릅뜨던 반공주의자 아버지와 그에 맞서서 열렬한 입씨름을 전개하곤 했던 아들은 얼싸안고 환호했다.

기적은 계속됐다. 2차전 상대는 아일랜드였다. 역시 잘 싸웠지만 코리아는 후반전에 한 골을 먹어 패색이 짙었다. 3차전 상대로 주최국 포르투갈이 버티고 있었기에 아일랜드에 패배한다면 예선 탈락이 거의 확실시되는 상황. 후반전 남한 출신의 조진호가 결정적인 찬스를 놓쳤다. 조진호는 일어나지 못한 채 땅을 치며 안타까워했다. 해설위원 신문선도 거의 울먹이고 있었다.

"땅을 치는 저 모습이 7,000만 겨레의 심정입니다."

종료 1분을 남기고 한 '코리안'이 공을 몰고 사이드라인을 타고 돌진했다. 놀라운 스피드였다. 그의 이름은 북한 출신의 최영선. 지쳐버린 아일랜드 선수들을 따돌리며 오른쪽을 치고 들어간 최영선은 기가 막힌 크로스를 올렸고 역시 북한 출신의 최철이 머리를 갖다 댔다. 기적 같은 동점골이었다. 그라운드에서 남과 북의 코리안들은 통일이 돼버렸다. 누가 남인지 북인지 가리지 않고 한 덩이가 되어 울고 웃고 환호했다.

177

하지만 예선을 통과한 코리아 팀은 세계 최강 브라질을 만났다. 스포츠 신문들은 한 번 해볼 만하다며 요란한 나팔을 불었고 국민들도 부푼 마음으로 또 하나의 기적을 기다렸지만 결과는 참패였다. 현실의 냉엄함을 일깨우기라도 하듯 브라질은 코리아 팀을 맹폭했고 5대 1이라는 스코어가 단일팀의 최후를 장식했다.

현정화 "단일팀 같은 거 하지 말자"

남북 단일팀의 추억은 1991년의 봄과 초여름에 국한된 채 멈춰버렸다. 그리고 세월 속에서 단일팀의 꿈도 사라졌다. 고락을 같이하며 세계를 놀라게 한 동료들과 그 뒤로 만나지도 못한 선수들의 마음은 어떠했을까. 그래서 현정화 감독의 말은 서럽기만 하다.

"정치적인 이벤트를 할 바에야 차라리 단일팀 같은 거 하지 말고 각자 국가를 인정하고 사는 게 낫다는 마음이 굳혀졌다."

그러고 보면 1991년 분단조국 47년은 그래도 남과 북이 '정치적 이벤트'라도 도출할 수 있었던 시기였다. 즉 남도 북을 완전히 무시하지는 못하고 북도 남에 대해서 당당함이 남아 있던 시기였기에 가능했던 일이다. 이후 북한은 '고난의 행군'에 진입했고 남한은 외형적 성장을 계속했다. 남북의 격차는 갈수록 벌어졌다. 북한은 단일을 고려할 상황이 아니게 됐고 남한도 고민할 필요가 없어진 것이다. 남북 청소년 단일팀 북한 측 코치였던 문기남 코치가 2003년 탈북하여 남한에 정착한 사실은 서글픈 현실의 단면을 비춘다. 남북 단일팀의 추억을 까마득한 과거의 영역에서 더듬고 있는 나로서는 현정화 감독이 언젠가 했던 이 말을 곱씹게 된다.

"북한 사람들을 생각하면 무조건 도와줘야 한다고는 생각한다. 그러나 정치적으로 통일이 되는 것은 어려울 것 같다. 장기적으로는 준비를 해서 통일을 해야 한다고 생각한다. 더 나빠져서 손을 댈 수 없는 상황이 되기 전에 도와줘야 한다. 정말로 손을 떼어버리는 상태까지 가면 안 되지 않나."

분단 후 처음으로 남북 모두의 대표가 되어 세계를 제패했으나 눈물 흘리며 이별해야 했고 다시는 동료들과 마주하지 못한 탁구인의 탄식이었다.

1991년, 단일팀의 추억은 강렬한 달콤함으로 시작했다가 쓰디쓴 소태로 끝났다. 오늘날 우리는 1991년에 다시 이르기도 쉽지 않은 세월을 살고 있지 않은가.

1994년 특사 교환을 위한 실무 회의에서 만난 박영수 단장
과 송영대 통일원 차관(왼쪽). 박영수 단장(오른쪽)이 했던
'폭탄 발언'은 전후 맥락은 사라진 채 방송 뉴스에 공개됐다.

영화 〈개 같은 날의 오후〉는 한 동네에서 벌어지는 뜻밖의 사고를 둘러싼 해프닝으로 깔깔대며 웃다가도 미간을 좁히게 하는 진지한 메시지가 녹아 있다. 왜 제목에 '개 같은 날'이라고 했을까. 물론 가정폭력을 휘두르던 남편을 동네 아주머니들이 집단으로 응징하다가 때려죽이게 되는 설정이었으니 '개 같은 날'이긴 하겠다. 하지만 그것보다 더 중요한 모티브는 영화의 배경이 더운 여름이었다는 것이다. 이 영화의 시작은 아스팔트 열기가 피어오르는 안개 가득한 도시 풍경을 배경으로 한 뉴스 멘트이다.

　"일요일 정오 뉴스입니다. 전국이 화끈한 찜통 더위에 갇혀 있는 가운데 어제 대구에서는 수은주가 섭씨 40.2도까지 올라가 1942년 8월 1일에 기록한 40도를 53년 만에 경신했습니다. 또한 부산의 38.7도를 비롯, 전국의 기온이 36도 이상의 높은 기온을 보이고 있습니다."

'불바다 발언'과 비상식량 사재기 폭풍

가정폭력과 동네 아줌마들의 좌충우돌이라는 이상한 조합을 가능하게 했던 것은 미칠 것 같은 더위였다. 영화에 등장하는 이상 더위는 개봉 바로 전, 1994년의 더위였다. 요즘도 여름 더위가 지독할 것이라는 예보 뒤에 '1994년 더위가 다시 올지 모른다'는 엄포가 꼬리표처럼 따라다니는데, 당시 전국 각지에서 기록한 최고 기온은 오늘날까지도 그 위엄을 잃지 않고 있다. 전국에서 에어컨이 동 나는 건 기본이고, 서울 시내 급수량이 달릴 만큼 더위는 혹심했다. 6월 17일 서울 기온이 이미 34.7도였다. 그 뒤로 두 달 동안 그 기온이 유지됐다고 생각해보라.

1994년은 이미 봄부터 심상치 않은 열기가 한반도를 감싸고 있었다. 그 열기는 판문점에서 왔다. 북한은 1993년 3월 NPT, 즉 핵확산 금지 조약을 탈퇴하면서 핵 개발을 공식화했고 미국은 당연히 이를 막으려고 기를 쓰고 있었다. 그러던 중 1994년 3월 19일 남북 특사 교환을 위한 실무 대표들이 만난 자리에서 대형 악재가 터진다. 북측 박영수 단장의 '불바다 발언'이 그것이다. 취업 준비를 위한 세미나를 끝내고 늦은 저녁을 먹으며 9시 뉴스를 보다 황망했던 기억이 생생하다.

억센 이북 억양의 박영수 단장은 거침없이 말을 '터뜨렸다'. "여기서 서울은 멀지 않습니다." 순간 침묵이 흘렀다. 퀴퀴한 냄새 나던 서울 한 귀퉁이의 식당 안에서부터 전국 모든 곳에서 사람들의 시선은 화면 속 박영수의 입을 향하고 있었다. "전쟁이 일어나며는…." 식당에 앉아 있던 사람들 사이에서 욕설이 튀어나왔다. "저 ××가!" 또 약간의 망설임 후에 박영수 단장의 결정적인 한마디가 터져 나왔다. "불바다가 되고 말 거요. 송 선생 당신도 살아남기 어려울 게요." 식당 안에는 일순 침묵이 흘렀다. '충격과 공포'였다고나 할까. 불바다 발언을 듣고 발끈한 우리 측 반격의 목소리는 왠

182

지 떨리는 듯했다. "지금 그걸 말이라고 합니까? 지금 전쟁 선언하는 거예요? 우리는 가만히 있을 것 같아요?"

불바다 발언은 엄청난 파문을 불러왔다. 서울이 불바다라면 평양은 피바다가 될 거라는 섬뜩한 경고도 날아갔고, 라면 등 비상식량 사재기 현상도 일부 나타났다. 정부와 언론은 금방이라도 쥐어뜯고 싸울 듯 북한을 대대적으로 비난하는 데에 열을 올렸다.

그런데 며칠 후 〈한겨레〉를 읽으면서 고개를 주억거리게 되었다. 리영희 교수가 "전쟁을 부추기는 자들이 있다!"라는 제목의 칼럼을 통해 서릿발 같은 명문名文으로 '불바다' 소동을 꾸짖은 것이다.

> 우리의 소위 '언론'들은 북한 대표의 발언을 회담의 전체 맥락에서 도려내어 거두절미한 채 그것만을 연일 대서특필하면서 국민에게 전쟁 위기감을 부채질하는 데에 여념이 없었다. 그러한 보도 태도와 평론 자세는 '언론(인)의 최저한의 초보적 직업윤리'조차 거부하는 작태라 아니할 수 없다.

이것이 무슨 말인지 안 것은 한참 뒤였다. 실상 북한 대표 박영수의 '불바다 발언'에는 그 전과 후가 있었던 것이다. 회담 도중 북측이 "미국이 경제제재를 한다고 하는데 그렇다면 귀측(남한)도 거기에 가담할 것인가?"라고 묻자 남한 대표는 당연하다는 듯 고개를 끄덕인다. 북측은 "귀측이 유엔의 대북제재에 동참하겠다는 것은 전쟁 선언으로 간주할 수밖에 없다"고 치고 나왔고 남측은 요지부동이었다. 정리하자면 영화의 한 장면으로 볼 때 "당신들 전쟁하자는 거야?"라고 따지는 상대 앞에서 "그렇다면 어쩔 건데?" 하며 팔짱을 낀 형국이었다.

여기서 불바다 발언이 터져나왔다. 불바다라는 말을 듣고 "우린 가만히 있을 것 같아요?" 하고 언성을 높였던 남측 대표 통일원 차관 '송 선생'에게 북한 대표는 공부 못하는 학생을 몰아붙이는 얄미운 선생의 포스를 뿜었다. "그쪽에서 전쟁 선언했다고 지금 말하고 있는 거요. 왜 말을 듣지 않구…." 그리고 터져 나온 멘트는 폭소를 터뜨릴 정도로 엉뚱하다.

"지금 졸고 있소?"

물론 '불바다' 같은 험하기 그지없는 언사를 입에 담은 박영수 북측 대표는 비판받아 마땅하다. 그러나 당시 안기부장 특별보좌관이었던 이동복의 회고대로 그의 발언은 "공격적이 아니라 방어적으로 한 얘기"였다. 대화의 맥락이 온전히 전달되었더라면 '불바다'의 충격은 덜했을 것이다.

레이니 대사, 한국에 온 손녀에게까지…

원래 판문점 회담이 이런 식으로 공개된 적이 없었건만 정부는 스스로 '거두절미' '전후 생략'한 자료화면을 방송사에 직송했다. 방송사 간부가 "이걸 틀어도 됩니까?" 정부에 되묻기까지 했다니 능히 분위기를 짐작할 만하다. 바로 1년 전 취임식에서 "같은 민족만 한 동맹은 없다"고 호언하던 대통령의 정부는 도대체 무엇을 노렸던 것일까. 결국 전후 맥락과 좌우 사정은 다 사라진 채 안보 정국이 시작되었다.

저 대단한 무더위가 시작되던 6월 6일 현충일, 연휴를 맞아 행락 인파가 고속도로를 메우자 '안보 불감증'이라는 성토가 튀어나왔다. 시국이 어느 땐데 놀러 다니느냐는 개탄이 난무하는 가운데 주식 시장이 안정세인 것도 '안보 의식의 부재'의 정황으로 시빗거리가 됐다. '우리 문학의 큰 개가'라고 칭송받던 소설 『태백산맥』이 공안당국의 조사 대상이 됐고 확성기 신고 '멸공'을 부르짖으며 도심을 누비는 차량들이 등장했다. 나도 예비군 훈련 정훈교육 시간에 예비군 본연의 안정적인 자세로 코를 골고 자다가 "아저씨 같은 사람 때문에 이 나라가 망합니다! 당신이 잠든 사이에 이 나라는 적화됩니다! 지금 때가 어느 땐데!" 하는 꾸중을 듣기도 했다.

이 와중에 북한은 IAEA, 즉 국제원자력기구를 탈퇴했고 '안보 민감증'은 더욱 기승을 부렸다. 이즈음 히트를 친 사람이 있었으니, 서울시 부시장이었다. 북한 핵 관련 비상대기 관계관 회의에서 "북한의 도발 징후가 있으니 시민들에게 비상물품 확보를 권장"한다는 발언을 한 것이다. 이 발언 이후 강남 일대의 부유층에서부터 사재기 폭풍이 시작됐다. 쌀, 부탄가스, 물, 참치통조림, 양초 등 몇몇 품목이 불티나게 팔려나갔고 어느 동네에서는 품절 사태까지 일어났다. 또 은행에서의 현금 인출 사례도 몇 배나 늘었으며,

넉넉한 분들은 달러 환전과 미국 비자 신청에 나섰다. 일이 이렇게까지 돌아가자 안보 불감증을 한탄하던 정부는 이번에는 손사래를 치며 '비상물품 확보'에 나선 국민들을 비판했다.

그즈음 나를 비롯한 많은 사람들의 관심은 사실 딴 데 팔려 있었다. 그것은 미국에서 열리고 있던 월드컵이었다. 그러나 바로 그 시간 한국인들에게는 운명의 올가미가 소리 없이 죄어들고 있었다.

1994년 6월 16일 오전, 레이니 주한 미국 대사는 정종욱 청와대 외교안보수석을 만나 미국의 민간인들을 철수시키겠다는 뜻을 전달했다. 북핵 문제에 대한 외교적 노력이 절망적 상황에 이르고 제재를 가할 수밖에 없는 상황이니, 미국 민간인들을 철수하는 것은 당연한 절차라는 것이다. 레이니 대사는 한국에 와 있던 손녀들에게도 말했다고 한다.

"3일 내로 한국을 떠나라."

전 미국 국방장관 페리는 이 상황에 대해 이렇게 말했다. "클린턴 대통령에게 '재난을 불러올 수 있는 옵션', 즉 언젠가는 미국을 겨냥하게 될 핵무기를 북한이 보유하도록 내버려두는 대안과, '달갑지 않은 옵션', 재래식 전쟁의 위험성이 있더라도 북한의 핵무기 보유를 적극 저지하는 대안 중에서 한 가지를 선택하게 했다. 대통령은 '달갑지 않은 옵션'을 선택했다."

이는 한국으로서는 당연히 '재난을 불러올 수 있는 옵션', 아니 '재난 그 자체인 옵션'이었다. 클린턴은 결심하고 원자로가 있던 영변 폭격까지 계획했고 한국군과 미군 및 민간인 사망자까지 예상된 시나리오가 버젓이 선 마당이었다. 단지 재난의 당사자였던 한국인들만은 까맣게 그 사실을 몰랐다. 나를 포함한 많은 한국인들은 한국 월드컵 대표팀의 선전에 집중돼 있었다.

미국의 '혈맹'인 한국 대통령도 미국 대사가 "미국 민간인들을 소개시키겠소"라고 통보하기 전까지는 전쟁이 진짜로 일어날 수 있다는 사실을, 미국이 한국의 의사와 관계없이 전쟁을 결심했다는 사실을 깡그리 몰랐다. 김영삼 전 대통령은 (자신의 주장에 따르면) 클린턴에게 이렇게 소리 질렀다고 한다. "전쟁은 안 됩니다. 역사와 국민 앞에 죄를 지을 수는 없소." 그러나 그 자신이 정말 '죄인'이 될 수도 있다는 사실을 그제야 알게 됐다는 것은 무엇을 의미하는지. 살인마가 칼을 들고 주위를 배회해도 아무것도 모른 채

밝게 웃는 영화 속 주인공처럼, 한국인들은 전쟁의 유령이 44년 전처럼 자신들의 머리 위를 배회한다는 사실을 생판 모르고 있었다.

볼리비아보다 더 불쌍했던 나라, 한국

그렇게 전쟁을 준비하고 있던 나라 미국에서 한국 축구팀의 경기는 계속됐다. 다음 상대는 볼리비아였다. 독일이나 스페인에 비해서는 네임 밸류가 확연히 떨어지는 팀이었기에 이제껏 이루지 못한 월드컵 1승의 기대는 하늘을 찔렀다. 마침 경기 시간도 새벽이 아닌 아침 시간. 전쟁을 가까스로 피했으나 꿈에도 그 사실을 몰랐던 한국인들의 관심은 이 경기에 쏠렸다. 볼리비아전 정도가 뭘 그리 대단했겠느냐고? 이 경기의 시청률은 63.7퍼센트로 지금도 스포츠 경기 중 최고의 시청률로 남아 있다. 그 '대망의' 볼리비아전 시청을 위해 아침 일찍 선배 자취방에 모였는데 한 선배가 볼리비아에 대한 얘기를 꺼냈다.

"저 나라 불쌍한 나라야." 선배는 언론사 입사 공부를 하느라 시사상식이 풍부했다. "원래는 꽤 큰 나라였어. 그런데 브라질하고 전쟁하다가 져서 아마존 상류 뺏기고 칠레한테 져서 주석 광산 다 내주고 내륙국이 됐지. 심지어 남미에서 제일 못살던 약소국 파라과이한테도 졌지." 아닌 게 아니라 그때 화면에 비친 볼리비아 선수들은 꽤 불쌍해 보였다.

지금 생각하면 더 불쌍한 것은 전쟁이 자신에게 송곳니를 드러내는 것조차 모른 채 63.7퍼센트의 시청률을 기록하며 볼리비아전에 몰두하던 한국인들이 아니었을까? 볼리비아인들은 비록 졌을망정 자신들의 결의로 전쟁을 선언했을 것이고 자신의 필요에 의해 전쟁을 수행했을 텐데 말이다. 서로 다른 측면에서 불쌍한 두 나라의 경기는 0대 0으로 비겼다.

월드컵의 열기로 살인적인 더위를 잠시 제압하는 동안, 미국 전 대통령 카터가 북한에 방문했다. 그리고 극적인 합의를 이끌어냈다. 김영삼 대통령이 북한의 김일성 주석의 조건 없는 정상회담을 수락하여 7월 25일 전쟁 후 최초의 정상회담 개최가 합의된 것이었다. 그러나 1994년은 더웠다. 정말로 '개같이' 더웠다. 어떤 연구에 따르면 3,000명이 넘는 노약자들이 폭염을 이기지 못하고 사망했다고 한다. 역시나 무더웠을 한반도 북쪽에서 한 명의 노인이 쓰러졌다. 정상회담을 앞둔 김일성 주석이었다. 그의 죽음을 계기로 1994년 여름의 끔찍한 더위는 또 다른 장을 맞는다.

〈한겨레〉에 실린 김일성 주석의 사망 소식. 이날 각 신문
1면은 그의 죽음으로 장식되었고 이 소식은 모든 이들에게
충격을 가져다 주었다.

1994년
7월9일 (토)

한겨레신문
The Han Kyoreh Shinmun

호 외

김일성 주석 사망

북한방송 보도…8일 새벽 2시 심근경색으로
유해 주석궁에 안치…17일 평양에서 장례식

남북 정상회담
북미3단계회담 차질

결사오열과…

곁은 김주석

1986년 당시 고등학생이었던 나는 등교 시간을 맞추기 위해 부리나케 문을 열고 나가다 멈춰 서게 되었다. 집 앞에 떨어져 있던 호외 때문이었다. 거기 에는 주먹만 한 글씨로 이렇게 휘갈겨져 있었다. "김일성 총 맞아 피살." 죽 었다? 김일성이 죽었다? 공산당은 무찔러야 하고, 의심나면 다시 보고, 수 상하면 신고해야 하고, 반공 포스터, 반공 표어, 반공 글짓기, 반공 연설대 회 등 반공의 홍수 속에서 허우적거리던 시대에 김일성이 죽었다는 뉴스는 그야말로 충격이었다.

그런데 이상했다. 정작 평양 방송에서는 아무 언급이 없었다. 그리고 북한을 방문할 예정이던 몽골의 국가원수가 일정을 중지한다는 소식도 없었다. 종잡을 수 없던 시간이 지나고 마침내 몽골 국가원수가 방북하는 날이 왔다. 몽골의 국가원수에 한국 사람들의 시선이 그토록 집중된 일은 없었을 것이다.

그런데 김일성 주석은 멀쩡하게 나타났다. 사망설과 그와 관련된 모든 스토리들은 일순간 사라졌다. 언론에서는 도대체 그 말들이 어디서 나왔는지, 누가 그런 거짓말을 지어냈는지에 대해 어떤 해명도 없었다. 되레 〈조선일보〉는 "그들 수령의 죽음까지 고의적으로 유포하면서 그 무엇을 노리는 북괴의 작태"에 분노하며 "정상적 사고로는 도저히 이해할 수 없는 집단"에다 오보의 책임을 돌렸다. 그리고 끝이었다.

서정원의 동점골과 남북정상회담의 겹경사

그로부터 8년 뒤 1994년, 가마솥 더위가 온 나라를 덮고 있을 무렵 우리가 월드컵에 열광하고 있던 즈음 김일성은 또 한 번 대문짝만하게 지면을 장식한다. "미국 정부가 UN에서 추진하고 있는 대북 제재를 중단한다면 북한도 핵개발을 동결하겠다는 제의를 받았다"는 카터의 전언이었다. 대부분의 한국인들이 뭔가 불길한 상황에서 바람직한 방향으로 국면이 바뀌고 있다는 것은 느낄 수 있었다. 그리고 북한을 단칼에 날려버리겠다고 결심하고 있던 클린턴 행정부는 카터가 자신의 합의 내용을 CNN에 전격 공개해버린 것을 계기로 그 합의를 받아들였다. 거기에 더해진 또 하나의 낭보, "김일성 주석이 남북 정상회담을 제안했다!" 김일성 주석은 "언제 어디서나 조건 없이" 김영삼 대통령을 만나고 싶다고 했고 대한민국 정부는 이를 즉각 수락했다. 연일 지속되던 전설적인 1994년 더위를 녹이는 시원한 소식이었다.

이날 각 신문 1면은 이 소식과 함께 미국 월드컵 첫 경기에서 강호 스페인을 상대로 막판 동점골을 넣고 환호하는 서정원 선수의 사진으로 장식됐다. 더 이상 기쁠 수 없다는 듯 눈 감고 입 크게 벌린 서정원 선수의 얼굴은 남북 정상회담 성사의 기쁨과 묘하게 중첩됐다. 드디어 분단 이후 수십 년 만에 남북의 정상이 마주하게 된 것이다. 북한의 김일성 '주석'과 남한의 김영삼 '대통령'이 만난다! 그간 '김일성'과 '김일성 주석'이 혼용되던 호칭들은 신문에서 '김일성 주석'으로 정리되었다. 전쟁의 기운은 멀리멀리 날아갔고 남북의 정상회담은 날짜까지 못 박아 7,000만 겨레를 설레게 했다.

아마도 김일성 주석에게 그 여름은 무척 힘들었을 것이다. 세계 최강대국이 자신이 평생 다스린 나라를 없애겠다고 이미 칼을 뺀 상황. 해볼 테면 해보라고 방패를 쳐들었지만 얼마나 긴장을 했을 것인가. 44년 전 전쟁에서 나름대로 '승리'했다고 자처할지 모르나 미국의 위력을 처절하게 경험했던 그에게 또 한 번의 전쟁이란 들이켜기 싫은 쓴잔이었을 것이다. 또 자신이 제안한 남북 정상회담을 성공적으로 이끌기 위한 고민도 많았을 것이다. 그가 수령으로 좌정했던 공화국은 '고난의 행군'에 접어들고 있었다.

당시 진보적 시사월간지 《말》에 실린 기사 중에 김일성 주석이 남겼다는 절규가 기억에 남는다.

"내가 다스리는 공화국이 어떻게 이렇게 됐단 말이냐."

한반도가 찜통이던 7월 초, 김일성 주석은 묘향산 초대소로 향한다. 일부 언론 보도에 따르면 그는 김영삼 대통령이 묵게 될 숙소를 일일이 점검했다 한다. 냉장고부터 에어컨까지. 그때 그의 나이가 여든셋이었다.

1994년 7월 9일 술을 먹고 친구들과 의정부에 있는 선배 집에서 엎어져 자고 있었다. 겨우 눈을 뜬 게 정오 무렵일까. 그 눈을 뜨게 했던 건 PC 통신으로 뉴스를 보던 친구가 집 안이 울리게 쩌렁쩌렁 외친 한마디였다. "김일성이 죽었다!" 그 소리에 잠을 깼다. "장난하냐?" 하지만 친구는 단호했다. "북한이 발표했어. 김일성이 죽었어." 여기저기서 시체처럼 자고 있던 사람들이 일어나 컴퓨터 앞으로 오거나 TV를 켰다. 사실이었다. 뉴스 속보가 난무했고 김일성 주석이 하루 전 7월 8일 사망했다는 소식도 들렸다. 죽었다. 김일성이 죽었다. 김일성 주석이 죽었다. 김일성 주석께서 돌아가셨다. 왜 이렇게 표현하냐고? 그때 내 주위 반응들이 그랬기 때문이다.

미국은 애도 성명 발표했지만…

1994년 7월 8일 김일성 주석이 숨을 거둔 후, 이 소식을 받아들이는 남쪽의 스펙트럼은 매우 다양했다. 정상회담을 앞두고 연일 예행 연습에 여념이 없었던 김영삼 대통령부터 시작해서, 혹독한 1994년 더위에 군화도 벗지 못한 채 며칠 동안이나 비상대기하며 "김일성 이놈은 끝까지 도움이 안 돼" 하며 이를 갈던 병사들까지. 수십 년 동안 '괴수 김일성'으로서 그가 발산하는 사악한 카리스마에 짓눌려 있던 대다수 국민들의 기묘한 허탈함. "흠 마침내 저 양반도 죽었군. 그럼 정상회담은 어떻게 되지?" 하는 어떤 이들의 심드렁함과 "주석님이 돌아가셨다"고 엉엉 울던 몇몇 대학생들의 애도까지. 모두 그 크기가 달랐을 뿐 저마다의 '멘붕'을 경험하고 있었다.

일찍이 김수영 시인은 유작시 '김일성 만세'에서 이렇게 노래했다.

'김일성 만세' / 한국의 언론 자유의 출발은 이것을 / 인정하는 데 있는데 / 이것만 인정하면 되는데 / 이것을 인정하지 않는 것이 / 한국 언론의 자유라고 / 조지훈이란 시인이 우겨대니 나는 잠이 올 수밖에

나는 1960년대에 김수영 시인이 쓴 절창에 동의한다. 언론 자유란 그런 것이다. 그런데 오늘날 이 시를 발표한다면 대번에 '종북'으로 몰려 경을 쳐도 대문짝만한 경을 이마에 칠 것이다. 53년이 지나도록 시인이 꿈꾸는 나라는 오지 않은 것 같다.

급작스런 김일성 주석 사망 소식이 전해진 후 미국 정부의 행보는 오히려 한국 정부보다 빨랐다. 클린턴 행정부는 김일성 사망 직후 "미국 국민을 대신해 북한 주민들에게 심심한 애도를 전한다"는 성명을 발표했고 북한 협상단과 대면하고 있던 로버트 갈루치 차관보는 북한 대사관을 찾았다. 그런데 정작 사망한 사람과 정상회담을 하고 손도 맞잡고 공동성명도 발표할 꿈에 부풀어 있던 한국 대통령과 정부는 그러지 못했다. 매우 '신중한' 침묵을 지키고 있을 뿐이었다. 이 어색한 상황에서 누군가 입을 열었으니 민주당 이부영 의원이었다.

북한이 정상회담의 '연기(취소가 아닌)'를 통보해왔다는 통일원 장관의

보고에 그는 이렇게 되묻는다. "이미 결정된 남북 정상회담을 계속 추진해야 한다면… 혹시 조문할 의사가 있는가?" 이 질문은 대한민국을 휩쓴 폭풍의 씨앗이 된다.

"수백 만 명을 죽인 전범은 조문해야 한다면서, 광주 사태에 대해 끝까지 책임지라는 것은 논리적 모순이다.""김일성은 실정법상 여전히 반국가 단체의 수괴이다."

이와 같은 여당 대변인의 반박에 이어 대한민국 분위기는 도깨비방망이라도 맞은 듯이 표변했다. 상이군경들이 목발을 휘두르며 이부영 의원의 사무실을 습격했고, 국회는 시끄러웠다. 그중 기억나는 한 국회의원의 발언은 다음과 같다. "조문단 파견 주장에 다리 잘린 상이군인은 훈장을 반납하겠다고 하고 남편을 여읜 미망인은 국립묘지 비석을 붙잡고 울고 있다."

아니, 훈장을 반납하겠다는 상이군인과 전몰군경 남편을 여읜 미망인은 남북 정상회담이 발표됐을 때 어디 해외여행이라도 가 있었던가. 그렇게 상이군인과 미망인을 들먹이며 분통을 터뜨리던 의원의 손가락질은 또 한 번 엉뚱한 데로 향했다. "국무총리는 어제 김일성더러 일곱 번씩이나 '주석'이라고 했어요! 여기가 서울이야 평양이야."

그 국회의원이 만약 방북단의 일원으로 참석하여 정상회담에 배석했더라면 "김일성!"이라고 부를 수 있었을까. 도대체 이 나라가 며칠 전의 그 나라였나. 앞뒤가 맞지 않는 행동을 하고 일관성 없는 말을 하며 까닭 없이 난폭해지는 것을 광기라 부를 수 있다면, 당시 분위기는 일종의 '광기'에 휩싸여 있었다고 해도 무방하겠다.

"사노맹이건 주사파건 같은 독사들이다"

조문 파동은 대학가에도 밀어닥쳤다. 7월 16일 "수배자를 검거하기 위해" 전남대학교를 압수수색한 경찰은 '김일성 분향소'를 발견했다. 대학가에서 대학생들이 김일성이 죽었다고 향불을 피우고 명복을 빌고 있었다니. 이 사건은 활활 타오르던 광기의 여름에 기름을 부었다. 그때 학생들은 사건 자체가 조작이라며 심지어 경찰이 "있지도 않은 분향소를 세웠다"고 경찰을

'국가보안법' 위반 혐의로 고발하기도 했다. 그러나 상당수의 학생들은 '고발'이 설득력 없다는 것을 알고 있었다. 단적인 예로 어느 대학 총학생회 간부였던 친구는 "제발 분향소 같은 것 만들지 마라. 다 털린다"고 '자주파'들에게 애걸복걸하고 있었는데 "그런 일 없었다"는 사실을 받아들이기는 어렵다. 그러나 문제의 본질은 그들의 솔직하지 못함보다는 그들의 목을 겨눈 광기의 서슬이었다. 결국 광기를 낳았던 것은 그들을 빨갱이로 몰았던 나라가 아니었던가. 정상회담을 한다고 환호해놓고 그를 조문하자고 하거나 조문한 이들을 하루아침에 죽일 놈으로 몰아버리는 광기. 이 사실을 처절하게 증명한 이가 서강대학교 박홍 총장이었다.

박 총장이 눈물까지 훔쳐가며 '주사파의 준동'을 TV를 통해 고발하던 날 역시 무더웠다. 그는 그 자리에서 주먹을 휘두르며 많은 주장을 했다. 그에 따르면 "1988년부터 1994년까지의 모든 대학 총학생회장이 주사파였다. 전국에 주사파가 3만 명이 넘었다. 심지어 운동의 족보가 달라도 많이 다른 남한의 사노맹社勞盟과 북한의 사로청社勞靑이 똑같은 족속"이라고 선언했다. 여기에 의문을 제기하는 기자에게 박홍 총장은 이렇게 외친다.

"사노맹이건 주사파건 살모사와 코브라의 차이다. 같은 독사들이다." 대학가에 주사파가 많다는 박 총장의 말이 틀린 것은 아니었다(나 역시 그들을 격렬하게 성토했으니까). 다만 그들이 '독사'가 아니라 사상의 자유 속에서 그들의 논리를 펴고 공박당할 권리가 있는 공화국의 시민이었다는 사실을 그가 망각했을 뿐이었다. 머릿속에 든 사상이 박멸한다고 박멸되는 것이 아니라는 것을, 무엇보다 제 눈에 엇비슷한 사람들을 묶어세워 그 이마에 낙인을 찍는 행동이 얼마나 무서운 행동인지를 그는 알지 못했을 따름이다.

그 후로도 '94년 더위'는 한참을 갔다. 많은 군인들이 한 달 넘게 이어진 비상대기에 비지땀을 흘렸고 수많은 학생들이 '독사'로 몰려 곱징역이라는 여름 징역을 살았다. 그리고 '정상회담'까지 다가섰던 남과 북은 다시 불구대천의 원수로 돌아갔다. 죽은 김일성이 산 남한을 뒤흔들었다고나 할까.

1994년 여름은 여러모로 기억하기 싫은 여름이다. 기록적인 무더위와 열대야의 행진, 그 사이를 관통했지만 거의 모든 대한민국 국민이 모르고 지나친 전쟁의 서슬, 그리고 정상회담이라는 반짝 기쁨과 김일성 주석의 죽음 이후 발동한 해묵은 광기와 증오의 폭발까지. 아들 녀석이 넋을 잃고 보는 드라마 〈응답하라 1994〉에서 상큼한 여학생이 경찰서 앞에서 운동가요 '바위처럼'을 부르며 율동하는 모습을 보고 나는 생각했다.

"마침내 올 해방 세상 주춧돌이 될? 해방 세상? 뭘 해방시켜?" 그토록 귀엽고 앙증맞은 그녀도 박홍 총장의 눈에는 새끼 코브라로 보이지 않았을까. 20년 전 여름은 그렇게 독살스러웠다.

무장간첩 26명을 태우고 침투했다가 1996년 9월 18일 강
릉 앞바다에서 좌초한 북한 잠수함을 남쪽 군인들이 수색
하고 있다.

2000년 남북 정상회담 직후 군복을 입은 인민군 상장 한 명이 김정일 국방위원장의 선물을 들고 왔다. 인민군 총정치국 부총국장이라는 직함을 달고 있는 그를 보고 경악을 금치 못한 사람이 있었다. 바로 1968년 1월 21일 '청와대를 까러' 왔다가 생포돼 이후 남한에서 살아온 옛 인민군 김신조 씨였다.

참으로 어이없지 않습니까. 청와대를 치러 왔던 사람이 버젓이 찾아왔으니…. 나를 좀 만나게 해주지, 왜 그냥 보냈는지 모르겠습니다. (《신동아》 2009년 7월)

197

청와대 턱밑까지 치달았던 31명의 북한 특공대 가운데 생사를 확인할 수 없던 1인이 바로 박재경 상장이라는 증언이었다. 혹독한 훈련을 함께 받은 특공대 일원이라는 점을 고려해볼 때 김신조 씨의 증언은 사실일 가능성이 크다. 그렇다면 그는 1968년 서울과 경기도 일원을 아수라장으로 만든 뒤 한국 군경의 포위망을 뚫고 휴전선을 돌파해 북으로 돌아간 '무장공비'였던 셈이다.

다큐 찍으러 간 소방서에서 생긴 일

국방부 장관과의 면담도 제안받았지만 거절하고 서둘러 북으로 올라갔다는 박재경 상장. 그는 서울 시내를 다시 밟으며 무슨 생각을 했을까. 한때 "박정희의 모가지를 떼고 수하들을 총살하러"왔던 그가 남한 대통령에게 줄 선물을 들고 왔을 때 어떤 심경이었을까. 더 궁금한 것은 도대체 김정일 국방위원장은 무슨 생각으로 박재경 상장을 선물 배달자로 보냈던 것일까. "동무들 이 사람 알아보갔소?" 하는 허세였을까. "남조선은 두 번째지요? 이번엔 좀 편히 갔다 오시라요" 하는 엉뚱한 배려였을까. 그가 주고 간 선물도 묘했다. 북한 특산 칠보산 송이버섯이었다. 송이버섯은 남쪽에도 난다. TV에 비치는 탐스러운 송이버섯을 보면서 나는 1968년이 아닌, 1996년 가을, 한국을 뒤흔들었던 49일을 떠올렸다.

당시 조연출을 맡고 있었는데 갑자기 부장님의 호출을 받았다. 하명하시는 말씀은 "너에게 입봉할 기회를 주겠다"였다. 그러더니 6mm 카메라 한 대를 들고 사건·사고가 가장 많이 벌어지는 소방서에 가서 숙식을 함께하고 거기서 벌어지는 일을 다큐멘터리로 만들어 보라는 것이다. 나는 당장 다음날부터 카메라 한 대와 테이프를 챙겨들고 모 소방서로 출근했다. 그로부터 한 달 반 동안 퇴근은 없었다.

소방관들과 숙식을 함께하면서 느낀 것은 많았다. 그중 하나는 소방관들은 정말로 못하는 일이 없다는 것이었다. 화재 진압만 그들의 업무가 아니었다. 지금은 출동 안 하는 것으로 알지만, 깜박 잊고 열쇠를 집 안에 두고 나온 사람들이 툭하면 불러대는 '시건장치 개방' 출동 건은 지천이었다.

놀다가 유아용 변기를 뒤집어쓴 것이 빠지지 않아 자지러지게 울어대는 아기를 달래며 변기를 뜯어내는 일을 하기도 했다.

하루는 경찰에서 연락이 왔다. "절도 신고가 들어왔는데 방법이 없네요." 얘기인즉 해외 연수를 떠나 비어 있는 윗집에서 별안간 쿵쿵 소리가 나고 인기척이 심하게 난다는 아랫집의 신고였다. 열쇠를 따고 들어가 보면 되지 않나 했는데 그게 무슨 이유에선가 여의치 않았다. 그래서 누군가 고가 사다리차를 타고 집 안에 들어가 확인을 해야 했다. 경찰관이 그 일을 할 수는 없었으니 소방서에 도움을 청한 것이다. 현장에서 소방관 한 명이 올라갈 채비를 하는데 휘적휘적 맨몸으로 올라가기에 누가 있을지 모르니 몽둥이라도 하나 챙기시라고 하자 코웃음을 쳤다.

"내가 특공대 출신이에요. 걱정 말아요."

아닌 게 아니라 소방관, 특히 구조대원들은 특수부대 출신들이 꽤 많았다. 체력과 용기를 기본으로 갖춰야 할 직업이기 때문일까. 요샛말로 '식스팩'은 기본이고 떡 벌어진 어깨에 알통도 화려했다. 쉬는 시간이면 그분들의 군대 이야기에 시간 가는 줄 모르고 입을 벌렸다. 그중 나이 지긋한 분의 입에서 '무장공비의 추억'이 흘러나왔다(공비는 중국 국민당 시대에 공산당의 지도 아래 활동하던 게릴라를 공산 비적匪賊이라고 욕하며 부르던 데서 유래했다). 1978년 일어났던 광천 무장공비 침투 사건이었다.

무장간첩들이 미군 레이더 기지를 정찰하러 왔다가 시골 아주머니 세 명에게 발각되자 그중 두 명을 살해한 다음 육로로 북상해, 민간인 다섯 명을 살해한 뒤 김포 지역의 한강을 도하해서 북으로 멀쩡히 살아 돌아갔던 사건이었다. 고의인지 우연인지 자신들의 행적들을 소상히 적은 일지를 놔두고 가서 각 지역 경비책임자 사이에서는 곡소리가 났다고 한다. 이 얘기를 꺼낸 소방관은 당시 책임 소재가 컸다는 1공수여단 소속이었다. "어깨를 맞닿다시피 하고 탐침봉으로 산을 쑤시고 다녔는데…. 공비들은 무슨 투명 인간 같았어. 북으로 올라갔다는 말 듣고 얼마나 허탈하던지. 걔들이 병원에서 식량을 구하다 그랬나. 애 낳은 산모를 죽였다는 말을 듣고 반드시 잡아 죽이겠다고 다짐 다짐을 했는데."

그로부터 며칠 뒤 여느 날처럼 일과를 시작할 무렵 한 소방관이 휴게실

199

로 들어와 외쳤다. "TV 켜봐. 북한 잠수함이 강릉에 나타났대." 1996년 9월 18일 이른바 강릉 무장공비 침투 사건의 시작이었다. 파도에 힘없이 흔들리는 북한의 상어급 잠수함이 계속 시야를 어지럽혔고 긴장된 어조의, 기자들의 리포트가 끝없이 이어졌다. 몇 명인지 모를 '무장공비'들이 해안에 상륙한 것으로 파악됐고 강릉과 강원도 북부 일대는 전시 상황을 방불케 하는 비상경계가 펼쳐졌다.

박재경의 송이버섯, 남한 할머니의 송이버섯

출동 신호가 울리지 않으면 구조대원들은 TV 앞을 떠나지 않았다. 그들만이 그런 것은 아니었다. 수십 명에 달할지 모르는 대규모의 '공비'가 급작스레 이 땅에 출현한 상황이었으니. 영해 침범과 스파이 혐의는 분명했지만 꽁치잡이 그물에 잠수함 스크루가 엉키면서 좌초한 사고가 원인인 것 같았기에(북한도 그렇게 주장했다) "잠수함 승무원들이 손들고 나오면 문제 해결되는 거 아닌가?" 하는 섣부른 기대도 있었다. 그러나 집단 자살한(또는 처형당한) 잠수함 승조원들의 시신이 발견되면서 평화로운 해결의 기대는 물 건너갔다.

공수부대원들이 투입됐다는 뉴스가 들려오고 그들이 헬리콥터에서 레펠을 타고 내려오는 자료 화면이 연속 등장할 때 한 소방관이 이런저런 설명을 해주었다. 어떤 목적으로 저기에 투입되며 저렇게 투입된 뒤엔 어떻게 행동한다는 것 등. "일단 산 정상에 저렇게 내린 다음 아래로 훑어내리는 거지. 하지만 겁나죠. 적은 우리 위치를 알고 행동을 예측하는데 우린 까맣게 모르는 곳을 훑어야 하니까." 바로 몇 시간 뒤 레펠 타고 투입된 공수부대 하사관 한 명이 무장간첩의 총에 맞아 전사했다는 속보가 떴다. 얼어붙은 듯 화면만 지켜보던 소방관에게 나는 말도 붙이지 못했다.

강원도 북부 일원은 전쟁 상태였다. 도망갔다고 추정되는 14명의 무장간첩들을 소탕하기 위해 수만 명의 병력이 동원됐고 통행금지가 실시됐다. 어선들은 바다에 나가지 못했고 마음 놓고 산에도 오르지 못했다. 무장간첩들도 하나 둘 죽어갔지만 이쪽의 생때같은 젊은 군인들도 목숨을 잃었다.

200

경계하는 병사들의 눈에는 핏발이 섰고 생사를 넘나드는 공포 속에 아군이나 민간인을 쏘아 죽이는 오발사고도 수차례 발생했다.

추석은 9월 27일이었다. 전국적으로 귀성 정체가 이어졌지만 강원도는 사정이 달랐다. 어느 지역까지 허용해야 하고, 무장간첩이 성묘객 틈 속에 끼어드는 일은 어떻게 막아야 하는지 골칫거리였다. 명절을 맞아 성묘 가는 사람들에게는 특별한 준비물이 공지됐다. 태극기와 주민등록증을 소지하라는 것. 강원도 북부 작전지역의 주민들은 태극기를 들고 성묘하러 가는 진풍경을 연출해야 했다.

추석 전에 작전을 끝내겠다는 각오는 물거품이 됐다. 무장간첩 토벌 작전은 계속됐고 강원도의 시련은 계속됐다. 서울은 평소와 다름 없었다. 강남 유흥가에 발생한 화재 현장을 다녀오면 젊은 군인들의 전사 소식이 전해졌고, 무장간첩 토벌 현장에서 육군 대령이 무장간첩의 조준 사격에 전사했다는 뉴스 소식에 아연실색하기도 했다. 일상은 일상대로 전투는 전투대로 진행되던 기묘한 나날.

그 가운데 슬펐던 건 무장간첩들에게 참혹하게 살해당한 민간인들 소식이었다. 그들이 작전지역에 들어가는 위험을 감수했던 이유는 송이버섯 때문이었다. 가을이 제철인 송이버섯은 지역 주민들의 주요 소득원이었는데 송이를 따러 갔다가 무장간첩과 마주친 것이다. 두 명은 달아나다가 총을 맞았고 걸음이 느린 할머니는 목이 졸렸다. 송이버섯과 바꾼 세 명의 목숨.

소방서 근무를 끝내기 며칠 전, 마지막 무장간첩 두 명이 사살됐다. 이들의 죽음으로 강릉 무장공비 침투 사건도 막을 내렸다. 기가 막힌 일은 사살된 무장간첩들을 조사한 결과 엉뚱한 사람의 옷과 유류품을 보유하고 있었던 것이다. 그리고 그들이 세세히 기록한 활동 일지에는 포위망을 넘나들면서 스키장, 전자오락실에서 밤을 보내거나 식당에서 매운탕을 태연히 시켜 먹은 사실, 그리고 국군 병사 한 명을 죽이고 옷을 빼앗은 사실 등이 기록돼 있었다. 부랴부랴 조사해보니 노도부대 소속 표종욱 일병. 그는 싸리나무 채취 작업 중 사라졌고 군은 제대로 조사하지도 않고 탈영 처리를 해버렸다. 소지품에서 연애편지가 나왔다는 이유만으로 "여자 문제가 복잡했다"고 단정한 것이다.

탈영병 가족이 돼 헌병대의 닦달을 받던 표종욱 일병의 가족은 무장간첩 사살 뉴스를 보던 중 소스라치고 말았다. 그들이 지닌 시계 중 하나는 표일병의 누나가 동생에게 준 선물이었던 것이다. 표종욱 일병의 사망 소식이 뉴스로 전해지는 상황에서도 헌병대는 누나에게 전화 추궁을 하고 있었다. 기가 막힌 누나가 뉴스도 안 보냐, TV도 안 보냐고 반문했을 때 헌병대의 답은 "뉴스가 장땡이냐?"였다고 한다. 이 뉴스를 보면서 분통을 터뜨리는 와중에 과거 광천 무장공비 사건을 경험했던 소방관이 말을 받았다. "그때도 한 군인이 실종됐는데 도무지 탈영 이유가 없었지만 탈영으로 처리했었지. 시신을 발견하지 못했으니 진짜 탈영일 수도 있었겠지만."

고작 '안보의식 강화'가 교훈일 수 있나

1996년 가을 강원도를 뒤흔들었던 무장간첩 침투 사건은 그렇게 일단락됐다. 이 사건에서 떠올리는 단어가 있다면 '반복'이다. 분단 시대의 남과 북은 지겨울 정도로 비슷한 패턴을 유지, 반복해왔다. 그것은 강릉 잠수함 침투 사건에서도 마찬가지였다. 1996년 송이버섯을 캐러 들어간 민간인들이 죽음을 당한 곳은, 1968년 이승복 어린이 가족이 죽음을 당했던 곳에서 몇 킬로미터밖에 떨어져 있지 않았다. 30년을 사이에 두고 똑같은 상황과 루트에서 사람이 죽어나간 것이다.

수만 명이 총동원돼서 눈에 불을 켜고 수색하는 와중에도, 그 이전이나 강릉 때도 무장간첩들은 꼼꼼한 활동 일지를 작성하고 있었다. 그리고 자신들의 행동에 저해되는 이들은 민간인이든 군인이든 가리지 않고 죽였다. 많은 희생자를, 그리고 그에 상응하는 원한을 만들어 냈다. 강릉 작전에서 유일하게 생포된 무장간첩 이광수가 전향한 뒤 어느 행사에서 작전 중 희생된 대령의 아들에게 손을 내밀었는데 고인의 아들은 차마 그 손을 잡지 못했다고 했다. 몸에 고문당한 흔적이 역력한 채 팬티만 남기고 발가벗겨진 채 버려진 표종욱 일병의 가족들 마음은 또 어땠을까.

1996년 가을, 우리가 경험한 사건은 작은 전쟁이었다. 단 26명 때문에 5만 대군의 발이 묶이고 수십 명의 목숨이 생으로 날아간, 서로가 서로의 생명을 앗으려던 살벌한 전쟁의 축소판이었다. 송이버섯철, 관광철, 고기잡이철에 맞춰 발생한 이 사건으로 강원도 지역 경제는 치명적인 타격을 받았고 그 트라우마는 오래도록 남았다. 그런데 이 사건은 우리에게 무슨 교훈을 주고 있을까.

안보의식의 강화? 그러나 안보의식이 투철하던 시절에 무장간첩은 오히려 더 많이 나타났다는 사실을 기억했으면 좋겠다. 오히려 일부 우익 세력이 안보의식이 해이해질 대로 해이해졌다고 주장하던 그 시기에 '공비' 소리가 들리지 않았다는 사실을 상기했으면 좋겠다. 진정한 안보란 '공비'를 완벽하게 막는 일이 아니다. 해안선에 철조망 다시 둘러치고 포상금을 강화한다고 이루어지는 것이 아니라 '공비'가 출몰할 근거를 없애는 평화체제 구축을 통해 완성되는 것이다. 그해의 강원도를 돌이키며 다시는 이런 일이 반복되지 않기를 바란다. 죽어간 인민군들이 정녕 '마지막 공비'가 되고 다시는 그런 일이 생겨 아픔과 원한을 쌓는 일이 없기를 바랄 뿐이다.

1997년 중국으로 탈출한 뒤 함께 모여 식사를 하던 탈북자들. 그들은 "이렇게 음식을 풍족히 먹어본 적 없다"고 말했다.

1990년대는 사실상 '혁명 그 후'의 시기였다. 1990년이 밝아오기 직전, 1989년 동구권 각국은 탈공산화 해일에 휩쓸렸다. 폴란드가 다당제를 선택했고 헝가리가 '철의 장막'을 스스로 걷어치웠으며 동베를린과 서베를린을 가르던 베를린 장벽이 무너져내렸다. 한때 반파쇼 투쟁의 영웅이었던 루마니아 지도자 차우셰스쿠는 민중 봉기를 피해 도피하던 중 혁명군에 사로잡혀 백 발이 넘는 총탄을 맞고 벌집이 된 채 죽어갔다. 그리고 1990년 독일민주공화국 동독도 역사 속으로 사라졌으며, 1991년에는 한때 '핍박받는 민족과 착취 받는 노동 계급'의 별 같은 희망이었던 소비에트 연방이 낫과

망치를 역사의 장막 뒤로 던지고 퇴장했다.

한국의 진보 세력 사이에서 "본인은 사회주의자이며, 사회주의자는 인간의 건전한 상식이 선택하는 자랑스런 칭호입니다(인천지역민주노동자연맹 사건 관련자 윤철호 씨의 법정 최후 진술)"라는 커밍아웃이 터져 나왔던 것이 1990년이었다는 사실은 슬프기만 하다. 윤철호 씨는 루마니아 검사가 "인간의 존엄과 사회주의의 제 원리를 위반한 차우셰스쿠"를 탄핵했음을 들면서 사회주의와 인간의 존엄은 동격으로 거론되고 있다고 주장했다. 그러나 사회주의 인민들은 그 순간에도 그들을 지배해온 사회주의로부터 벗어나려고 애쓰고 있었으니 이 어찌 공교롭지 아니한가.

특명, 북한 출신 아빠의 도전

동구권의 몰락 이후 관심의 대상이 된 것은 북한이었다. 1990년대는 북한이 가까이 다가왔던 시기였다. 이전에야 북한은 책에서나 접하는 신비의 세계였고 라디오를 들으면 어쩌다 나오는 불청객 같은 나라였다. 하지만 '북한에서 온' 사람들을 직접 만나게 됐고 '남침야욕'을 제외하고도 북한이 내 삶에 큰 영향을 미칠 수 있음을 절감하게 되었다. 그것은 비단 내 개인적인 경험만은 아니었다.

철저한 반공 교육을 받은 세대는 '펠라그라'라는 이름의 병을 기억할 것이다. 북한 국민들이 영양실조로 걸리는 병인데 주로 단백질 부족으로 발생한다. 북한을 아프리카에 맞먹는 기아 지옥으로 교육받았지만 이 편견은 대학에 입학한 뒤 "적어도 1970년대까지는 북한이 한국보다 나았다"는 사실을 접하면서 깨졌다. 적어도 북한이 남한보다는 훨씬 못하지만 괴물이 아닌 '사람이 살고 있는' 나라로 여기게 되었다. 그런데 북한에 진짜 '펠라그라' 시대가 도래했다는 뉴스가 등장했다.

"수백만 명의 북한 사람들이 굶주리고 있으며 최소 수십만 명은 굶어 죽었다."

북한에 호의적인 이들 중 일부는 제국주의자들의 모략선전이라고 핏대를 세웠다. 나 역시 처음에는 북한 사람들에게 밀어닥친 재앙에 가까운 굶주림을 선뜻 믿지 못했다. 북한의 참상이 생생히 알려지고 북한이 세계에 도움을 청하는 지경에 이르러서야 현실을 수용할 수 있었다. 북한의 참상은 끔찍했다.

그즈음 북한의 형편을 입증하는 신조어가 있었으니 '탈북자'라는 단어였다. 검색해보면 이 단어는 1994년 이후 간간이 등장한다. 기아에 시달리다 못해, 아니면 정치적 압박에 직면하여 북한을 탈출한 이들이 본격적으로 우리 옆에 나타났음을 의미한다. 처음에는 가물에 콩 같았던 그들은 몇 년 지나지 않아 우후죽순처럼 많아졌고 급기야 나와도 마주치게 됐다.

처음 만난 탈북자는 꽤 유명한 사람이었다. 김일성 주석과 먼 친척이라는 특권층 출신이었기에 장안을 떠들썩하게 했던 인물이었다. 나는 그를 〈특명 아빠의 도전〉 출연자로 만났다. 〈특명 아빠의 도전〉은 아빠들에게 어떤 과제를 주고 일주일 동안 맹렬히 연습하여, 가족의 소원 상품 타기 도전에 나서는 프로그램이었다. 북한에 처자를 두고 탈북한 처지였으나 남한에 와서 새로운 가정을 꾸렸고 그 가족의 '특명 아빠'가 된 것이었다. 촬영 나가기 전 작가가 했던 말이 지금도 기억에 남는다.

"북한 아빠의 특성을 잘 살려주세요."

작가는 어눌하고 순박한, 자본주의에 물들지 않은 순정남 같은 '북한 아빠'를 구성안에 써놨지만 특명 아빠는 그런 분위기와는 거리가 멀었다. 애초 북한에서나 남한에서나 받을 대접은 웬만큼 다 받았고 산전수전 겪은 노회함으로 이미 '방송을 알아서', 본인이 판단할 때 꼭 필요한 연출 아니면 절대 응해주지 않던 깐깐한 출연자였던 것이다. 그때 몇 차례 퇴짜를 맞으면서도 이것만은 해달라고 아금바금 요청한 게 가족과의 통일전망대 방문이었다.

"거기는 와 가는데? 볼 게 뭐가 있다고." "하여간 가주세요. 사모님 모시고."

이런 입씨름을 수십 번 거친 뒤에야 나는 힘겹게 그 가족들을 통일전망대에 모시고 갈 수 있었다. 그분은 계속 투덜거렸다.

"볼 게 뭐이 있다고." 통일전망대에 가면 감정이 풀리고 북한 땅을 바라보며 눈물 짓고 하는 모습을 기대했던 나는 후회막심이었다. 그런데 방송 녹화 당일은 달랐다. VCR 속 통일전망대에 선 자신을 보면서 아저씨 마음이 점차 젖어드는 걸 볼 수 있었다. 카메라에 북한 풍광이 담길 때 비록 "아무것도 없었음에도" 울컥하는 표정, 그리고 끝내 손가락을 눈가로 가져가는 모습이 담기는 순간까지도. 녹화가 끝난 뒤 그는 이렇게 푸념했다.

"왜 저길 데려가 가지고… 생각도 안 하고 살았는데."

북쪽에선 반역자, 남쪽에선 비국민

얼마 전 나는 그를 한 방송 프로그램에서 다시 접했다. 그는 이렇게 얘기했다. "소련이 해체되는 걸 보고 기절초풍을 했고 (북한도 한국과 미국이 점령하리라는 걱정 속에) 가족이라도 살리겠다고 먼저 탈북을 했다"고 말이다. 그리고 그 다음 말에 스튜디오에서는 폭소가 나왔는데 나는 가슴이 아팠다. "북한이 이렇게 오래갈 줄 알았으면 안 나왔을 겁니다." 그 역시 1990년 이후 세계를 뒤흔든 태풍에 휘말린 한 사람이었다.

그는 최근 방송에서 "북한으로 돌아가고 싶기도 했다"는 말을 해서 스튜디오를 술렁이게 했다. 이유를 묻는 사람들에게 "남한에는 아무도 없다. 기쁠 때 슬플 때 이야기를 나눌 아무도 없었다"고 답하는 그를 보며 15년 전 그가 열을 내며 했던 이야기를 떠올렸다. 1997년 이한영 피살 사건이었다. 북한 최고위층이었던 이한영은 남한에서 망명자로 살다가 밝혀지지 않은 범인의 총격에 피살됐다. "이건 남북이 같이 죽인 거야. 북한이야 죽이고 싶었고 남한은 귀찮아서 눈감아 주고. 안 그러면 증거 다 있는데 왜 잡을 생각을 안 하는가. 그 생각을 할 때마다 우리 처지가 좀 그래. 결국 북한에서는 반역자 되고 남에서도 국민 대접 못 받는구나 싶어서."

그 이후 나는 심심찮게 '북한 이탈 주민'들을 만났다. 북한의 여자 아이스하키 선수였던 황보영 씨도 그중 하나였다. 그녀는 이후 한국 대표팀으로 국제 경기에 출전했다가 북한 선수들에게 반역자 소리를 듣고 벙어리 냉가슴을 앓았다고 했다. 그녀를 인터뷰하던 중 가장 힘든 게 뭐냐고 물었더니 이렇게 이야기했다. "질문하는 거요. 북한은 정말 굶어 죽냐. 정말 이러이러하냐 다 아는 걸 묻고 또 물어요. 아는 걸 왜 묻는지 모르겠어요."

그로부터 몇 년 뒤 나는 색다른 제보를 받게 되었다. 탈북자가 업주로 북한 출신 여성들을 고용해서 '남성 편의 시설' 즉 성매매 업소를 운영하고 있다는 것이었다. 그 뒤 몇 번 보도 된 바 있으나 당시 통일부 관계자를 만났을 때 "이런 사실이 있다는 사실 자체를 수용하기 어렵다"는 토로를 들을 만큼 민감한 사안이었다. 사실 확인을 위해 현장에 잠입했을 때 그곳에는 실제로 탈북 여성들이 있었다. 이런저런 대화를 하던 중 나는 앞서 얘기한 황보영 씨가 그렇게 싫어하던 질문을 또 하고 말았다.

"정말 그렇게 많이 굶어 죽었나요?"

한동안 탈북 여성은 입을 한일자로 다물고 나를 바라보았다. 난처해져서 그냥 궁금해서 여쭤본 거라 얼버무리고 다음 얘기로 넘어가려는데 그녀는 내게 찌르듯 질문을 해왔다. "선생님. 사람이 굶어 죽을 때 어떻게 죽는 줄 아십니까?" 함경도 억양이 그렇게 건조할 수 있다는 건 처음 알았다. 급작스런 반문에 당혹감을 감추지 못하는 내 눈을 똑바로 쳐다보면서 그녀는 말을 이어갔다. "아침에 잠을 깨서는 누워서 동생하고 얘기를 합니다. 오늘은 어드메 가서 뭘 먹을까. 어찌 구할까. 그렇게 아이가 웃기도 하고 얘기도 하다가 갑자기 말이 없단 말입니다. 그래서 어찌 말이 없니 하면서 일어나서 보면… 애 얼굴 위로 파리가 왱왱 돌아다닙니다. 기러문 죽은 겁니다. 내 형제 다섯 중에 셋이 그렇게 죽었습니다."

눈앞이 아득했다. 마치 영화 〈쉬리〉에 등장하는 북한군 중좌 박무영(최민식 분)이 영화에서 내지른 일갈을 받는 느낌. "우리의 소원은 통일 꿈에도 소원은 통일 니들이 한가롭게 그 노래를 부르고 있을 이 순간에도 우리 북녘에 인민들은 못 먹고 병들어서 길바닥에 쓰러져 죽어가고 있어. 나무껍데기에 풀뿌리도 모자라서 이젠 흙까지 파헤쳐 먹고 있어!" 여기에 내가 만난 그녀들은 이렇게 덧붙이고 싶었을 것이다. "아홉 나라 국경을 목숨 걸고 넘어 한국에 와서는 이렇게 서울의 밑바닥을 쓸고 있어. 궁금하나? 뭐가 그렇게 궁금하나? 알고는 있는 거가? 모르는 체하는 거가?"

내키지 않는 마음으로 경찰과 함께 그들의 '업소'를 단속했을 때 그녀들은 덫에 걸린 호랑이들처럼 울부짖으며 경찰과 취재진에게 저항했다. "부모 형제 가운데 다섯이 굶어 죽는 꼴을 보고" "조국의 반역자가 되어" "일곱 번의 죽을 고비를 넘기며" 한국에 온 그녀들의 절규에 나는 할 말이 없었다. 선배 PD는 "이것이 불법인지는 아느냐?"고 냉철하게 물었지만, "PD 양반, 나랑 같이 강남에 가자. 그 번쩍거리는 룸살롱들 들어가서 여기는 불법입니다 외치면 내 당신 인정해줄게" 하는 그녀들의 반박에 더 귀가 쏠렸던 탓이다. 그녀들은 울부짖었다.

"우리는 이것도 못하는가."

탈북자 2만 명 시대, 업의 무게

그녀들의 등을 떠밀어 벼랑으로 내몬 것은 누구이고, 그녀들을 두고 정신이 썩었다고 말할 만한 용사는 누구일까. 과연 내가 하는 일이 옳은 일인지 하다못해 누군가에게 유익하기라도 한 일인지, 또 방송을 한다는 것이 어떤 파장을 불러올 것인지 등등 머리가 터질 듯한 시간을 보냈다. 결국 이런저런 사정으로 방송은 나가지 못했다. 완성된 디지털 비디오테이프는 꽤 오랫동안 책상 서랍 속에 보관돼 있었지만 이사를 다니면서 어디론가 사라져버렸다. 쓰레기장에 가지 않았다면 다른 용도로 재생됐을 것이다.

이렇게 이래저래 수십 명이 넘는 '북한 이탈 주민'들을 만나면서 든 생각은 이것이었다.

"이건 업이다. 우리 조상들이 멍청해서 남북이 갈렸고 그들이 전쟁까지 치르고 갈라진 업을 우리가 지금 받고 있는 거다. 우리가 지금 이들 문제를 잘 해결하지 못한다면 우리 아들들이 손자들이 이 업을 물려받게 될 거다."

1990년대는 그 '업'의 무게가 우리 어깨에 드리워지기 시작하던 시기였다. 2000년 6월 김대중 대통령의 평양 방문 직후 마주쳤던 탈북자의 말이 잊혀지지 않는다.

"작년에는 참 겁났습니다. 서해 교전(1999년 6월 일어났던 전쟁 후 최초의 군함끼리의 '정규전') 때는 정말 이러다 무슨 일이 나는 거 아닌가 싶고. 우리야 옷 한 벌 입고서 하늘에서 툭 떨어진 고아 같은 사람들 아닙니까. 아무도 우리를 보호해주지 않을 테니까요. 하지만 오늘(대통령의 평양 방문)은 좋습니다."

그즈음 탈북자 수는 1,000명 규모였다. 지금은 2만 명이 넘었다. 그러나 그때와 지금을 놓고 볼 때 변한 것은 별로 없다. 변한 것은 더 무거워진 '업의 무게'뿐이다.

1998년 6월 정주영 현대그룹 명예회장이 '통일소' 한 마리를 끌고 북한에 들어가고 있다. 정 회장은 새끼를 밴 소를 포함해 1,001마리의 소떼를 끌고 북한으로 갔다.

1989년 즈음의 일이다. 요즘에야 후보자가 나와 선거가 치러지면 다행이지만 당시의 대학 총학생회 선거는 총선이나 대통령 선거에 뒤지지 않을 만큼 불꽃 튀는 승부의 연속이었다. 그만큼 후보들의 유세장은 진지하다 못해 살벌하기까지 했다. 지금은 한 방송사에서 중견 기자로 활약하고 있는 총학생회장 후보가 '통일운동'에 모든 것을 걸다시피 하던 상대편 진영을 빗대 이렇게 비꼬았다.

"임수경 학생이 통일의 꽃이라면 정주영은 통일의 할아버지란 말입니까?" 그 말이 나오자 유세장 분위기는 눈에 띄게 싸늘해졌고, 나는 몇몇 학생이 욕설을 하며 나가는 것을 목격했다. 격노한 학생의 속내는 어디에 누구를 갖다 붙이느냐는 것이 아니었을까. 정주영, 그런 나쁜 사람을 어디 '통일의 꽃'에 갖다 붙이느냐는 항변이었을 터이다. 전대협 대표로 북한을 다녀온 임수경은 통일운동의 상징이자 "세상 어디에도 없는 꽃(고 문익환 목사)"으로, 추석날 총학생회에서 마련한 귀성차량 창문에 덕지덕지 사진을 붙여가며 칭송했었다. 그런데 비슷한 시기 북한에 가서 김일성 주석과 회담을 하고 금강산 개발 의정서까지 받아온 현대그룹 정주영 회장을 "통일의 할아버지"에 빗댄 것을 그 학생들은 왜 그리 불편했을까.

"혁명 나면 숙청될 빅 3중 하나"라는 농담

1980년대 말부터 1990년대의 '현대특별시' 울산은 그야말로 한 시대의 자본과 노동의 예봉이 첨예하게 맞붙고 충돌하던 최전방, 최전선이었다. 지금은 형편이 많이 달라졌지만, 현대중공업의 경우 최전방 중에서도 전투가 불을 뿜는 위험지대였다. 1988년 겨울, 현대중공업 사측 경비원들이 현대중공업 노조원들의 옆구리에 식칼을 박아넣었던 것은 그 예중 하나일 뿐이다. 이 사건과 맞물려 장장 128일 동안 전개됐던 노동자들의 투쟁과 1990년 벽두를 장식한 '골리앗 파업'의 기억이 생생한 사람들에게 현대그룹 회장 정주영이라는 이름은, 탐욕과 잔인함으로 버무려진 '악질 자본가'의 상징 그 이상도 이하도 아니었다. 더구나 그로부터 몇 년 전 삼성그룹의 창업자가 별세한 이후 한국을 상징하는 대재벌이란 '왕회장' 외에는 달리 없었다. 아닌 말로 한국에서 "혁명이 나면 숙청될 빅 3중의 하나"라는 농담이 오가는 때였는데 "통일 할아버지"라니, 될 말이 아니었을 것이다.

그즈음 〈야망의 세월〉이라는 드라마가 방송되었다. 이 드라마는 한때 6·3 학생 시위를 주도했던 한 인물이 기업체에 입사하고 입지전적으로 성장해가는 과정을 그리고 있는데, 주인공의 롤모델은 다름 아닌 현대건설 사장 이명박이었다. 주인공이 현대건설에 다니니, 자연스럽게 현대그룹 정주영 회장을 연상시키는 배역도 있었다. 탤런트 이영후 씨가 열연했는데 평안도 사투리를 구수하게 쓰면서도 성미 급하던 '회장님'이 그였다.

재계에서나 알아주던 '이명박'의 이름을 대중적으로 알린 드라마는 성공을 거두었다. 그 후 1991년 11월, 정주영 회장은 대한민국을 거친 소용돌이로 몰아넣는다. "국세청이 관례와 법규를 뛰어넘어 부당한 과세를 했다"는 이유로 1,300억 원의 세금을 "못 내겠다"고 선언해버린 것이다. 특유의 비음과 혀 짧은 목소리로 "돈이 읎어서 세금 못 내겠습니다"고 야무지게 말하던 모습이 눈에 선하다. 이때 대학가에서는 정주영 회장의 납세 거부 선언을 빗댄 노래가 불렸다.

개같이 벌으래서 돈만 벌었다. 더러운 돈 좋아해서 갖다 바쳤다. 방위성금 이웃돕기 많이도 냈다. 딱 한 번 밉보이니 1,300억 세금 때려 열 받아 세금 못내 돈 없어 세금 못내!

'무료급식' 공약 내건 정주영 대선 후보

이뿐이 아니었다. 정주영 회장은 벌금을 못 내겠다는 데에서 한 발 더 나아가 직접 정치에 참여하겠다고 선언했다. "1980년 국보위 시절 정치권이 임의로 기업을 통폐합하는 것을 보고 언젠가는 정치에 참여할 것이라고 결심"했다는 그는 "박정희 대통령에게는 5억씩 줬다가 20억으로 올렸고, 전두환 대통령에게는 추석에 20억, 연말에는 30억, 제6공화국 들어서는 한 번에 50억씩이었다가 1990년에는 추석에 50억, 연말에 100억을 줬다"면서 기업가답게 구체적인 수치까지 들이밀며 정치권을 규탄했다. 그러고는 "6공 정부가 망쳐놓은 경제 위기 등 국가적 위기 상황에 나만 편히 살 수 없다"면서 정치 참여를 못 박아버렸다. 참여 정도가 아니라 '대통령 선거 출마'의 공식화였다.

재벌 회장이 정당을 만들고 그 정당의 총재가 되어 대통령 선거에 출마한다는 것은 지금으로서도, 당시로서도 있을 법한 일이 아니었다. 오죽하면 사람들이 드라마에 빗대 '노망의 세월'이라고 했을까. 그러나 '시련은 있어도 실패는 없던' 이 회장님 앞에서 그 일은 실제로 일어나고 말았다.

500원짜리 지폐를 들고 영국은행 물주 앞에서 "우리는 16세기에 철갑

선 만든 사람들이오!"를 부르짖던 그 배짱으로, 수십 톤 바윗덩어리들도 공깃돌처럼 물살에 쓸려나가는 바다에서 "유조선을 가라앉혀 물길을 막아라"라고 했던 그 순발력으로 정주영 회장은 통일국민당을 창당했다. 그리고, 그해 봄에 치러진 총선에서 수십 명의 국회의원을 배출하는 저력을 발휘했다. "수십 년 전 외상값까지 다 찾아내는"(국민당 소속으로 국회의원에 출마했던 코미디언 고 이주일 씨의 증언) 정권의 방해도 무릅쓰고서였다. 평소 업무에 소극적인 부하 직원들에게 "해봤어?"라는 말을 입버릇처럼 했다는 정주영 회장. 그는 아마 "회장님 왜 이러십니까? 대통령 출마는 안 됩니다"라고 막아서는 이들에게 이렇게 일갈했는지도 모른다. "당신, 출마해봤어?"

정주영 '회장님'이 정주영 '의원'을 넘어 정주영 '대통령'으로 달려가던 몇 달 동안 수많은 말과 사건들이 터져 나왔다. 통일국민당 중앙당사에서 근무하는 당직자의 태반은 현대그룹 임직원들이었다. 물론 다들 회사에 사표는 제출하고 왔다지만 내는 사람이나 받는 사람, 그 사표를 믿는 사람은 없었을 것이다.

정주영 후보의 공약은 지금 떠올려도 혁명적이었다. 경부고속도로를 이층으로 만들겠다는 기발한 공약도 있었고 아파트를 반값으로 공급하겠다고 약속했고 학생들에 대한 '무료급식' 같은 예언적인 공약도 있었으니까. 여기서 "나는 돈이 많다. 남의 돈 받고 정치 안하고 내 돈으로 하겠다"고 했으니 결국 정주영 회장은 정권 쟁취 과정을 일종의 응찰 과정으로 생각했는지도 모른다.

하지만 정주영 회장의 외도는 참담한 실패와 해프닝으로 끝났다. 대한민국은 정치 후진국이었지만 한 재벌이 자신의 돈으로 정권을 사들이는 것을 간과할 만큼 후진적이지는 않았다. 선거가 끝난 지 얼마 안 되어 통일국민당은 마치 도산한 회사처럼 공중분해됐고 정주영을 믿고 정치에 뛰어든 이들은 (이를테면 연세대 김동길 교수 같은) 낙동강 오리알 신세가 돼버렸다. 정주영 회장은 정치에 뛰어드는 것도 빨랐지만 그로부터 발을 빼는 건 전광석화를 능가했다. 이렇게 그의 말년이 끝났으면 그가 수십 년 쌓아올렸던 '야망의 세월'은 '노망의 세월'로 마무리됐을 것이다. 그런데 그는 또 한 번의 변신을 한다. 한 대학의 총학생회장 후보가 말했듯, "정주영이 통일의 할

216

아버지냐?"는 비아냥을 현실화시킨 것이다.

7박 8일 방북 연회에서 고른 '아침이슬'

1992년 대통령 선거가 끝난 뒤 그가 찾은 곳은 유조선으로 물길을 막고 간척사업을 벌여 만들었던 서산농장이었다. 부하 직원에 따르면 정주영 회장은 15년 동안 매일 새벽 5시에 전화로 '영농 현황 보고'를 받고 송아지가 새로 몇 마리 태어났는지, 논에 물은 충분히 차 있는지를 파악했다고 한다. 그의 이런 집착은 홀연히 떠나와서 다시는 돌아가지 못하게 된 고향 땅에 이유가 있었다.

"서산농장은 그 옛날 손톱이 닳아 없어질 정도로 돌밭을 일궈 한 뼘 한 뼘 농토를 만들어가며 고생하셨던 내 아버님 인생에 꼭 바치고 싶었던, 아들의 때늦은 선물이다."

어쩌면 그가 선친에게 또 고향 사람들에게 뭔가를 갚고 싶은 마음은 1989년 겨울, 57년 만에 고향을 찾았을 때 싹텄는지도 모른다. 남북의 경제 상황이 역전된 지 불과 10여 년 정도였지만, 북한으로서는 최전방 오지에 속할 강원도 통천군 송전면 아산리, 정주영 회장 고향의 경제적 사정은 눈에 띄게 좋지 않았다. 자신을 맞이한다고 나일론 옷가지로 추위를 가리며 덜덜 떠느라 이를 부딪치던 친척들에게 옷가지를 내놓은 그는 고향과 이별하면서 숙모에게 와이셔츠 한 벌을 주고 왔다.

"깨끗하게 빨아서 저기 걸어둬요. 다음에 와서 입게."

그 약속은 오랫동안 지켜지지 못했다. 새하얀 와이셔츠가 그 색이 바랠 만큼의 세월이 흐른 뒤에야 그는 다시 북행길에 오를 수 있었다. 이번에는 그의 뒤로 대단한 일행이 따랐다. 서산농장에서 애지중지 키운 500마리의 소들과 함께 휴전선을 넘기로 한 것이다. 1998년 6월 16일 새벽, 상기된 표정으로 기자들을 대하던 정주영 회장의 육성을 들으며 눈물이 핑 돌았던 기억이 난다. "청운의 꿈을 안고 아버지 소를 판 돈 70원을 가지고 집을 나섰습니다." 원래 발음이 새는 그의 목소리가 더 떨렸다. "이제 그때 그 소 한 마리가 500마리의 소가 되어 지난 빚을 갚으러 꿈에도 그리던 산천을 찾아

217

갑니다. 이번 방북이 단지 한 개인의 고향 방문을 넘어 남북이 같이 화해와 평화를 이루는 초석이 되기를 진심으로 기원합니다."

적어도 그 순간만큼 정주영은 탐욕스런 재벌 회장이 아니라 찢어지게 가난한 농군의 자식으로 소 판 돈을 훔쳐 대처로 나온 두메산골의 청년이었다. '돌아가는 탕자'였다. 분단과 가난의 늪에서 함께 허우적거렸던 그 시대의 수천만 한국인 중 하나였다.

프랑스의 철학자 기 소르망이 "20세기 최후의 전위예술"이라고 감탄했던 소떼의 행렬은 그 뒤로도 이어졌다. 소 501마리를 더 보내 도합 1,001마리가 북으로 갔다. 1,000 플러스 하나. 왜였을까. 그건 정주영 회장의 다짐이었다고 한다. 딱 떨어지는 1,000에 그치지 않고 또 하나의 시작을 의미하는 한 마리를 더 넣음으로써 그 이후로도 계속 지원과 교류가 이어지게 하리라는 다짐이었고 기원이었던 것이다. 또 일부러 새끼를 밴 소들을 집어넣었다고 하니 사실은 1,001마리보다 더 많은 소들이 북한 땅에 갔던 셈이다.

7박 8일의 방북 기간에 정주영 회장은 다시 고향에 가서 친척들을 만났고 김정일 국방위원장도 만났다. 김정일 국방위원장이 정주영 회장을 어떻게 생각했는지는 사진 한 장을 보면 알 수 있다. 이른바 '백두혈통'의 절대권력자였던 그가 기념사진을 찍을 때 중앙 상석을 정주영 회장에게 양보한 것이다. 아마 유일체제가 구축된 이후 한반도 북반부에서 그 누구도 그만한 예우를 받은 이는 없을 것이다.

방북의 말미를 장식하는 연회에서 북한 측은 정주영 회장 일행에게 노래를 청한다. 이때 정주영 회장 측이 선택한 노래는 다소 의외다. 그것은 '아침 이슬'이었다. "내 눈에 흙이 들어가도 노조는 안 된다"고 고집불통을 부리던 시절 현대중공업 노동자들이 어깨동무를 하고 목메어 불렀을 노래였다. 그러나 그에게는 또 다른 감회가 있었을 것이다.

긴 밤 지새우고 풀잎마다 맺힌 / 진주보다 더 고운 아침 이슬처럼 / 내 맘에 설움이 알알이 맺힐 때 / 아침 동산에 올라 작은 미소를 배운다 / 태양은 묘지 위에 붉게 떠오르고 / 한낮에 찌는 더위는 나의 시련일지라 / 나 이제 가노라 저 거친 광야에 / 서러움 모두 버리고 나 이제 가노라

"긴 밤 지새우고 풀잎마다 맺힌 진주보다 더 고운 아침이슬처럼" 아버지의 소 판 돈을 훔쳐 나온 청년이 가난을 딛고 일어서서 돈을 긁어모으면서 "안 돼? 해봤어?"를 부르짖던 야망의 세월과 "내 맘에 설움이 알알이 맺힐 때 아침 동산에 올라 작은 미소를 배운" 노동자들의 파업에 노발대발하며 그 조직을 깨기 위해 무슨 짓이든 서슴지 않았고 돈으로 나라를 움직여 보겠다고 나섰던 노망의 세월을 거쳐, "나 이제 가노라 저 거친 광야에 서러움 모두 버리고 나 이제 가노라." 그는 마침내 '희망의 세월'을 일구어낸 것이다. 지금의 남북으로 봐서는 아득해지기까지 한 희망의 세월을 말이다. 1990년대의 10년 동안 정주영만큼 극적인 인물이 있었을까.

```
@@@@@
@@@@@
@@
@@
@@@@@
@@@@@
    @@
    @@
@@@@@
  @@@
```

혹독한 투쟁의 시대:
분신정국에서 IMF 사태까지

1991년 잇따라 벌어진 분신·항거는 대중의 곁으로 가기보다 벽을 쌓는 결과를 낳고 말았다. 1991년 5월 3일 경원대학교 학생 천세용 씨가 교내 창조관에서 분신한 뒤 투신하자 동료 학생들이 급히 불을 끄고 있다.

한국 현대사에서 봄이라는 계절은 잔인하기 이를 데 없다. 4·19의 함성과 총성 속에 스러져간 목숨들의 봄이 그랬고, 5·18 광주로 대변되는 1980년의 봄도 그랬다. "봄은 왔으되 봄 같지 않다春來不似春"라는 2,000년 전 중국 여류 시인 왕소군의 시구는 한국의 봄을 맞아 여러 번 되풀이되곤 했다. 그중 가장 끔찍하고 떠올리기 싫은 봄을 들라면 1991년의 봄을 들겠다.

1991년 초, 서울 명지대학교는 벌집을 쑤신 듯 시끄러웠다. 그해 2월 명지대학교 당국이 일방적인 등록금 인상안을 발표한 것이다. 당시 대학교마다 들끓었던 '학내 민주화 투쟁'이 명지대학교에서도 벌어졌다. 그런데 4월

24일, 비슷한 상황에 있던 다른 대학을 방문하여 지지 연설을 하고 돌아오던 명지대 총학생회장이 연행되면서 사태가 심각해졌다. 이틀 뒤인 4월 26일에도 명지대학교에서는 대규모 시위가 벌어졌다. 한창 공방전이 오가던 즈음, 일단의 사복 체포조가 학생들의 뒤통수를 치려고 돌아들었다. 1학년 신입생 하나가 그 모습을 보고 교문 앞에서 싸우던 이들에게 이 사실을 알리려고 달음박질쳤고 전경들은 그를 추격했다.

신입생은 사력을 다해 달렸지만 학교 담장 바로 밑에서 전경들에게 따라잡히고 말았다. 시위 진압 과정에서 바짝 독이 올랐던지 사복 체포조들은 무자비한 쇠파이프질을 퍼부었다. 너무나도 순하고 착했던 청년은 전경들이 자리를 뜬 이후에도 일어나지 못했다. 병원으로 옮겨졌지만 이미 절명한 상태였다. 그의 이름은 강경대였다.

연세대에 1만 명이 넘는 대학생들이 모였다

백주에 경찰이 학생을 때려죽였다! 음습한 고문실도 아니고 경찰서 취조실도 아닌 학교 담벼락 앞에서 경찰이 학생을 때려죽였다! 터질 듯한 분노가 대학가를 휩쓸었다. 다음날 연세대학교에는 1만 명이 넘는 대학생들이 모여 분노의 파도를 형성했다. 6월 항쟁 이후 4년 만에 서울 시내 명동은 다시금 최루탄 연기로 뒤덮였으며 강경대의 초상을 가슴에 품은 학생들은 비장한 얼굴로 경찰 앞에 맨몸을 들이밀었다. 정권은 전전긍긍했고 각 신문의 1면 내지 사회면 톱은 주먹 같은 글씨로 전국에서 벌어진 시위 현황을 전했다. 학교를 떠나 있던 나 역시 강경대의 비극에 치를 떨었던 기억이 생생하다.

그런데 사흘 뒤 전혀 상상하지 못한 봉화가 오른다. 봉횃불의 불쏘시개는 사람이었다. 전남대 학생 박승희가 스스로의 몸에 불을 댕긴 것이다. 1991년 4월 30일자 〈한겨레〉 1면에 실린 분신 사진의 충격이 지금도 선연하다. 뜨거움을 못 이긴 듯 양손을 머리 위로 쳐든 채 주저앉은 한 여학생의 몸에선 시커먼 연기가 뿜어져 나왔고 한 학생이 들고 있던 가방으로라도 불을 끄려는 듯 다가서고 있는 모습. 사진이었지만 그 속에서 소리가 들렸고 그 안에선 냄새가 코를 찔렀다. 아니 왜! 왜 이런 거야. 박승희는 유서에 이렇게 말했다.

> 슬퍼하고 있지만 말아라. 그것은 너희들이 해야 할 일이 아니다. 너희는 가슴에 불을 품고 싸워야 하리. 적들에 대한 증오와 불타는 적개심으로 전선의 맨 앞에 나서서 투쟁해야 하리. 그 싸움이 네 혼자만의 싸움이 아니라 2만 학우 한 명 한 명의 손을 잡고 하는 함께 하는 싸움이어야 하리. 내 항상 너희와 함께 하리니 힘들고 괴롭더라도 나를 생각하며 힘차게 전진하라.

내가 당시 서울에서 강경대를 살려내라고 부르짖는 시위대의 일원이었더라면 여대생 박승희의 분노를 쉽게 이해했을지도 모른다. 그 속에 있었다면 박승희와 같은 마음이었을지도 모른다. 그러나 수백 킬로미터 떨어진 곳에, 그것도 열띤 대학가와 거리가 먼 군문에 들어 있던 나는 그녀의 유서를 읽으면서 공감보다는 전율이, 의분보다는 황망함이 앞섰다.

나에게 '적들에 대한 불타는 적개심'이 부족한가? 그렇다 치더라도, '한 명 한 명 싸워야 하는 지금' 박승희는 왜 살아 있는 몸뚱이로 함께하지 못하고 분신한 영혼이 되어 '나를 생각하며 전진하라'는 유언을 남겨야 했을까. 의문들이 꼬리에 꼬리를 물고 일어났다. 그 의문의 근원은 목숨을 건다는 엄청난 행위가 투쟁의 마지막이 아니라 투쟁의 신호탄이 되어버린 상황이었다.

1988년 이전까지 분신 내지 투신은 '최후의 수단'이라는 느낌이 강했다. 노동자 전태일처럼 살아서 할 수 있는 모든 일을 다 해보아도 소용이 없을 때, 즉 대통령에게 탄원을 보내고, 사장들에게 애걸하고, 노동청에 가고, 신문에 내보고, 별의별 일을 다 해도 바뀌지 않을 때, 막다른 골목에서 대답 없는 세상을 향해 내지른 절박한 외침이었다. 1986년의 김세진, 이재호 학생도 분신도 처음부터 계획한 것이 아니라 연행과 폭력을 자행하던 경찰과의 대치 끝에 일어난 최후의 항거 수단이었다. 하지만 1988년 이후 양상은 조금 달라졌다.

죽음의 행렬에 몸서리친 사람들

1988년 5월 서울대 학생 조성만은 "조국통일 투쟁"을 외치면서 할복, 투신했다. 그리고 비슷한 시기 몇몇 학생들은 광주항쟁의 진상을 밝히기를 요구하며 백만 학도의 투쟁을 호소하는 유서를 남기고 스스로의 몸을 불태웠다. 그들은 사람들의 분노와 의기를 일깨우고자 한 '선도적인 결단'으로서 스스로 죽음을 택한 것이다. 그런 식으로 간헐적으로 피어나던 불꽃들은 1991년 봄 감당할 수 없는 마그마가 되어 전국적으로 폭발했다.

역사의 부름 앞에 부끄러운 자 되어 조국을 등질 수 없어 나로부터 가노라… / 나서거라 / 투쟁의 한 길로 / 산산이 부서지거라

강경대가 즐겨 부르던 노래 '투쟁의 한길로'다. 그렇게 '역사의 부름'을 받은 것은 전남대 학생 박승희만이 아니었다. 안동대 학생 김영균, 경원대 학생 천세용이 잇따라 자신의 몸에 불을 댕겼다. 유서는 대동소이했다. 그들은 '역사 앞에 부끄러운 자'가 되지 않고자 '산산이 부서졌다'.

천세용 학생의 분신 소식을 접한 날, 나는 술에 취한 채 서울의 친구에게 전화를 걸었다. 대략 이런 내용의 주정을 했던 것으로 기억한다.

"전대협 차원에서라도 이제부터 죽는 놈은 나쁜 놈이라고 선언해야 되는 거 아니냐? 이건 미친 짓이다."

물론 백주대낮에 젊은 대학생의 생명을 앗아간 정권에 저항하여 목숨까지 내놓은 행위들이 '미친 짓'이었을 리 없다. 지금도 그렇게 생각하는데, 하물며 당시는 더욱 그랬으리라. 하지만 취한 기운에 그런 말을 내뱉은 것은 차마 맨정신에는 입 밖에 낼 수 없는, 미칠 듯한 속내의 표출이었다. 그들이 목숨까지 바쳐 얻고자 한 목적이 그 죽음의 대열 끝에 오히려 빛이 바래고, 몸으로 피워 올린 봉홧불이 외면 속에 스러질 수도 있다는 불길한 예감이 들었기 때문이다.

요즘에는 과연 같은 사람이 맞는가 의심이 들 정도지만, 한때 이 나라 양심의 상징이었던 시인 김지하가 급기야 "죽음의 굿판을 걷어치워라"라는 칼럼을 썼다. 그가 혹독한 비판을 받고 그 충격으로 정신병을 얻었다는

문제의 그 칼럼이 실린 날은 1991년 5월 5일이었다. 나도 그 칼럼에 욕을 꽤나 퍼부었다. 하지만 분기가 풀리지 않는 가슴 한구석을 칼럼 한 대목이 비수처럼 찔렀음을 부인하기 어렵다.

자살은 전염한다. 당신들은 지금 전염을 부채질하고 있다.

김지하가 칼럼을 발표한 나흘 뒤, 전민련(전국민족민주운동연합) 전 사회부장 김기설이 분신 후 떨어져죽었다. 노동자 윤용하가 불덩이가 되어 죽었으며, 고등학생 김철수도 불길 속에서 노태우 정권 타도를 외치며 산화해갔다. 그리고 날이 갈수록 과격해지는 시위와 진압 와중에 성균관대 학생 김귀정은 경찰의 토끼몰이 진압 끝에 압사당했다. 그 잔인한 봄, 강경대를 필두로 죽어간 생명은 열 손가락을 훌쩍 넘어섰다. 땅을 치도록 억울한 일은, 그렇게 제 몸을 까맣게 태우며 죽어간 이들이 무시무시한 고통을 감수하며 외쳤던 주장들이 대중들로부터 멀어진 가장 큰 이유가 그들의 죽음이었다는 것이다.

죽음이 계속되자 사람들은 그들이 죽음을 선택한 이유에 동화되기보다는 이어지는 죽음의 행렬 자체에 겁을 먹었고 몸서리를 쳤다. '열사'의 뜨거움은 넘쳐났으나 그들의 뜻을 이어받아 노태우 정권을 타도하겠다는 학생들과 일반 시민들과의 사이에 서서히 거리가 벌어지기 시작했다. 때마침 서강대학교 박홍 총장의 뜬금없는 '죽음의 배후' 주장이 먹혀들고, 세계사에서 유례를 찾지 못할 만큼 해괴한 '유서대필' 죄가 등장하여 무고한 젊은이의 평생을 앗아가버린 것은 그 간극을 참담하게 상징한다. 학생들의 순결한 희생은 '순번 정해놓고 유서 대신 써주며 몸에 불 싸지르는' 공포의 화신火神들로 낙인찍히기 시작했다.

6·3 외대 사태, 통쾌하기만 했나

이렇게 시작된 학생들과 시민들의 괴리감은 이후로도 줄어들지 못했다. 고립의 벽을 둘러친 것은 정권과 보수 언론만이 아니라 그 숱한 희생들을 이

어받겠다는 이들이기도 했다. 그 단적인 예를 나는 1991년의 봄을 끝장낸 6·3 외대 사태에서 발견한다. 전교조 교사 1,500명의 목을 친 당사자였던 정원식 총리에 대한 학생들의 '불타는 적개심'은 총리에게 밀가루와 계란을 뒤집어씌웠고, 그 행동은 상상을 넘어서는 결과를 가져왔다. 어이가 없었던 것은 당시 총학생회장 이름으로 사건 다음날 붙었던 대자보의 내용이었다.

> 어제의 투쟁에서 우리 애국 외대는 전국의 백만 학도와 4,000만 민중에게 청량제와 같은 통쾌감을 주었습니다. 7,300여 애국 외대 청년학도들을 대표하는 저는 어제(6·3)의 투쟁에서 우리 외대인이 보여준 그 기상과 의지를 너무도 자랑스럽게 생각합니다. 어제 학교를 빠져나와 안전한 곳으로 피신하면서 시민들에게서 그런 이야기를 들었습니다. '너무도 통쾌하다' '잘했다' '역시 외대는 외대다'.

아마도 총학생회장은 "통쾌하다"는 소리를 들었을 것이다. 대신 열 배는 되는 학생들에 대한 욕설은 생략하고 무시했을 것이다. 그런 말을 하는 이들은 '애국시민'이 아니라 보수언론의 악선전에 넘어간 이들의 악다구니에 불과하다고 믿으면서 말이다. 학생들은 스스로의 울타리를 그렇게 쌓아갔다. 대개 울타리란, 외부로부터의 침입을 방비하는 수단이면서 동시에 밖과 안의 소통을 방해하는 장벽이 된다. 1991년의 뜨거웠던 봄, 사방에 뿌려진 불씨들은 점점 높아지는 울타리 속에서 끝내 꽃을 피우지 못하고 역사의 흙더미 아래 묻혔다.

그 봄을 생각할 때마다 지금도 가슴이 내려앉는 이유는 하염없는 죽음 때문만은 아니다. 폭력에 맞선다는 믿음이, 목숨을 내놓고 지키고자 했던 신념이, 그들만의 울타리 안에서 화석화하는 과정을 목격했기 때문이다. 그 봄이 더욱 참담하게 스러진 것은 정권에 저항했던 사람들이 자신들의 가치와 자신들의 논리와 자신들의 믿음으로 쌓아올린 울타리를 이미 세워 놓고 있었기 때문은 아니었을까.

"우리는 전국의 백만 학도와 4,000만 민중에게 청량제와 같은 통쾌감을 주었다"고 어깨를 으쓱이던 당시의 '혁명적 낙관주의'에게 묻고 싶다. 지금도 그렇게 생각하느냐고. 그리고 지금 그들의 뜻을 이어받았다고 하는 이들에게도 묻고 싶다. 지금은 그렇게 되지 않을 수 있겠냐고. 그 봄을 떠올리면 나는 아직도 질문이 많다.

이문옥 감사관의 양심선언을 보도한 1990년 5월 11일
〈한겨레〉 1면. 감사원 이하 정부가 펄펄 뛴 것은 물론 전국
민에게 엄청난 파란을 불러왔다.

한겨레신문

23개 대기업 비업무용 부동산 취득실태

업계로비 밀려 감사중단

지난해 8월 감사원, 조사반원 인사조치

한일은행장 사표받아

신탁·조흥·제일·상업은행장 경고

신문·통신 내일 제작거부

언론노련 진상일지 경평 하룻동안 집단휴가 내기로

KBS 18일부터 정상제작

비상대책위, 전격 복귀 결정

1987년 6월, 전국을 울린 "호헌철폐 독재타도" 함성으로 대변되는 '6월 항쟁'은 제6공화국을 낳았다. '민주화'는 거스를 수 없는 대세였다. 16년 만의 직선제 대통령으로 당선된 이가 "나를 코미디의 소재로 삼아도 좋다"고 선언했고 오늘날조차 손에 쥘 경우 경을 칠 것이 뻔한 북한의 원전들, 이를테면 『피바다』나 『꽃 파는 처녀』가 원본 그대로 출판되고 읽혀졌다. 수천 명의 시위대가 경찰의 보호를 받으며 "구속 전두환!"을 외치는 가운데 종로 대로를 메우고 행진을 했다.

"여차하면 폭동이 날 분위기"(노태우 대통령 회고록 중)를 이기지 못하고

231

전직 대통령의 가족들은 줄줄이 감옥으로 갔고 전직 대통령 부부도 울며불며 설악산 백담사로 쫓겨 가야 했다. 제6공화국의 첫 대통령 노태우는 회고록에서 이렇게 말했다.

"제6공화국에 들어 권위주의가 어느 정도 청산되고 그만큼 민주화가 진전된 데 대해 자부심을 느낀다."

최소한 1990년대 초반의 한국은 1980년대 초중반의 한국과는 판이하게 달랐다. 아니 달라 보였다. 그 시대는 쓰레기를 민주화라는 양탄자 아래 죄다 놓은 채 애서 깔끔한 척하는 방과 같았다. 이를 모르는 체하거나 정말로 모르는 사람들이 평온한 일상을 영위하는 가운데 쓰레기는 양탄자 아래에서 온존하고 있었다. 이때 용감하게 양탄자를 들추며 여기에 쓰레기가 있다고 부르짖는 용자勇者들이 등장했다. 우리는 그들의 외침을 '양심선언'이라 부른다.

김대중·김영삼·노무현 등 사찰한 국군보안사

1990년대 초반은 '양심선언'의 시대였다. 그 시발은 1990년 5월 11일 〈한겨레〉 보도를 통해 재벌들의 비위와 감사원의 은폐를 폭로한 이문옥 감사관이었다. 이 감사관은 "23개 재벌 계열사의 비업무용 부동산 보유비율이 43퍼센트로 드러났는데도 업계의 로비에 따라 상부의 지시로 감사가 중단됐다"는 내용을 신문에 제보했고 이는 엄청난 파란을 불러왔다. 감사원 이하 정부가 펄펄 뛴 것은 말할 것도 없다. 감사원은 이 감사관에게 스스로의 죄를 인정하는 각서를 쓰라고 윽박지르는 한편 사직서의 동봉을 요구했다. 나는 새도 떨어뜨린다는 대검찰청 중앙수사부도 칼을 빼들었다.

"실제 내용과 크게 다른 자료를 언론기관에 유출하여 정부의 공신력을 떨어뜨렸다"는 것이 이문옥 감사관의 구속 사유였는데 정작 혐의는 '공무상 비밀누설죄'였다. 여기서 소련 시절의 농담을 떠올리게 된다. "서기장 각하는 바보다!"라고 크레믈(크렘린) 광장에서 외친 시민이 체포됐는데 그 혐의가 "국가기밀누설죄"였다는.

1990년 가을 또 하나의 양심이 꿈틀거린다. 9월 23일, 칠흑 같은 어둠이 세상을 싸안고 있던 새벽 2시, 한 이등병이 복무 중인 군부대 담을 넘는다. 그의 품 안에는 대한민국 전체를 뒤흔들 엄청난 폭탄이 들어 있었다. 폭탄의 정체는 김대중, 김영삼, 노무현 등 후일 대통령이 되는 대한민국의 야당 정치인들을 포함해 재야 인사, 종교계 인사 등 1,300여 명의 개인 정보와 사찰 기록이 담긴 디스크와 관련 서류였다. 탈영병의 이름은 윤석양이었고 그의 부대는 국군보안사령부였다.

당시 대한민국 보안사령부는 친위 쿠데타 등으로 인해 계엄령이 내려질 때 미리 검거해야 할 인사들의 명단을 추려 인적사항과 도주로, 예상되는 은신처까지 파악하고 실제 검거 훈련까지 거치고 있었다. 윤석양 이병이 갖고 나온 디스크들은 치밀한 도상훈련과 계획의 결과물이었다.

이 사건이 터진 다음 학교 친구들 사이에서 이상한 얘기가 들렸던 기억이 난다. "윤석양 그 사람, 속해 있던 조직에서 사형선고를 받았다는군." 윤석양은 대학 4학년 2학기를 마치고 제적된 사람으로서 '혁노맹'이라는 조직의 일원이었는데, 신병교육대에서 보안대에 끌려간 뒤 협박에 못 이겨 조직의 정보를 다 부는 바람에 동료, 선후배들이 굴비 엮이듯 저 악명 높은 보안사령부로 끌려갔다는 전언이었다. 양심선언과는 별개로 당시의 '운동'에 그가 끼친 해악 때문에 '(조직 내 궐석재판의) 사형선고'를 받았다는 것이다.

후일 체포된 뒤 수형 생활 중에 만난 왕년의 동지는 윤석양 이병에게 입에 담지도 못할 욕을 퍼부었으며 출옥한 뒤에도 어떤 이들은 극언을 쏟아내며 질타했다고 한다. 윤석양 역시 자신 때문에 피해를 본 이들에 대한 양심의 가책을 피할 수 없어 은둔에 가까운 세월을 오랫동안 보내야 했다 하니 소문은 상당 부분 사실인 것 같다. 그래도 나는 윤석양 이병이 보여준 용기에 경의를 표하고 싶다.

우선 그는 눈 한 번 질끈 감으면 끌어안을 수 있는 편안함의 유혹을 거부했다. 기왕지사 이렇게 된 거 실속이나 차려 제대하고 내 갈 길 가자는 '세속의 지혜'에 눈을 감았다. 그리고 끝끝내 무너져가던 양심의 대들보를 일으켜 세움으로써 인간의 존엄함을 구현했다. "양심의 소리는 아주 작고 고요하지만 때로는 그 소리가 너무 커 듣기조차 거북하다고 느낄 때가 있다"는 윤석양의 토로는 그가 맞닥뜨려야 했던 현실과 그가 지키고 싶었던 내면의 전투가 얼마나 치열했는지를 짐작하게 한다. 그런 전투 끝에 양심의 손을 치켜든 사람들은 1990년대 초, 연속부절로 출몰했다.

이 중위에 맞선 국방부의 옹졸한 단결

14대 총선을 이틀 앞둔 1992년 3월 22일 밤. 서울 종로 6가의 공명선거실천시민운동협의회 사무실에 준수하게 생긴 육군 중위가 나타났다. 그의 입에서 놀라운 사실이 흘러나왔다. 그는 백마부대, 즉 9사단 28연대 2대대 6중대 소속 소대장 이지문이었다. 9사단은 그로부터 12년 전, 즉 1980년 사단장 노태우 소장의 명령으로 전방에서 탱크를 몰고 서울로 진입했던 바로 그 부대다. 이지문 중위가 임지를 떠나 서울로 온 이유는 12년 전과 정반대였다. 그는 기자회견을 통해 군 부재자 공개 기표, 중간검표 등 군대 내에서 자행된 민주주의의 압살을 고발했다.

"여당 후보를 지지할 것과 공개 투표를 강요했습니다. (중략) 장래에 대한 불안으로 적잖은 갈등을 느끼고 있고 무엇보다 동료, 선배 장교들에게 돌아갈 불이익 때문에 가슴이 아픕니다."

이지문 중위는 운동권이 아니었다. 그와 같은 과 동기였던 동아리 선배 말로는, 이지문 중위는 "1987년 6월 정도에나 데모를 따라가 봤을까 그 뒤에는 전혀 운동권이 아니었고 수업 잘 들어가던 범생이"였다. "다른 사람도 아닌 지문이가 왜 그랬는지 모르겠어!" 그렇게 튀지도 않고 덤비는 성격도 아니었던, 오히려 내성적이었다는 육군 장교가 어떻게 군대 안의 선거 부정이라는, 공공연한 비밀이었으나 동시에 '절대 있을 수 없는' 일로 치부되던 치부를 폭로하게 됐을까. 자신도 그 때문에 고민한 모양이다. 월간《사회평론 길》1995년 3월호에서 이지문은 이렇게 얘기했다.

어떻게 내가 그런 사람이 되었을까? 저도 설명이 잘 안됐어요. 그런데 작년에 대전에서 밤차를 타고 올라오다가 '아마 내가 처한 상황이 이런 경우가 아니었을까' 하는 생각을 했어요. 바로 앞자리에 여자가 하나 있었는데 술 취한 남자 두 사람이 타서 그 여자 옆자리에 앉아 자꾸 치근덕대는 거예요. 그래서 할 수 없이 내가 자

리를 바꿔주었지요. 그러고 나니 술 취한 사람들이 행패를 부릴까 봐 은근히 겁이
나데요. 내가 싸움을 잘하는 것도 아니고, 내가 다른 자리에만 있었으면 아마 가만
히 있었어도 됐을 겁니다. 부정선거 고발도 바로 그런 일이었던 것 같습니다.

다른 자리에만 있었어도 가만히 있었으면 될 일이었다. 그가 곧 제대하게
될 육군 병장이었다면 양심선언은 없었을 수도 있다. 눈 딱 감고 연대장이
시키는 대로 1번 후보를 찍은 투표 용지를 눈앞에 보여주고 "이 병장 제대
며칠 안 남았지? 말년 휴가에 특박 더 끊어 줄까?" 하는 자상한 배려를 받
으면 됐을 것이다. 이지문 중위가 장교였다는 것, '충성 명예 단결'을 부르짖
는 대한민국 육군 장교였다는 것이 문제였던 것이다. 이지문 중위는 과연
그 행위가 누구에 대한 충성인지, 얼마나 군의 명예를 떨어뜨리는 일인지,
나아가 이 옹졸한 단결 아닌 담합이 무엇을 위한 것인지에 대해 의심하게
됐다.

대한민국 국방부는 역시 단결하여 이지문 중위에 맞섰다. 전 부대원 수
백 명의 연대 서명을 받아 "그런 일 없었음"을 주장하고 나선 것이다. 이지문
중위는 갖가지 혐의를 뒤집어쓰고 불명예 제대를 한다. 확정되어 있던 대기
업 입사도 당연히 취소되었다. 그러나 뒤이어 익명의 제보들이 쏟아져나왔
고 국군 통신사령부 이원섭 일병이 나서 이지문 중위의 진실을 뒷받침한다.

이런 용기들은 군 부재자 투표 제도를 개선시키는 데 결정적 기여를 했
다. 그 의미를 설명하자면 간단한 수치 하나만 들면 될 것이다. 5년 뒤 대통
령 선거에서 김대중은 50만 표 차이로 당선되지만 우리 군은 70만 대군을
자랑하지 않던가. 그 와중에 우리가 잊지 말아야 할 것이 있다. 본의 아니게
악의 대열에 편입될 수밖에 없는 보통 사람들이다. 이지문 중위의 직속상관
인 중대장은 정의를 숭상하고 명예를 목숨같이 여기는 육사 출신의 FM 군
인이었다. 중대장은 선거와 관련하여 정신교육을 하다가 그만 뒤돌아서 눈
물을 보이고 말았다고 한다. 그러면서도 "1번을 찍어 달라"고 말하며 내무
반을 황급히 떠나야 했다. 양심선언 후 헌병대에서 마주했을 때 이지문 중
위가 도저히 참을 수 없었다며 양해를 구하자 중대장은 이렇게 말했다고 한
다. "나는 네 일이 있기 전부터 정신교육을 시키지 않아서 연대, 사단, 나아

235

가 군단에서까지 찍혀 있는 사람이다. 그러니 너로 인해 더 큰 피해를 입을 것은 없다. 드레퓌스 사건에서 보듯이 진실은 언젠가 밝혀진다."

엉뚱한 답변 꺼낸 그 중대장을 어찌 원망하랴

그러나 언론사 기자들이 "이지문 중위의 말이 전혀 사실이 아니냐?"고 캐물을 때 "그렇게 말할 수는 없지만"이라고 입을 떼고서도 결국에는 "내성적인 성격 탓에 사물의 부정적 측면만을 집중적으로 예리하게 바라본 듯하다"는 엉뚱한 답변을 뱉어야 했다. 이지문 중위는 그를 원망하지 않는다고 했다. 나 역시 그를 비난할 마음이 들지 않는다.

"진짜 군인이었다면 직위를 걸고 이지문 중위의 진실을 옹호했어야지, 비겁하게 거짓말이나 하는 꼬락서니를 왜 비난할 수 없느냐?" 하고 누군가는 책상을 칠지도 모른다. 나는 그렇게 하지 못하겠다. 이지문의 증언 속 그 중대장이라면 속에 없는 말을 하고 기자들 앞을 벗어난 뒤 건물 뒤에서 땅을 치며 통곡했을 가능성이 크기 때문이다. 그 모습이야말로 그때나 지금이나 이 세상을 살아가는 보통 사람들의 일반적인 모습일 수도 있기 때문이다. 더하여 정작 격렬한 분노를 터뜨려야 할 대상은 용감하고 명예로운 장교를 그렇게 비참하게 만들었던 사람들이다.

당시 이지문 중위는 이런 기대를 남겼다. "(저는 떠나고) 중대장님과 동료 장교들 그리고 우리 소대 사병들은 군에 남아 있게 되었지만, 어떤 곳에서 어떤 일을 하든지, 그리고 각자 사회를 보는 눈이 다르다 하더라도 자신의 일에 충실하고 양심적이면 항상 같이 있다는 생각을 갖게 될 것입니다."

20년 후 오늘, 우리와 우리의 나라는 과연 그 기대에 충실한가. 그 시절 이지문 중위에게, 윤석양 이병에게, 이문옥 감사관에게, 그 외 모든 양심선언자들에게 "당신들의 공로로 오늘날 우리가 이렇게나마 살게 됐소!"라고 치하할 상황에 도달해 있는가. 대답이 예스였으면 좋겠지만 나는 그 대답을 할 수 없다.

20년 후 오늘의 역사가 어처구니없는 도돌이표를 그리고 있다고 1990년대 줄줄이 이어졌던 양심의 결단으로도 바뀌는 건 결국 없지 않냐고 한탄

236

할 수 있다. 하지만 나는 그 탄식 앞에서 고개를 저을 것이다. 우리 사회가 여기까지밖에 오지 못했을 수 있지만 그들 덕분에 우리는 여기까지라도 온 것일 테니까. 또 칠흑 같은 어둠이 온다 해도 누군가는 그들처럼 양심의 성냥을 그을 것이니까. 세상없는 역류 속에서도 그를 거슬러 새 생명을 낳는 연어처럼 누군가는 자신들의 양심을 펼쳐 보일 테니까.

1998년 5월 29일 오후 서울대학교 중앙도서관 앞 광장에 학생 3,000여 명이 모여 한총련 6기 출범식을 지켜봤다. 원래 출범식은 하루 뒤인 30일 한양대에서 열릴 예정이었으나 경찰이 봉쇄하자 하루 앞서 열렸다.

대한민국 현대사에서 후세에 자랑할 만한 역사적 유산을 꼽으라면, 독재정
권들에 맞서 싸웠던 학생들의 용기를 들 것이다. 그들이 없었다면 우리 아이
들은 지금도 국민교육헌장을 달달 외우고 "아아아 대한 대한 우리 대통령,
길이길이 빛나리라"는 낯 뜨거운 '대통령 찬가'를 노래하고 있을지도 모른
다. 게다가 체육관에서 뽑은 대통령을 두고 삐딱한 소리를 입 밖에 냈다가는
모처로 끌려가 죽도록 맞고서야 풀려나는, 공포에 익숙할 가능성이 크다.
　6·25전쟁 후 얼마 동안 저만치 앞서가던 북한을 남한이 끝내 압도할
수 있었던 데에는 민주주의를 향한 끝없는 열정의 역사가 작용했다. 북한

인민들이 "수령님이 결정하면 우리는 한다"는 지극히 전근대적인 자세를 강요받을 동안 남한 국민은 '건국의 아버지'든 '근대화의 기수'든 '정의사회구현자'든 그 누구에게도 머리를 쳐들었고, 멱살을 잡고 지탱하기 힘든 상태로 몰아가거나 끝내 바닥에 눕혀버렸던 것이다. 그 '국민의 힘'의 원투 펀치가 바로 학생운동이었다.

1999년 서울대 '비운동권' 총학생회장의 당선

1990년대 초반 학생운동은 해방 이후 최대의 전성기를 맞았다. 1990년 10월 《시사저널》이 창간 1주년을 맞아 행한 여론조사를 보자. '한국을 움직이는 단체, 집단 또는 세력을 3개만 들어보라'(복수응답)는 질문에 전문가·일반국민 모두 1~2위로 민자당(57.1퍼센트, 56.2퍼센트)과 평민당(26.9퍼센트, 23.3퍼센트)을 꼽았다. 그러나 3위 이하의 순위론 상당히 달리 나타났다. 3~10위 순위에서 전문가 그룹은 전경련(26.1퍼센트) 전대협(11.4퍼센트) 전민련(10.4퍼센트) 전노협(9.7퍼센트) 군부(9.0퍼센트) 종교단체(5.1퍼센트) 언론(5.0퍼센트) 행정부(3.7퍼센트) 순서로 답했다. 그에 반해 일반국민 그룹은 전대협(9.7퍼센트) 종교단체(7.8퍼센트) 전경련(5.3퍼센트) 전민련(4.4.퍼센트) 국회(4.1퍼센트) 전노협(3.5퍼센트) 대기업(3.1퍼센트)의 순위를 보였다. 군부보다도 행정부보다도 전국대학생대표자협의회, '전대협'이 더 막강한 영향력을 행사하고 있다는 것이 전문가 집단과 일반 시민 모두의 평가였다.

그로부터 9년 뒤, 1999년 학생운동의 메카라 할 서울대학교에서 이른바 '비운동권' 총학생회장이 당선됐다. 프로야구 독립구단 고양원더스의 구단주였던 허민 씨가 그 주인공이다. 그의 당선 소감은 이랬다. "이것은 시대 변화를 외면한 채 정치적 구호를 외치는 운동권에 일반 학생들이 등을 돌린 결과입니다." 그 후 '비운동권'은 일종의 트렌드처럼 전국 대학으로 번졌다. 대한민국 천지를 진동시켰던 학생운동의 위용은 불과 10년도 안 되는 사이 빛바랜 전설의 무더기에 파묻혔다. 물론 그 과정에는 복잡한 상황과 다양한 사건들이 도사리고 있었지만 1990년대가 대규모 학생운동의 외형적 최전성기이자 퇴조기이자 몰락기였다는 점은 분명하다.

1990년대 초반을 거쳐 학생운동은 새로운 전기를 맞는다. 그것을 가장 크게 상징하는 것은 1993년 '구국의 강철대오 전대협'이 '생활 투쟁 학문의 공동체 한총련(한국대학총학생회연합)'으로 바뀐 일이었다. 졸업반으로 세상사에 관심을 끊고 도서관에서 영어 단어와 일반상식 공부에 몰두하고 있던 내게 별 신경을 쓸 일이 아니었지만 사태는 그렇게 간단하지 않았다. 한총련 출범식이 우리 학교에서 열린다는 소식이 날아든 것이다. 전국에서 들이닥칠 약 10만 명의 학생들 숙소를 마련하려면 강의실은 물론, 중앙도서관 열람실까지 학교를 깡그리 비워야 했다. 우여곡절 끝에 그해 5월 한총련 출범식은 전국에서 몰려든 대학생 수만 명의 참여 속에 치러졌다. 학교에 득시글거리던 5만 명의 청춘 중에는 도서관 자리를 잃은 것이 불만스러웠지만 다시 보기 힘든 구경거리라는 생각에 꾸역꾸역 학교에 나온 나도 있었다. 그런데 뜻밖의 일이 일어났다.

남총련(전남지역대학총학생회연합)은 '오월대' '녹두대'로 불리는 강고한 전투부대를 보유하고 있었다. 숨이 턱턱 막히는, 소위 '지랄탄' 연기 속에서도 흔들림 없이 싸웠고 공권력의 대병력이 돌격해 들어와도 한 치도 물러서지 않던 그들은, 학생들에게 경외와 찬탄의 대상이었다. 그들이 집회 자리에 위풍당당하게 입장하면 기타 지역 여학생들의 환호가 하늘을 찔러 주변 남학생들을 떨떠름하게 했을 정도였다.

그런데 이들 중 일부가 한총련에 반대되는 정치적 입장을 게시한 대자보를 찢어버렸다. '통일 단결 대오'를 깬다는 이유였다. 요즘 국정원에서 잘 쓰는 말로 '일부 조직원의 일탈'이었겠지만, 거칠게 찢겨나가 너덜거리는 대자보는 그제껏 대학 내에서 보지 못했던 황망한 풍경이었다. 대자보 논쟁은 수도 없이 벌어졌지만 상대편 대자보를 찢는 일은 없었다. 2014년, 세밑을 뜨겁게 달군 '안녕들 하십니까' 대자보 열풍 당시 한 '일베' 회원이 자기 학교에 나붙은 대자보를 훼손하자 많은 이들이 격분했고 고발조처까지 거론된 것을 기억해보라. 그런데 못된 철부지가 아니라 민주주의를 위해 싸운다고 자부하던 학생운동의 선봉대가 그런 일을 벌인 것이다.

더 큰 충격은 1994년에 왔다. 어느 날 시사월간지《말》을 뒤적이던 나는 한 대목에서 놀라고 말았다. 한총련 중앙위원회에 제출된 결의안 가운데

241

한총련 대표자 관련 내용을 두고 격론이 벌어졌고 도저히 수용할 수 없다고 선언한 5개 학교 총학생회장이 사퇴했다는 것이었다. 문제의 내용은 대충 다음과 같았다.

> 한총련 대표자는 백만 청춘의 자주적 이해와 요구의 유일한 체현자이며 통일단결의 구심이며, 백만 청춘의 최고 의사표현이며, 학우에게는 자주적 사상의식과 창조적 활동 능력을 키워 주는 백만 청춘의 유일한 정치 지도자입니다. [중략] 대표자를 믿고 삶과 생활, 운명을 의탁하면 삶은 개척됩니다.

왜 그들은 '5적'이라는 비난을 받아야 했나

눈앞이 아찔했다. 학생 조직의 대표들에 대한 존중이 과하다고는 생각했으나 구속과 수배가 틀림없이 예정돼 있던 시절, 그 희생과 결의에 대한 예우로 치부하고 있었다. 그러나 "백만 청춘의 공동체" 한총련의 지도 이념으로 이런 1인 숭배적인 지도자론이 제시된다는 것은 상상을 절하는 일이었다. 여기에 반대하고 퇴장한 5개 대학 총학생회장들에게 '5적'이라는 격렬한 비난까지 퍼부어진 데 이르면 망연자실일 뿐.

현실 사회주의가 몰락하고 문민정부가 들어서고 북한은 고난의 행군에 돌입했다. 신세대가 등장하고 PC 통신이 번창하고 사회 각 분야가 조변석개하던 시대. 그 시대에 학생운동의 주류가 내밀었던 카드가 북한의 수령론에 필적하는 '지도 이념'과 학생들이 둘러멘 가마 타고 등장하는 '의장님 옹립'의 열광이었다는 것을 어떻게 이해해야 할까. PC 통신 내에 하나 둘씩 있던 진보적 동호회에 한총련 의장의 아이디가 등장했을 때 전국대학생기자연합회 기자 한 명이 올렸던 환영 인사를 나는 쓴웃음과 함께 떠올려본다. "드디어 통신 공간에도 한총련의 '지도'가 시작되는군요."

한 치만 바깥에서 보면 이해와 수용이 불가능했던 '지도'를 목도하면서 나는 사회인이 됐다. 입사 2년차 여름, 연세대학교에서는 한총련 주도의 격렬한 시위와 점거 농성이 벌어졌다. 1996년 한총련 통일대축전이었다. 어느 날 밤 공무로 연세대학교 근처에 들렀다가 학교 안에 들어갔을 때, 농성

중인 학생들에게 약을 전달해 달라며 일단의 의사들이 시위를 벌이는 것을 보았다. 경찰이 이를 거절하자 한 의사가 절규했다.

"당신들 정말 학생들을 말려 죽이려는 거구나."

그랬다. 정부 당국은 차제에 한총련을 와해시킬 의사가 확고했고 농성자들의 전기, 수도, 식량을 끊었다. 진압 과정에서 경찰관 한 명이 사망한 터라 관용 따위도 기대할 수 없었다. 5일간의 절망적인 농성 끝에 결국 학생 수천 명이 연행됐고 수백 명이 구속됐다. 이른바 '연대 사태.' 그러나 그들을 '지도'했던 이들은 연행자 안에 없었다. 경찰 진입 전 '사수대'의 도움을 받으며 학교 밖으로 탈출했던 것이다. 당시 〈한겨레〉 정운영 논설위원이 특유의 명문으로 이 사태를 다룬 칼럼의 행간에는 한숨이 뚝뚝 묻어난다.

특히 매듭이 엉망이었다. 저학년과 여학생들이 두름처럼 엮여나가는 가운데 지도부는 슬쩍 피했다. 혹시 지하에 잠적해서 투쟁을 지도한다는 방침인지 모르겠으나, 현재의 학생운동이 그런 '혁명가'를 필요로 하는지는 여전히 의문이다. 마지막 순간에 어린 학생들 대신 지도부가 의연히 나섰던들, 한총련은 고통을 받아도 학생운동은 미구에 다시 살아날 것이었다.

학생운동 세력의 주류는 이미 충고를 달게 받을 현실 감각을 상실했다. 연세대 안에서도 "우리가 농성을 계속하면 우리들의 투쟁에 감동한 애국 시민들이 떨쳐 일어날 것"이라고 주장하는 이들이 있었고, 이 사건을 '빛나는 연대 항쟁의 승리'로 선언하는 '정신 승리'가 감행된 것을 보면 알 수 있지 않은가.

고문기술자들도 신념은 있었다

'그래도 우리가 옳다'는 신념이 현실과 유리될 때, 그것은 괴물이 된다. 영화 〈변호인〉에서 보듯 과거 독재정권 시절 학생들을 고문하던 고문 기술자들에게도 신념이 있었다. 유감스럽지만 1997년 6월 벌어진 두 차례의 '프락치' 혐의자에 대한 타살 과정은 '괴물의 탄생'과도 같았다. 한양대에서는 이

석, 전남대에서는 이종권이라는 시민이 또래 학생들에게 죽음을 당했다. 한양대에서는 구타의 흔적을 남기지 않기 위해 물 적신 담요를 두르고 경찰봉으로 때려 죽였고, 전남대에서는 소형 녹음기로 '증거'를 확보하는 가운데 술 취한 남총련 간부들이 40분간 두들겨 팬 끝에 먹인 진통제가 기도에 막혀 숨졌다.

두 대학 모두에서 대책 회의가 열렸고, "타일러 보냈는데 시체로 발견됐다"거나 "현 정권이 한총련 출범식을 방해하기 위해 대규모 프락치를 투입했고 잡히면 자해 행위를 하거나 복면 프락치가 폭행하도록 했다"는 과거 공안당국 급의 거짓말과 강변이 흘러나왔다. 사태 이후 사라진 두 명의 목숨 위에서 처음에는 미룰 것이라던 '한총련 출범식'을 강행하는 실로 비범한 신념을 과시하고야 만다. 그날 우뚝 선 한총련 깃발은 〈한겨레〉에 대문짝만하게 실렸다. "이제 무엇을 할 것인가." 기사의 한 구절을 나는 몇 번이고 읽고 또 읽었다. "이제 학생운동은 죽느냐 사느냐의 갈림길에 섰다." 유감스럽지만 그 후 학생운동은 오히려 장렬하게 죽지도 못하고 회복의 가능성도 없는 퇴락의 길로 접어들었다.

왜 한총련 측의 잘못만 부각하는가, 당시의 살인적인 경찰의 진압, '한총련을 탈퇴하지 않으면 국가보안법 위반'이라는 비정상적인 탄압, 가공할 프락치 공작에 대해서는 왜 말하지 않는가 하고 생각하는 이도 있을 것 같다. 대답하건대 나는 일부러 말하지 않았다. 한총련이 얼마나 탄압받았는지, 시대적 분위기가 어떠했는지, 프락치 공작이 얼마나 자심했는지를 몰라서 그러는 게 아니다. 역사에서 얻을 것은 변명이 아니라 교훈이기 때문이다.

동시에 2013년의 한총련은 '이적단체'가 아니었다. 이른바 RO 사건도 '내란 음모 사건'이라고 보지 않는다. 특히 '내란 음모'는 시쳇말로 '깜'도 되지 않는다고 여긴다. 하지만 단편적으로 드러나는 그들의 생각에 대경실색과 망연자실을 오가게 되는 것은 사실이다. "의장님을 믿고 의지하면 삶은 개척됩니다"라는 지도이념을 읽었을 때처럼 "장군님을 지키는 것이 조국을 지키는 것이라고 하는데 ○○가족들을 지키고, 애들을 지키는 게 우리 ○○같아요. 장군님 뜻이 그런 거잖아. 인민을 지키고, 인민의 가족을 지키고"(녹취록에 등장하는 통합진보당 간부의 말)라면서 북한 영화 감상평을 나누

244

는 말을 들을 때 눈앞이 하얗게 되는 것 또한 같다. 21세기에 등장하는 '장군님'이라니. 과연 역사는 반복될 것인가. 한 번은 비극으로 한 번은 희극으로? 그럼 나는 "이제 무엇을 해야 하는가."

우선 1997년 전국연합이 한총련에 보낸 성명서를 다시 읽고 싶다. "정권의 폭력성을 탓하기 전에 한총련의 방침과 노선이 얼마나 국민정서에 부합했는가를 먼저 평가해야 합니다. 그리고 자성해야 합니다. 솔직해야 합니다. 이러저러한 상황 설명보다는 뼈를 깎는 고통을 수반하며 국민 앞에 새롭게 거듭나겠다는 자세로 이번 사태에 임해줄 것을 당부합니다." 단어 몇 개만 바꾸면 그대로 오늘의 당부가 된다. 이 또한 슬프지 아니한가.

1997년 12월 19일 아침 대통령 당선을 축하하는 지지자들에게 손을 흔들어 인사하던 고 김대중 전 대통령과 부인 이희호 여사.

고교 졸업 이후 한 번도 만나지 못했지만 가톨릭 사제가 된 친구가 있다. 얼마 전 그 이름을 사제들의 시국선언 기사 머리에서 발견하고 세월의 무상함을 느꼈다. 그와 마주했던 것도 25년 전 일이니 사반세기가 유수와 같이 흘러간 셈 아닌가. 그와 내가 고3이었던 1987년은 16년 만의 대통령 직접선거로 온 나라가 달아올랐던 해였다. 뭘 안다고, 고딩들도 이따금 뜨거운 토론에 휘말리곤 했다.

"이번에 노태우가 되면 대학생들이 바로 학교 점거에 들어가서 우리는 대학 시험 못 본단다" 하는 희망 섞인 전망부터 당시 지역 정서에 따라 "무조건 김영삼이 돼야 한다"고 부르짖던 녀석까지 골고루 섞인 가운데, 훗날 사제가 된 그 친구가 천만뜻밖의 말을 꺼냈다.

"나는 DJ가 돼야 한다고 생각한다. 그 사람만 통일에 대한 전망이 있는 것 같단 말이다."

녀석의 표정이 어땠는지는 기억나지 않는다. 그 말을 듣고 내가 무슨 생각을 했는지도 모르겠다. 기억나는 건 주변 친구들의 반응이었다. 그것은 놀랄 만큼 단순한, 음률까지 동일한 합창이었다.

"니 전라도가?"

리트머스 시험지 위 식초와도 같은…

DJ가 불출마 선언을 번복하고 부산의 대표선수 YS와 대결하는 국면이 형성됐을 때 '김대중'이라는 이름은 마치 리트머스 시험지 위에 떨어뜨리는 식초와도 같았다. 한동네에서 구분 없이 뒤섞여 살아가고 있던 '전라도 사람'의 존재가 빨갛게 드러난 것이다. 그야말로 "말하지 않아도 알아요"였다. 나는 그때 동네 이발소 아저씨와 저 건너 감나무집 아주머니의 고향이 '라도'라는 걸 처음 알았다. 아니 쑥덕거림 속에 자연히 알게 됐다. "그 사람들 전라도다." 그런 분위기에서 느닷없이 김대중을 지지한다는 녀석에게 "너도 전라도냐?"라는 질문이 꽂힌 것은 당연한 일이었다. 물론 녀석은 전라도가 아니었지만.

김대중이라는 색을 고정시켜 버린 몇 가지 계기가 있었다. '99퍼센트의 김대중 지지율'에 대한 경멸과 경계, 그리고 1990년 1월 벽두를 울렸던 3당 합당 선언이었다. 김영삼 통일민주당 총재가 노태우 대통령과 김종필 공화당 총재와 나란히 서서 합당을 선언한 이 사건을 어떻게 바라보는가는 사람마다 다르겠지만, 부인할 수 없는 특징 하나는 존재한다. 그것은 정치적인 호남 포위망이었고, 김대중이라는 이름은 포위된 성채 위에 나부끼는 깃발이었다.

1987년 대선 때 불출마 선언을 번복한 죄로 대통령병 환자, '행동하는 양심' 아닌 '행동하는 욕심'으로 규정됐던 김대중에 대한 원색적인 미움, 그

248

리고 그에게 모든 기대를 투영한 듯 보이는 전라도 사람들에 대한 불이해는 1990년대 초중반 대한민국의 기도氣道에 가래처럼 들러붙어 있었다. "빨갱이 같은 99퍼센트 김대중 지지자"는 그보다 딱 한 칸 아래의 몰표 성향을 가졌을 뿐인 타도 사람들에게 인간 이하의, 경멸 대상이었다. 도대체 왜 그런 지지율이 나오는지에 대한 고려보다는 당최 이상한 사람들이라는 경계가 앞섰다.

그리고 5년 후 1992년 대통령 선거에서 김대중과 호남은 또 한 번 쓰라린 패배를 맛본다. 당시 광주 시내의 웬만큼 큰 호프집에서는 어디서나 수백 명이 모여 개표방송을 지켜봤다고 한다. 패배가 확실시되자 음울한 분위기 속에 하나 둘 자리를 떴다. 작별을 고하는 이들에게 어딜 가느냐고 묻자 어떤 이가 이렇게 대답했다고 한다. "애 만들러 간다. 왜." 이른바 '쪽수'라도 만들어야 할 거 아니냐는 쓸쓸하고도 한 서린 말. 어떻게 해볼 도리가 없는 막막함이 빚은 슬픈 농담.

그로부터 몇 년간, 즉 1990년대의 시간들은 전라도 사람들에게 가장 외롭고도 팍팍했던 세월이 아니었을까.

"손님 고향이 부산 맞아요? 처가는 어디요?"

정계 은퇴를 선언했던 김대중이 또다시 약속을 깨고 컴백했을 즈음 맡고 있던 프로그램의 지역 예심을 위해 광주에 간 적이 있다. 내가 서울에서 왔음을 안 기사 아저씨는 목적지에 가는 내내 간절히 호소했다.

"아버지가 자식들한테 재산 다 나눠줘불고 나는 이자 안 할란다 할 수도 있지요잉. 근디 그 자식들이 하는 짓 봉께 하나걸이 쓰잘데기가 없고 살림도 다 말아묵는 거 같단 말입니다잉. 근디 그 아버지가 어째야 쓰겄어요? 오냐 난 은퇴했응게 니들 맘대로 혀라 그러면 쓰겄어요?"

그러나 택시에 같이 타 묵묵히 얘기를 듣던 동료는 내린 뒤 이렇게 말했다.

"좋게 생각하다가도 저런 말 들으면 정나미가 떨어진다. 그저 김대중밖에 몰라 이 사람들은."

1997년 대통령 선거전 초입, 이번에는 부산을 방문할 때였다. 택시를 타고 가는데 부산 택시 기사가 서울에서 온 손님에게 관심을 보였다. "서울에서는 누가 이길 거 같다고 합니까?" 하는 은근한 질문으로 시작한 대화는 "이번에는 DJ가 될 것 같습니다" 하는 내 대답으로 산통이 깨졌다. 다짜고짜 "손님 고향이 부산 맞아요?"라고 말투부터 바꾸더니 출신 학교를 확인하여 초·중·고등학교를 다 묻다가 부산의 지리地理를 심문했고 아버지와 어머니의 고향까지 캐묻는 게 아닌가. 유유자적 여유있게 대답하던 나는 기사 아저씨의 마지막 질문에 두 손 두 발 다 들고 말았다.

"처가는 어디요?"

부산 택시 기사 아저씨에게 DJ가 될 것 같다고 떠벌리는 나는 부산 사람이라 해도 필시 모처의 영향을 강하게 받은 프락치일 수밖에 없었던 것이다.

"김PD, 오늘 우리 편이 되겠죠?"

또 한 번의 대통령 선거가 있었던 1997년. 갓 '입봉'한 PD였던 나는 대선 당일 어느 여성 기업인의 성공 스토리를 촬영할 계획이었다. 그 사람은 날을 거르지 않고 워커힐 호텔 앞길을 조깅으로 시작한다고 했다. 융통성을 발휘하자면 뭐 러닝머신으로 대신하거나 편집에서 뺄 생각 하고 안 찍으면 그만이지만 입봉 몇 달째의 열기 충만, 의욕 과잉의 PD가 그럴 수는 없었다. 아침 8시까지 워커힐로 가야 하니까 여기서 7시 출발 오케이? 이렇게 일정을 짜고 있는데 조연출이 강력한 태클을 걸어왔다. 한 시간만 미루자는 것이었다. 그럼 조깅을 9시에 하느냐고 눈을 부릅뜨는데 녀석은 말똥말똥 눈을 뜨고 이렇게 말했다.

"저 집이 멀어서요. 투표하고 오려고요."

그는 광주 출신이었다. 그 친구 표정에는 안 그러면 진짜로 촬영을 펑크 내겠다는 기세였다. 국민의 권리인 참정권을 행사하겠다는데 이걸 저지한다면 나는 위헌 국사범으로 전락할 판이었다. 결국 여성 기업인은 그날만 9시 30분에 조깅을 해야 했다.

한 100평쯤 되는 으리으리한 아파트에서 촬영을 진행하다가 잠깐 짬이 났을 때 여성 기업인이 느닷없는 질문을 해왔다.

"김 PD, 오늘 우리 편이 되겠죠?"

며칠 전 그녀를 처음 만났을 때 10초도 지나지 않아 말투로 미루어 경상도, 그것도 대구 출신인 것을 눈치채고 있었다. 게다가 대한민국 사람들이 흔히 하는 인사법대로 학교는 어디 나오고 등등의 질문을 주고받다 보니 그분도 내 출신지를 알게 되었다. 정치적 지향과 입장을 서로 확인한 적은 전혀 없었으나 그분은 너무나도 당연히 '우리 편'이라 나를 불렀다. 그 표현은 오로지 지역적 근거로부터만 산출된 결과였다.

출연자의 비위를 거슬러 좋은 일이 없기에 "예…, 그렇겠죠?"라고 얼버무리는데 이 여성분, 용기를 얻었는지 말이 많아졌다. 김대중은 불안하다는 둥, 전라도 사람들 김대중 되면 독하게 해 먹을 거라는 둥. 순간 당황해서 주위를 둘러보니 다행히 촬영 스태프 중에는 '전라도'가 없었다. 못 들은 척 혼자 묵묵히 벽에다 시선을 고착하고 있던 조연출을 제외하고는.

그 취객의 행패를 2013년 국회서 볼 줄이야

촬영 후 편집실에 앉아 있는데 와야 할 테이프가 오질 않았다. '이놈들이 뭘 하나?' 득달같이 사무실로 달려갔더니, 테이프를 챙겨야 하는 조연출 두 명이 텔레비전 앞에 서 있는 게 아닌가. 부아가 치밀어 "야!" 소리를 지르니, 둘이 동시에 내 앞으로 달려왔다. '그래, 이제 정신을 차렸구나.' 그런데 그 녀석 둘은 내 손을 꼭 잡더니, 나지막하게 하지만 우렁차게 '소리 없는 아우성'을 토했다.

"선배님. 이겨요 김대중이 이겨요."

고향이 군산인가 했던 여자 조연출은 눈물까지 흘리고 있었다. 그리고 둘은 몇 시간 동안 화면 앞을 떠날 줄 몰랐다. 이회창 후보가 치고 올라오면 어 어 비명을 지르고, 김대중 후보가 앞서면 두 손을 모으면서 기도하며. 휴일 밤이었기에 사무실에는 우리 셋밖에 없었다.

그래서 그럴 수 있었는지도 모르겠다. 평소처럼 사람들이 득시글거렸더라면 TV를 보면서 감정을 홍수처럼 드러내지 못했다. 아니면 비상구 계단에 나가서 라디오를 듣고 있어야 했을지도.

사람은 뭔가 궁색할 때 오버하게 된다. 그들의 감정에 쉽게 동화되지 못하던 나는 엉뚱하게 타박을 했다. 그것도 과장된 경상도 사투리로.

"이놈들아. 김대중 선생님이 그리 좋나?"

그때 돌아온 대답을 나는 잊을 수 없다.

"선배는 이번에는 김대중 찍어 주겠다고 이야기하고 다니셨죠? 저희는 그런 말 한마디도 못했어요. 전라도 애들이라는 말 들을까 봐."

지금도 그들을 완벽하게 이해하지는 못한다. 그건 일종의 낙인 같은 것이니까. 낙인에 찍혀보지 않은 사람이 낙인의 고통을 온전히 이해한다는 것은 위선 아니면 망상일 것이다. 하지만 김대중이라는 이름 석 자가 그들에게 어떻게 다가갔고 어떻게 받아들였을지를 대충은 이해하게 됐다. 그건 상식이 되어버린 한 사회의 '비상식'에 대한 도전의 몸부림이었다. 어느 지역 출신이라는 이유로 묘한 시선을 받아야 하는 세상, 한묶음으로 치부되어 듣도 보도 못한 고향 사람들의 허물까지 뒤집어써야 하는 억울함, 가해자들과 손잡은 사람들에게 표를 주지 않는다고 해서 "99퍼센트 지지"라는 비난을 들어야 하는 뼈아픈 현실에 대한 항의였던 것이다. 1997년 12월 18일, 그들은 그렇게 손 모아 기도하고 열광할 수밖에 없었다.

대선 뒤 크리스마스에 나는 휴가를 내어 부산을 찾았다. 서면 어디께에서 술을 마시는데 한 아저씨가 술과 분노에 찌든 목소리로 외쳤다.

"쩔뚝발이 저게 대한민국 대통령이가, 전라민국 대통령이지."

앉아 있던 수십 명 중에 전라도 출신이 있었을지 모르고, 아버지가 전라도 출신일 이들까지 헤아리면, 그 술집 안에 꽤 많은 '전라민국인'들이 있었을 텐데 그 취객은 아랑곳이 없었다.

그날의 흉한 몰골을 2013년, 대한민국 국회의원에게서 보았다. 국정원 대선개입 국정조사 청문회에서 수사 외압 사실을 밝힌 권은희 당시 수사과장에게 한 새누리당 의원은 이렇게 물었다.

"당신은 광주의 경찰이오, 대한민국의 경찰이오?"

그는 무슨 생각으로 그 질문을 한 것일까. 그 말의 비수가 누구의 가슴에 어떤 방식으로 꽂힐지를 몰랐을까. 아니면 알고도 그랬을까. 역사는 너무나도 징그럽게 오래도록 유전된다.

재판정에 선 전직 대통령 전두환(오른쪽)과 노태우(왼쪽).
'하나회'의 원조인 이들의 '적폐'가 첫값을 치르는 순간이었다.

1990년 1월 22일 이른 아침, 방학이지만 학교 강의실에 나와 있었다. 한 선배가 들어와 칠판에 큼직하게 썼다. '수원 성균관대.' 순간 당황했다. 성균관대 수원 캠퍼스가 대체 어디에 붙은 거더라. 1호선 종점인 수원역 다음다음 역인가로 가늠될 뿐이었다. 머나먼 그곳으로 나는 가야 했다. 그날은 '해방 공간 전평 이후 최초'의 전국 노동자 조직, 전노협이 결성되는 날이었다. 기나긴 전철 여행 끝에 성균관대 뒷문으로 들어서자마자 우리 일행은 살기등등한 경찰과 조우했다. 원천봉쇄했던 서울대학교가 아니라 성균관대에서 결성식이 이뤄진다는 사실을 뒤늦게 안 경찰들이 학교 안으로 밀물처럼 들어왔기 때문이다.

학생들은 일시에 흩어졌다. "이럴 줄 알았으면 오지 말걸!"이라고 투덜거리며 건물 안으로 뛰어들어 숨을 죽이던 나 역시 그중 하나였다. 한참 뒤 건물 밖으로 나왔더니 학교는 평온한 일상으로 돌아가 있었고 전노협 결성식은 어찌어찌 치러졌다고 했다. 놀란 가슴을 쓸어내리며 허탈한 발걸음으로 지하철역으로 돌아가는데 선배 하나가 어깨를 쳤다.

"YS, 개××." 나는 어안이 벙벙해서 되물었다. "갑자기 김영삼은 왜요?" 전노협 결성이라는 역사적 순간을 함께하기 위해 백리 길 왔다가 홍역을 치른 건 피차일반인데, 왜 난데없이 제2야당 총재에 대한 욕설이란 말인가. 그러자 선배는 아직 모르느냐는 어투로 뉴스를 전했다. "오늘 노태우·김영삼·김종필이 3당 합당을 했어." "네?"

그날 저녁 뉴스를 보면서 나는 망연자실하고 말았다. 한때 노태우 대통령에게 군사독재자라고 맹공을 퍼붓던 김영삼 총재가 대통령의 오른편에 부동자세로 서 있는 게 아닌가. '전통적 야당 도시' 부산의 상징이었고 수십 년 군사정권과 맞서 싸워온 민주화 운동 진영의 주축이었던 그가 하루아침에 이렇게 변신하다니.

김영삼의 깜짝쇼를 기억하시는가

또 하나 놀라웠던 것은 그때까지 여당에 맞섰던 통일민주당 국회의원들이 그야말로 일사불란하게 당 총재의 결정을 추인하며 스스로의 소속을 야당에서 집권 여당으로 바꾸는 데 동의했다는 사실이다. 물론 노무현이라는 초선 의원이 이의 있다고 팔을 쳐들었다가 끌려나갔지만. 더 놀라웠던 것은 "부산이 들고일어나면 정권이 바뀐다"는 자부심이 롯데 자이언츠에 대한 팬심 이상으로 드높던 '야도野都' 부산이 하루아침에 '여도與都'로 바뀌었던 현상이겠다.

3당 합당에 반대한 노무현과 김정길 등은 1992년 총선에서 거대 여당 '민자당'에 무릎을 꿇었다. 이때 부산 동구에서 출마했던 노무현 후보의 토로는 김영삼의 변신을 실감나게 전하고 있다.

256

1988년 4월의 13대 국회의원 선거 당시, 허삼수 씨를 상대로 출마한 나를 지원하기 위해 내려온 통일민주당의 김영삼 총재는 이렇게 이야기했다. "허삼수 후보는 반란의 총잡이입니다. 총잡이는 국회로 보낼 것이 아니라 감옥으로 보내야 합니다." 그로부터 꼭 4년이 지난 1992년의 14대 국회의원 선거에서 민주자유당의 김영삼 총재는 유권자들 앞에서 이렇게 이야기를 했다. "허삼수 씨는 충직한 군인입니다. 허삼수 씨를 뽑아 주시면 제가 중히 쓰겠습니다. 저를 대통령으로 만들어 주시기 위해서도 허삼수 씨를 국회의원으로 뽑아 주십시오."

손오공도 이런 분신술을 쓰기는 어려웠을 것이다. 그러나 김영삼의 깜짝쇼는 아직도 많이 남아 있었다.

6월 항쟁 이후 대한민국 전체에 드리워져 있던 군사문화는 차츰 엷어져갔지만 군부의 정치적 영향력은 남아 있었다. 6월 항쟁의 뒤끝에 치러진 1987년 대통령 선거에서조차 박희도 육군 참모총장은 대놓고 김대중 후보에 반대한다는 발언을 했고, 어느 장성은 김대중 후보가 당선된다면 수류탄을 들고 뛰어들겠노라 협박을 서슴지 않았다. 그 이후 노태우 정권 내내 군부가 어떻게 움직일 것이라는 '×월 위기설'은 뻔질나게 등장했다.

1991~1992년 화제를 모았던 소설 『최후의 계엄령』은 그 불안감을 직접적으로 묘사하고 있다. 전·현직 대통령과 정치인들이 실명으로 등장하는 이 소설에서, 1980년 광주 진압군의 일원으로 시위 대학생을 사살했던 이력을 가진 국회의원 오일무는 이렇게 연설한다.

12년 전 광주에서 제가 저질렀던 일을 용서받는 길은 바로 오늘, 바로 여기 여의도 광장에서 그와 같은 비극이 일어나지 않도록 하는 일입니다. (중략) 군인 여러분은 12년 전 제가 저질렀던 것과 같은 범죄를 다시 저질러서는 안 됩니다. 저는 감히 여러분에게 이런 말을 할 자격이 없습니다. 하지만 만에 하나, 오늘, 여기 여의도광장에서 총소리가 울려 퍼질 때, 제가 맨 앞에서 그 총알을 맞겠습니다.

1992년 12월에 치러진 14대 대통령 선거에서는 군인 출신 아닌 민간인 출신의 대통령 당선자가 등장할 분위기였지만 작가 자신이 "이 책이 이처럼 팔리고 있는 배후에는 정치에 대한 불안감, 미래에 대한 두려움이 깔려 있을 것"이라고 토로했다. 1990년대 초만 해도 군부의 정치적 영향력은 현실이었고 쿠데타라는 으스스한 단어도 생소하지만은 않았다.

그런데 취임사의 잉크가 마르기도 전, 취임 보름도 안 됐던 김영삼 대통령은 또 한 번의 깜짝쇼를 펼친다. 3월 4일 육군사관학교 졸업식 연설은 일종의 예고편이었다. "임무에 충실한 군인이 조국으로부터 받는 찬사는 그 어떤 훈장보다도 값진 것입니다. 그러나 올바른 길을 걸어온 대다수 군인에게 당연히 돌아가야 할 영예가 상처를 입었던 불행한 시절이 있었습니다. 나는 이 잘못된 것을 다시 제자리에 돌려놓아야 한다고 믿습니다." 닷새 후 3월 9일, 대통령은 임기가 한참 남아 있던 육군 참모총장과 기무사령관의 목을 날려버렸다. 육군 참모총장은 육사 17기 김진영 대장이었다.

백면서생이었던 나에게도 '육사 17기'의 이름은 익숙했다. 전두환 정권 탄생의 공신들이라 할 허삼수(앞서 김영삼 대통령이 감옥에 보내자고 했다가 여당 변신 뒤엔 충직한 군인이라고 말을 바꿨던), 허화평 등이 17기였고 제6공화국 내내 '극우의 아이콘'으로 살아온 김용갑, 얼마 전에 돌아가 국립묘지 안장 논란이 일었던 전 경호실장 안현태 등이 모두 17기였다. '친위쿠데타 설'이 등장할 때마다 '육사 17기'는 단골로 들먹여지던 기수였고, 김진영 참모총장은 그 선두 주자였다. 1979년 12·12 군사반란 때 직속상관인 수도경비사령관의 명령을 거역하고 전두환 소장을 따랐던 33경비단장이 바로 그였던 것이다.

무려 4,000억 원이라는 노태우 통치자금

전두환 대통령의 직속 인맥이자 노태우 정권의 마지막 육군 참모총장으로서 문민정부에 걸쳐 있던 군부의 대못을 김영삼 대통령은 단칼에 뽑아버린 것이다. 다음날 비서관 회의에서 "놀랬제?" 하고 웃었다지만 놀란 것이 비서관들뿐이었을까. 일단 권력의 의지가 드러나자 원님 덕에 부는 나발이 우렁차게 울려 퍼졌다. 헌병대 대령이 군인 아파트에 '하나회' 명단을 살포하면서 군내 사조직 하나회의 속살이 백일하에 드러났고, 숙청의 칼은 더욱

매서워졌다. 그 이후 두 달 동안 땅에 떨어진 별의 수는 42개에 달했다. 새롭게 별을 달거나 별의 수를 늘린 장군들의 계급장에 쓸 별이 부족해 국방부 간부들의 군복에서 떼내 '응급'으로 사용할 정도였으니 더 할 말이 있겠는가. 당시 예비군 훈련장에 모인 예비역들 사이에서 나온 얘기는 귀에 선하다. "이건 천지개벽이다. 김영삼 저 아저씨 미쳤다.""YS 다시 봤다, 대단해." 공군 출신들의 환호도 있었다. 이양호 공군 참모총장이 건국 이후 최초로 비육군 출신 합참의장 자리에 올랐던 것이다.

하나회라는 군부 내 사조직은 어떤 곳이었는가. 하나회는 '정규 육사 1기'라 자임했던 11기부터 무려 36기까지 뻗어 있었다(현재 육군 참모총장이 34기이다). 그러나 4반세기 동안 앞에서 끌어주고 뒤에서 밀며 우리나라 군대를 좌지우지해온 하나회의 '적폐'는 그해 짧은 봄에 끝났고, 사람들의 뇌리에서 군부 쿠데타 같은 단어는 다른 나라 얘기가 되었다.

김영삼 대통령은 그 후로도 여러 번 사람들 심장을 들었다 놨다 했다. 북한이 끈질기게 송환을 요구해온 비전향 장기수 이인모를 선뜻 송환하는가 하면 금융실명제 같은 메가톤급 충격을 하루아침에 발표하는 등 그의 깜짝쇼는 임기 내내 이어졌다. 그로부터 또 한 번 온 국민이 "놀랬재?" 소리를 들은 건 1995년이었다.

그해 나는 직장인이 됐다. 그런데 신입생 때부터 직장 초년생 때까지 대학가와 거리에서 울려 퍼지던 구호에 빠짐없이 등장하는 두 이름이 있었으니 전두환과 노태우 두 전직 대통령이었다. 시민들은 5·18 광주항쟁 진압의 책임을 물어 두 대통령을 고소고발했지만 검찰의 대답은 '성공한 쿠데타는 처벌할 수 없다'였다. 김영삼 대통령도 "책임자 처벌은 역사에 맡기자"는 쪽이었다. 그러나 금융실명제 실시로 인해 꼬리가 밟힌 전직 대통령의 비자금이 드러나면서 분위기는 일변한다. 노태우 전 대통령은 무려 4,000억 원의 '통치자금'을 보유하고 있다고 고백했는데 당시 입사 동기는 이렇게 설명했다. "단군왕검 때부터 지금까지 연봉 1억씩 받고 한 푼도 안써야 모을 돈이고 우리 연봉으로는 빙하기 때부터."

바야흐로 수면에 부상한 "단군 이래 최대 도둑"들에 대한 분노가 끓어오르던 1995년 11월 24일 김영삼 대통령은 또 깜짝쇼를 연출했다. 여당 사무총장을 불러 "쿠데타를 일으켜 국민들에게 수많은 고통과 슬픔을 안겨준 당사자들을 처리하기 위해 5·18 특별법을 제정하라"고 지시한 것이다. 뉴스에서 이 소식을 접하며 나는 1990년 1월 22일과 1993년 3월 9일에 취했던 자세 그대로 얼어붙었다. "이 양반 정말 사람 정신없게 만드는구먼."

가장 정신없게 된 사람들은 검찰이었다. "성공한 쿠데타는 처벌할 수 없다"고 선언한 것이 불과 넉 달 전 아니었던가. 검찰은 역시 기민하게 움직였다. 즉시 재수사에 돌입했고 11월 30일에는 드디어 전두환 전 대통령에게 소환장을 던졌다. 이에 대한 전 전 대통령 쪽의 반응은 오만하기 짝이 없었다. 검찰은 수사팀을 전 전 대통령의 고향 경남 합천까지 급파하고서야 '피의자'를 연행해올 수 있었다.

법의 심판을 받게 된 사람들

왕년의 부하들을 병풍처럼 세워 두고서 "내가 내란의 수괴라면 내란 세력과 야합한 김 대통령도 응분의 책임을 지는 게 순리"라고 으르렁대던 왕년의 독재자 표정. 고향 합천으로 향하는 차를 입체적으로 뒤따르던 취재진, 그리고 마침내 검찰의 팔짱을 끼고 끌려나오던 굳은 얼굴과 어떻게든 호송 차량을 가까이에서 찍으려고 오토바이까지 타고 접근하다 땅에 나뒹굴었던 모 방송사 기자의 사연까지. 긴박한 1박 2일이 끝나고 전두환 전 대통령은 수감됐다.

1980년 이후 수많은 사람들의 피와 눈물을, 때로는 생명까지 강요했고 죽음을 무릅쓴 저항을 하게 만들었던 독재자, 몇 년 전 또 한 번의 '깜짝쇼'로 풍비박산 냈던 '하나회'의 원조인 '적폐'가 바야흐로 죗값을 치르기 시작한 순간이었다. 전두환의 집 근처에 모여든 시위대가 부르는 노래 몇 소절에 콧날이 시큰해졌던 기억이 난다. "왜 쏘았지 총 왜 찔렀지 칼 트럭에 싣고 어딜 갔지." 그렇게 많은 사람들이 악에 받쳐 처단하라고 외쳤던 사람이 기어코 '법'의 심판을 받게 된 것이다.

한 나라의 대통령이 깜짝쇼를 펼치며 국민들을 어안이 벙벙하게 만들던 시대는 '쿠데타'라는 단어만큼이나 우리로부터 멀어졌는지도 모른다. 적절한 절차와 논리적 설명 없이 한 사람의 의지로 세상을 바꾸는 일은 불가능해보인다. 하지만 오늘, 그 깜짝쇼들이 살갑게 다가서는 이유는 그런 방식으로라도 내 안의 갑갑함을, 나라 사정의 답답함을 풀고 싶기 때문일지도 모르겠다.

1998년 새해는 나라의 금고가 텅 비어 무척 추웠다. 텅 빈 금고를 채운 것은 집집마다 장롱 속에 모아둔 작은 금붙이였다. 문경은, 정은순, 신진식, 김세진 등 스포츠 스타들도 금 모으기 운동에 동참했다.

들불처럼 번졌던 '대자보 열풍'의 시작인 고려대생 주현우 씨의 대자보를 보면 이런 대목이 나온다. "1997~1998년도 IMF 이후 영문도 모른 채 (부모님의) 맞벌이로 빈집을 지키고." 맞벌이를 나가야 했던 부모님 대신 빈집에 홀로 있던 어린 시절 기억을 떠올린 것이리라. 그때는 맞벌이를 해야 했던 집이 많았다.

1997년은 내가 결혼했던 해다. 일복이 터지던 즈음이라 달콤한 신혼 생활은 기억에 없지만 그래도 세상은 장밋빛이었다. 보너스는 풍성하게 나왔고 월급은 해마다 올라 그해에도 소급분을 현금으로 챙겨 아내 몰래 요긴

하게 비상금으로 썼다. 하지만 좋았던 시절은 서서히 저물어 갔다. 분위기가 이상하게 흘러간다는 것은 다들 짐작하고 있었다. 한보, 삼미, 진로 등 유수의 기업들이 연속적으로 나가떨어졌고 회사에서도 '비상대책회의'가 열려 제작비 절감을 독려했다. 그 '비상대책회의'를 여의도 호텔을 빌려서 했으니 위기감을 느끼기에는 시간이 조금 더 필요했다. 마침내 재계 8위이자 한국 자동차 생산의 양대 산맥이던 기아그룹이 두 손을 들었을 때 '충격과 공포'의 파괴력은 대단했다. "이러다가 나라가 망하는 거 아니야?" 이렇게 말한 사람은 선배 PD만이 아니었을 것이다.

은행의 하루를 보여준 '눈물의 비디오'

1997년 11월 21일 초겨울. 대한민국 경제부총리 임창열은 IMF(국제통화기금)에 구제 금융을 신청했음을 공식적으로 밝혔다. 발표를 하던 임창열 부총리의 얼굴은 화석처럼 굳어있었다. 무언가 큰일이 닥쳤다는 것은 알았지만 IMF 구제금융이 무엇을 의미하는지, 다음 주 방한하는 IMF 대표단이 무엇을 요구하고 그것이 우리 삶에 어떤 영향을 끼칠지를 예견하기란 쉬운 일이 아니었다. 그렇게 얼떨떨한 표정으로 지켜보던 사람들 위로 IMF의 폭풍은 인정사정 보지 않고 밀어닥쳤다. 기업들이 무너지고 은행들이 도산했다. 수많은 주식들이 휴지 조각이 됐고 허다한 가장들이 일자리를 잃었다. IMF가 I'm fired(나 해고됐다)의 약자라거나 I'm a failure(나는 실패작이다)의 약자라고 하는 웃기지도 않은 농담들이 오가는 가운데 살아남기 위해 사람들의 눈에는 핏발이 섰다.

　"회사 창업 이래 사장님 차 몰았던 기사님이 계셔. 연세도 많으시고 부장님, 부장님 그랬는데 해고되셨어. 마지막 인사를 드린다고 사무실을 도시는데 다 울었어. '애들이 고등학생 대학생인데 어떡해요?' 그렇게 물으니까 '저만 그런가요' 하면서 웃으시는데 그게 더 슬프더라고."

　어느 날 저녁을 먹다가 아내가 훌쩍거리며 들려준 이야기였다. 폐쇄되는 어느 은행 지점의 하루를 담담하게 담은 동영상이 장안의 화제가 되기도 했다. 어떤 자는 남고 어떤 이는 떠나야 하는 냉혹한 현실 앞에서 영상 속

은행원들은 다양한 모습을 보여주었다. 한 여성 은행원이 말을 잇지 못하고 울먹이는 대목에서는, 이 영상을 보던 한국 사람 대부분이 눈물을 흘렸다. 그래서 '눈물의 비디오'였던가.

"정말 저도 10여 년 동안 근무하면서 열심히 일했고요. 남아 계신 여러 분들 똘똘 뭉쳐서 진짜 좋은 은행으로 다시 살아나시기 바랍니다. 우리 은행 직원분들은 다들 똑똑하신 분들이니까."

죄라고는 열심히 일한 것밖에 없는 많은 사람들이 벼랑 끝으로 내몰렸고 가슴 아프게 떨어졌다. 6·25 이후 최대의 국난이라는 표현이 조금도 과장스럽게 느껴지지 않던 시절이었다. 압록강을 건넌 지 3일 만에 서울에 이른 병자호란 당시의 청나라 군대처럼, IMF는 빠르고 신속하게 대한민국의 일상을 함락했고 한국인들의 '체질'을 개선하려 들었다. 누구도 거기에 저항하지 못했다. 미셸 캉드쉬 IMF 총재가 외교 관례에 어긋나게도 "대통령은 물론 대통령 선거 운동 중인 3당 후보 모두의 이행 각서"를 요구하는 모독적인 언사를 입에 담았음에도 이를 받아들여 재정경제원 차관이 여야 후보들의 사인을 받아 오기 위해 동분서주하기까지 했으니 더 보탤 말이 없다.

아이에게 사준 『박시백의 조선왕조실록』을 훔쳐 읽다 보니 임진왜란 당시 의병들의 봉기를 설명하면서 저자는 이런 표현을 썼다.

적잖은 이들이 창의의 깃발을 들었고, 나라로부터 받은 은혜도 없으면서 위기가 닥치면 떨쳐 일어나는 독특한 유전자를 가진 민중들이 화답하여 일어나 싸웠다.

1997년의 IMF 경제 위기라는 전대미문의 국난 속에서도 이 '독특한 유전자'는 여지없이 발휘됐다. 바로 '금 모으기 운동'이었다. 이 운동의 시발에 대해 여러 설이 엇갈렸다. 새마을부녀회 중앙연합회는 IMF 구제금융 발표를 하기도 전, '애국가락지 모으기 운동'을 선포했던바, 이것이 금 모으기 운동의 시발이라는 주장도 있고, 어느 기자의 머릿속에서 나왔다는 얘기도, 어떤 시민이 새마을운동본부 등에 금 모으기를 건의한 것이 시발이 되었다는 전설도 있다. 누가 먼저 들었는지는 모르겠으나 대한민국 전체가 일렁이는 불길로 번지는 데에는 오랜 시간이 걸리지 않았다. 장롱 속에서 잠자던 금을 모아 수출하여 외환위기를 극복하자!

　　고개를 갸웃거리는 사람도 많았다. "환율 폭등으로 가뜩이나 금 들여오기가 어려운데 들어온 금마저 내다 팔면 어떡하냐"는 것이다. 일부 경제전문가들은 지금이 전시도 아닌데 마지막 지불 수단을 소진하는 것이 옳은가를 물으며, 장차 금 부족 현상으로 금 파동이 올 수 있다고 경고하기도 했다. 귀금속 업체들은 도산 위기에 처할 수 있다고 울상이었고 은행들도 처음에는 금 모으기를 주관하는 일을 꺼렸다. 그러나 일단 불이 당겨진 한국 사람들의 '애국심'은 쓰나미처럼 전국을 휩쓸었다.

　　돌반지를 꺼내 온 예는 너무 흔해서 뉴스거리도 안 됐다. 장기근속 기념품인 메달이나 황금 열쇠 같은 것들도 무더기로 쌓였다. 어떤 금은방 주인은 가게에 있던 6,000만 원 어치의 순금을 무더기로 내놔 사람들을 경악시켰다. 위안부 피해 할머니들도 금반지를 내놨고 재외동포들까지도 팔을 걷었다. 베이징 주재 한국대사관에는 충칭의 대한민국 임시정부 청사를 관리하는 중국인 직원 16명이 중국 일반 근로자들의 1년 연봉에 해당하는 1,000 달러를 모아왔다.

　　"한국의 금 모으기 운동에 동참하고 싶습니다." 대사관 관계자들도 목이 멨다. "거기는 한국 사람들이 별로 가지 않아 입장료 수입도 없는 편인데, 중국 사람들이…." 심지어는 북한 사람들도 가세했다. 러시아에서 일하는 북한 노동자는 한국 방송사에 피땀이 뚝뚝 떨어지는 달러를 보냈다. "북녘 동포들에게 혈육의 동포애적으로 물심양면으로 지원을 보내 주는 남조선 인민들에게 뜨거운 고마움의 인사를 보냅니다. 아무리 어렵더라도 그저 앉아서 받기만 하기에는 마음이 부끄럽습니다. 입쌀떡을 얻어먹고 강냉이떡이라도 갚아드려야 마음이 편합니다." 그렇게 모인 금이 석 달 동안 225톤이었다.

금 거북이 내놓고 후다닥 도망간 아저씨

금 모으기 운동의 열기가 휩쓸고 간 뒤 나는 뜻밖의 임무를 받았다. '새마을금고'에서 전국 지점에서 벌인 금 모으기 운동 홍보물을 만들고 싶다 하니 그걸 해보라는 명령이었다. 평소 같으면 입이 댓발은 나올 일이었지만 '때가 어느 때라고' 그런 무엄한 행동은 상상할 수 없었기에 자료를 모으고 촬영을 나갔다.

새마을금고 쪽에서 제시한 촬영 장소는 인천의 어느 새마을금고였다. 어차피 주요 그림은 자료 화면을 가져다 써야 했고 취재라고 할 것은 그저 직원들의 인터뷰 정도였다. 촬영을 마치고 직원들과 환담을 나누는데 한 신입 여직원이 들뜬 목소리로 자신의 기억을 전해주었다. 말투로 보아 경북 출신 여직원이었다.

"한번은 노숙자 차림의 아저씨가 오셨어예. 뭐 하러 오셨습니까 계속 물어봐도 머뭇머뭇 말은 안 하고 그냥 서 있더라고예. 그래 제가 짜증을 좀 내면서 '뭘 도와 드릴까요' 물었어예. 그런데 그 아저씨가 나지막하게 말하더라고예. '도움을 받으러 온 게 아니고 도와보려고 왔습니다.' 그러면서 금거북이 작은 거를 내놓는 기라예. 금값 받아 가시라 하니 안 받으시고 그거는 헌납하는 겁니다 하고는 막 뛰어나가시더라고예. 저는 애국심 같은 거 모르거든예. 그런 말 하고 싶지도 않고예. 근데 그 아저씨 뒷모습 보면서 막 가슴이 뛰고 눈물이 나는 거라예. 뭉클해지고 부끄럽고."

금 모으기에 동참한 사람들 중에는 회사에서 반강제로 밀어붙이는 바람에 울며 겨자 먹기로 금을 내놓은 사람들도 있었을 것이고, 교육청에서 금 모으기 운동 참가 인증을 요구했다가 취소한 해프닝처럼 '강요된 미덕'의 요소도 적지 않았을 것이다. 하지만 절대다수는 자발적으로 자신의 몫을 나라에 내놓은 '의병'들이었고 자신들이 내놓는 금이 국난 극복에 소용되리라 믿었고, 믿고 싶어 했다. 금 거북이를 내놓고 후다닥 도망가버린 노숙자 아저씨처럼, 그 뒷모습을 보면서 가슴을 부여잡고 눈물을 그렁거렸던 새마을금고 여직원처럼.

흔히들 사람들은 금 모으기 운동을 한 세기 전 벌어졌던 국채보상운동에 비교한다. 대구에서 시작된 국채보상운동 역시 1998년 벽두의 금 모으기처럼 요원의 불길로 전국을 휩쓸었다. 숯장수들이 나무 팬 돈을 모아 기탁했는가 하면, 갑오경장 이후 사람이 되긴 했지만 여전히 사람 취급 못 받던 백정도 고기 판 돈을 보탰다. 장애인이었던 거지가 20전을 내놓아 사람들을 울리기도 했다. 하와이에서 짐승 취급 받으며 일하던 동포들도, 블라디보스토크에서 바닥을 쓸고 다니던 한인들도 돈을 모아 보냈다. 금 모으기 운동의 판박이였다.

비슷한 점은 더 있었다. 국채보상운동 당시 가장 참여가 미약했던 것은 국난을 자초했던 황제와 그 밑의 신하들이었다. 고종 황제는 '금연'으로 운동에 동참하기는 했으나 그뿐이었다. 보유하고 있던 막대한 내탕금에는 손대지 않으셨던 것이다. 그나마 운동에 동참하기는커녕 "그걸로 빚을 갚을 수 있다고?" 하며 코웃음을 치거나 비난 일색이었던 그 밑의 신하들보다는 낫다고 해야 할까. IMF 금 모으기 운동에서도 그랬다.

평생 덜 먹고 덜 쓰고 덜 자며 먹고살기 위해 애써온 동네 사람들이 다투어 줄을 선 반면 부유한 지역의 참여는 눈에 띄게 조촐했다. 돌반지, 장기근속 메달, 18K 목걸이는 산더미처럼 쌓여갔지만 정작 귀한 분들의 장롱 속에 있었을 '골드바'는 가뭄의 콩이었다. 심지어 부유층의 참여를 독려하고자 그 출처를 묻지도 않겠고 탈세 여부를 추궁하지 않겠노라고 정부가 공언까지 했지만 거기에 대한 호응은 미미했다. 그중 가장 큰 공통점은 문제를 해결해보겠노라고 나선 의기는 하늘을 찌르고 땅을 흔들었으나 그 문제를 불러온 이들에 대한 책임 추궁은 빈약했다는 것이다. 국민들은 국난 극복을 위해 매진했으나 누가 국난을 불렀는지에 대한 의문은 철저하게 배제됐다.

국채보상운동이 일제의 방해와 금품을 둘러싼 잡음으로 허무하게 마무리됐던 것처럼 금 모으기 운동의 현실도 그렇게 아름답지만은 않았다.

나라를 살리겠다는 마음에 제값을 받는 것인지 확인도 하지 않았다. 그런데 한쪽에서는 비싼 값에 금을 수입해 싼값에 외국에 재수출하고 있었다. 최근까지 온 나라를 떠들썩하게 했던 금 모으기 운동 과정에서 이런 어처구니없는 일이 벌어졌다. 재벌그룹 종합상사들이 그 장본인들이다. 이뿐만 아니다. 금 모으기 운동 자체에도 작다고 할 수 없는 시행착오가 많았다. 국제 시세를 훨씬 밑도는 헐값에 팔렸는가 하면, 국내 금 유통업 종사자의 절반이 실업자 신세가 됐다. [《한겨레21》, 1998년 5월]

우리가 어쩌다 이렇게 됐지?

역사는 항상 그랬다. 앞서 말했듯 "나라에게 받은 은혜라고는 없는 사람들"이 나라의 위기를 위해 떨쳐 일어섰지만 은혜를 많이 받은 사람들은 동참은커녕 뒷전에서 딩가딩가 거렸다. 심한 경우 자신들의 허물을 의로운 사람들에게 뒤집어씌웠으며 국난을 부른 책임이 한 번도 제대로 물어진 적이 없었다. 오늘도 마찬가지 아닌가. 이 나라의 정체政體라 할 민주공화국의 민주주의가 위기에 처했다는 외침이 드높은 즈음, 전국을 수놓았던 '우리는 안녕치 못합니다' 대자보들은 "도움을 받으러 온 게 아니라 도우러 왔습니다"라고 머뭇머뭇 말하던 남루한 남자의 결의와 얼마나 다르겠는가.

1997년 세밑, "우리가 어쩌다 이렇게 됐지?"라고 탄식하던 한국인들은 "우리는 이런 사람들이야!"라고 어깨를 으쓱할 수 있는 '뜨거운 겨울'을 만들었다. 요즘도 우리는 가끔 이런 소리를 듣는다. "우리가 어쩌다 이렇게 됐지?" 여기에 영화 〈변호인〉의 대사로 대답해보고 싶다.

"대한민국은 민주공화국이고 모든 권력은 국민으로부터 나온다. 국가는 국민입니다."

마지막 희망을 추억하며:
김종학에서 김광석까지

한국방송(KBS) 노조 파업에 대한 제2차 경찰투입이 벌어진 1990년 4월 30일 밤, 농성하던 사원들이 손가락으로 승리의 V자 표시를 하며 "서기원 사장 퇴진"등의 구호와 함께 연행되고 있다.

1987년 6월 항쟁 당시 부산이 본격적으로 '디비졌던' 것은 6월 16일 무렵이었다. 사직야구장의 열광적인 응원으로 이름 높은 부산 사람들의 화끈한 기질은 시위에서도 유감없이 발휘됐다. 연 사흘 밤샘 시위가 이어졌고 격렬함도 점잖은 다른 지역 사람들이 보면 눈이 휘둥그레질 정도였다. 마침내 6월 18일 부산은 세계 언론에서 초미의 관심 대상이 된다.

저녁 8시쯤, 무려 30만의 시위대가 서면에서 부산역에 이르는 도로를 완전히 장악했다. 시위대가 목표로 한 것은 부산 KBS였다. 당시 고등학교 3학년이던 나는 집에 돌아올 때 시위대와 전경의 대치를 여러 번 거쳐야 했는데 기자들이 곤욕을 치르는 것을 여러 번 보았다. 그나마 신문사 기자는 나왔지만 KBS나 MBC 기자는 두드려 맞지 않으면 다행이었다. 어떤 대학생들은 촬영하는 방송 카메라 뒤를 떠나지 않고 왈왈왈 개 소리를 내며 조롱했다.

방송 카메라 뒤쫓으며 '왈왈왈'

KBS는 완전히 포위됐다. 돌과 화염병이 욕설과 함께 KBS 담벼락에 쏟아졌고 일대 공방전이 펼쳐졌다. 19일 새벽까지 이어진 격전 끝에 경찰이 최후의 수단으로 수백 발의 다연발 최루탄(지랄탄이라고 불렀던)을 쏟아부음으로써 KBS는 겨우 지켜졌지만 전두환 대통령으로 하여금 군을 출동시킬 결심을 하게 만들 정도로 위급한 상황이었다. 그 후로도 종종 길거리에서 "KBS로 가자!"는 시위대의 외침을 여러 번 들었고 당시 KBS는 차고 넘치는 원성과 경멸의 대상이었다. 매일 밤 9시만 되면 전두환 대통령이 첫머리에 등장하는 '뚜뚜전(두환)'이나 '땡전뉴스'가 판을 치고, 대통령의 해외 방문을 보도하는 리포트에서 "겨울을 녹이는 봄바람과 함께 가시더니 가뭄을 어루만지는 봄비로 돌아오십니다"라는, 요즘 말로 하면 가히 '종북從北'에 가까운 북한식 개인숭배를 서슴지 않았다.

하지만 1980년대는 방송에 종사하는 이들에게는 일종의 '황금기'이기도 했다. 컬러 TV의 보급과 방송 시간 확대를 통해 TV의 영향력은 급속도로 확대되었다. 하지만 언론통폐합이 단행된 뒤 TV 방송은 단 두 곳, KBS와 MBC뿐이었다. 시위 현장에서 눈총 받는 것을 제외한다면 KBS와 MBC 기자들은 어디서든 환영받았고 칙사 대접이 부럽지 않았다. 그 호시절과 굴욕기의 묘한 교차기를 보냈던 방송가에도 6월 항쟁은 도둑같이 왔다. 그 뒤 대한민국의 각 분야와 마찬가지로 엄청난 변화가 일어났다. 1987년 말 MBC에 이어 1988년 KBS도 노동조합이 생겨난 것이다. KBS 노동조합 초대 위원장 고희일은 KBS 노보 창간사에서 이렇게 말했다.

"방송은 전파라는 전 국민 소유의 공공재를 이용한 기업으로 국민의 이익을 대변하는 기구가 되어야 합니다. 그럼에도 불구하고 과거 KBS는 특정 정치권력의 대변인으로서 여론조작의 하수인 역할을 해온 것이 사실입니다. 따라서 편파·왜곡보도에 대한 국민들의 지탄이 '시청료 거부운동'에 이르게 된 것입니다. 지금부터라도 KBS는 이러한 오욕의 역사를 청산하고 찬란한 영광의 역사를 첫 장부터 다시 써야 합니다."

저 다짐이 현실화되는 데는 많은 난관이 도사리고 있었다. 비록 공화국의 숫자는 '5'공화국에서 '6'공화국으로 바뀌었을지언정 그 정권을 담당하는 사람들은 5공화국 내내 땡전뉴스 보도지침의 편리함에 익숙해 있던 사람들이 아니었겠는가. 그들에게 KBS의 반항은 상상과 용납이 불가능한 일이었다. 광주항쟁을 전면적으로 다룬 〈광주는 말한다〉 같은 프로그램이 KBS를 통해 만들어지고 전파를 탔을 때 여당의 박희태 대변인(후일 국회의장이 되시는 그분)의 말씀을 통해 우리는 그 정서를 짐작할 수 있다. "어떻게 '우리가 믿고 사랑하던 KBS'가 그런 프로그램을 방영할 수 있는지 실망스럽다"는 것이었다. '우리가 믿고 사랑하던'에 다시 한 번 밑줄 쫙이다.

방송사 내부의 진통도 상당했다. 보도본부장이 "프로그램 내용의 일부 삭제 없이 방송될 경우 한국 사회는 커다란 혼란에 빠지며 군軍을 자극하여 또 다른 사태가 야기될 수 있다"는 식의 협박 같은 우려(자기가 보도본부장이지 합참본부장인가)를 하며 사표를 제출하는 상황이었으니까. 후일담으로 들은 이야기지만 〈광주는 말한다〉가 방송되던 때, 행여라도 누군가 들이닥쳐 테이프를 빼지 않을까 하여 기자들과 PD들이 주조정실 앞에 진을 치고 있었다고 했다.

권력을 쥔 사람들에게 이런 KBS는 KBS가 아니었다. 천하 없는 사태가 벌어져도 대통령의 동정만큼은 9시 뉴스 앞에 내거는 게 상식이었던 KBS에 어찌 이런 일이 일어난단 말인가. 이런 진통 속에 1990년대가 밝았다. 그리고 1990년에 들어서자마자 정부는 본격적으로 KBS를 손보기 시작했다.

못마땅한 변화의 정점에 서영훈 사장이 있다고 생각한 정부는 서 사장 몰아내기에 힘을 기울인다. 회사 직원들에 대한 수당 지급에 예산을 변칙적으로 사용했다는, 별로 그럴듯하지 않은 혐의를 걸어 서영훈 사장을 낙마시킨 것이다. 그 뒤 정부가 택한 인사는 전 〈서울신문〉 사장 서기원이었다. 어린 시절, 동네 통반장 집에는 어김없이 〈서울신문〉이 공짜로 들어왔다. 정부의 시책을 가장 잘 납득하고 이해하며 미진한 점이 있으면 앞장서서 설명하고 대변했던 신문이었기 때문이다.

KBS 노조는 "서기원만은 안 된다"는 입장이었고 "무슨 일이 있어도 서기원"이어야 하는 정부와 충돌했다. 4월 6일 이미 "관제 사장 저지대"가 결성되어 서기원 사장의 출입을 막았고, 서 사장 역시 대단한 뚝심을 발휘하여 출근 투쟁을 전개한다. 4월 12일 서기원 사장은 노조원의 눈을 피해 사장실에 들어간 뒤 사장실로 통하는 모든 통로를 봉쇄하고 엘리베이터 작동마저 중단시켰다. 뒤늦게 이를 알게 된 노조원들은 셔터를 뜯어내고 사장실로 통하는 복도에서 농성을 시작했다. 서기원 사장은 112 다이얼을 돌렸고, 공영방송 KBS의 우람한 경내에 공권력이 들이닥치는 비극이 벌어지고 만다. 이에 저항하던 117명의 노조원이 그들의 일터에서 체포되어 유치장으로 옮겨진다. 그들이 끌려간 뒤 서기원 사장은 취임식을 강행했다.

'KBS 탤런트 일동' 이름의 성명서도 나와

그날 오후 4시, 교양국과 기획제작국에서 봉화가 올랐다. "전면 제작 거부!" 그리고 이 불길은 직종별 사무실로 급속도로 번졌다. 다음날인 4월 13일 전국의 KBS 지역국 사원들까지 상경하여 8도 사투리가 로비에 그득한 가운데 KBS 비상사원총회가 열린다. KBS 전체가 뒤집힌 것이다. 이걸 말려야할 실장, 국장급들까지도 동참하는가 하면, 방송 송출을 제외한 거의 모든 인력이 일손을 놓았다. 조연출 시절에 모시던 KBS 출신 선배에 따르면 "경비부터 부장까지" 격노했다고 한다. 그분은 이렇게 표현했다. "민중봉기였지 민중봉기." 심지어 탤런트들도 'KBS 탤런트 일동'이라는 이름으로 발표된 성명에서 이렇게 노호한다. "관제 사장 서기원의 공권력을 빌린 만행에 분노를 표한다. 비록 사원의 신분이 아니라 직접 참여는 못하지만 마음만은 여러분과 같이 있다."

마침내 정규 방송이 불방되기 시작했다. 〈보도본부 24시〉도 〈사랑방 중계〉도 방송되지 못했다. 인기 드라마도 전파를 타지 못했다. 그런데 이상한 일이 벌어졌다. 그렇게 방송이 펑크 나고 시청자들은 '볼 권리'를 빼앗겼음에도 불구하고, 시청료 거부 운동은 벌어지지 않았다. 시청료 거부는커녕 인삼즙을 싸 들고 온 시장 상인들, 우유 몇 갑을 보내며 힘내라고 응원하는 주부 등 시민들의 지지 방문이 이어졌고, 그중에는 시청료 거부 운동을 주도하던 여성단체 대표단도 끼어있었다.

노동조합에는 수백 통의 격려 전화가 쏟아졌는데, 그 가운데는 방송 초유의 KBS 파업에 들뜬 내 전화도 있었다. 그런데 내 전화는 KBS 노동자에게 다소 실례였을 터이다. "파업 지지합니다!"라고 한 다음에 "요즘 방송 너무 재미있어요!" 하는 요령부득의 멘트를 내뱉어버린 것이다. 사연인즉슨 정규방송이 불방되면서 그 시간을 때우기 위해 오래된 영화나 다큐멘터리 등이 수시로 재방송됐는데, 영화 전문 케이블 TV 따위는 흔적도 없었던 시절이라 〈토요명화〉나 〈주말의 명화〉를 통해서나 영화의 지평을 넓힐 뿐이었던 나에게 파업 기간은 실로 환호작약의 시간이었던 것이다. 미욱한 대학생의 엉뚱한 인사에 "네?"라고 황망하게 되묻던, 이름 모를 노조원에게 다시 한 번 사과의 말씀을 전한다.

그렇게 범국민적인 지지를 불러일으켰던 당시의 분위기를 가장 잘 전달하는 사연 중 하나로 하종강 성공회대 노동아카데미 주임교수의 경험을 소개하겠다. 노동 상담을 하던 그에게 어느 날 나이 어린 여성 노동자들이 찾아왔다. 하 교수는 당시를 이렇게 회고한다.

불법 파업을 했다는 이유로 집단 해고를 당했다고 했다. 이른바 '집단 월차휴가 내기'라고 불리는 '준법투쟁'을 벌였다는 것이다. 나이 어린 그 노동자들의 이야기를 한참 동안이나 들었지만 불법 파업을 한 원인을 쉽게 파악할 수 없었다. 그 뒤 오랫동안 꽤 여러 번 그 노동자들을 만났지만, 그들은 좀처럼 내게 속마음을 털어놓지 않았다. 어느 날 기다리다 못한 내가 답답함을 참지 못하고 다그쳤다. "왜 파업을 결의했어요? 솔직히 좀 말해봐요." 노동자들은 자기들끼리 눈짓만 주고받고 쿡쿡거리며 웃을 뿐 속 시원한 답변을 하지 않았다. 한 노동자가 딱하다는 표정으로 나를 빤히 쳐다보더니 말했다. "울산 지역하고 KBS에 공권력을 투입했잖아요. 그거 모르세요? 왜 우리가 우리 회사 문제만 갖고 파업했을 거라고 생각하세요?"

KBS 파업은 스물 안팎의 여성 노동자들이 자신의 일자리를 걸고 집단 월차를 낸 이유가 됐던 것이다. 자신들보다 두세 배 월급은 족히 받았을 방송사 직원들임을 모르지 않았겠지만 그들에게 투입되는 공권력이 누구를 위한 것이고 방송사 직원들이 파업을 벌이는 이유는 무엇인가에 대해서 더욱 공감했기에 어린 여성 노동자들은 "너 잘리고 싶어?"의 협박을 이겨낼 수 있었을 것이다.

타임머신을 타고 돌아간 듯한 기시감

그로부터 24년이 흘렀다. 1990년의 KBS '민중봉기'를 돌아보매 "그때는 그랬지" 하며 흐뭇한 미소를 지으며 격세지감의 뜻을 음미해야 마땅하나 현실은 그렇지 못하다. 격세지감은커녕 타임머신을 타고 돌아간 듯한 기시감에 어찌할 바를 모를 정도다. 서기원 사장 앞에서 일치단결하여 관제 사장 물러가라를 부르짖으며 실장과 국장들까지 나서서 사원들을 지지하던 모습은 사장의 이름만 바뀐 채 다시 2014년 여의도 KBS 마당을 달구었다.

"우리는 기레기였습니다"라고 울먹이는 21세기 기자의 모습은 '기레기'라는 신조어만 제외하면 "특정 정치권력의 대변인으로서 여론조작의 하수인 역할"을 했노라 가슴을 치던 당시 KBS 노조 위원장의 탄식과 다를 것이 없다. 노조가 맞서고자 하는 사장의 뚝심 또한 쌍둥이 같고 불법 파업이라는 으름장 또한 1990년이나 2014년이나 글자 몇 개 수정하는 수고로움 없이 빼닮았다. 상기된 목소리로 "파업 지지합니다!" 격려 전화를 했다가 "요즘 방송 너무 재미있어요!"라고 헛발질을 했던 대학생은 24년 뒤 냉면 집에서 우연히 마주친 KBS 선배에게 말했다. "파업 잘하슈. 파이팅! 근데 냉면은 형이 사!" 뭐 이렇게 똑같을 수가 있는가.

역사는 때로 반복되지만 재연되지는 않는다. 1990년 KBS의 '민중봉기' 때에는 대부분의 방송이 파행됐지만 지금은 그렇지 않을 것이다. 그만큼 외주제작의 비율이 높고 당시에는 별로 존재하지 않았을 단어 '비정규직'들이 방송의 상당 부분을 담당하고 있기 때문이다. 그들은 파업 순간에도 KBS 방송을 만들고 있고 차질을 빚는 부분을 메우고 있다. KBS에 공권력이 투입됐다고 하여 자기들의 밥줄을 끊을 수 있는 일에 동참한 야무진 여성 노동자들도 더 이상은 찾아보기 어렵다. 24년의 세월 동안 보여온 부침 때문일까, "달라지겠습니다"라는 선언은 그때처럼 열화와 같은 호응에 휩싸이는 것 같지 않다. 이 '변화'에 대한 책임의 일부는 KBS 구성원에게 있고 그에 대한 대응은 그들의 숙제로 남겠지만.

　그럼에도 불구하고! 나는 2014년 진행된 KBS 파업에 방송인으로서 지지를 보냈다. 그 지지의 이유는 무엇보다 1990년 4월 KBS '민중봉기'에 있다. 그것은 시위 현장에서 돌을 맞고 침을 맞으며 굴욕감에 몸을 떨었던 '언론' 종사자들의 폭발적인 저항이었고, 더 이상 '오늘' 전두환 대통령과 '한편' 이순자 여사를 모든 뉴스의 앞머리에 놓는 망신을 되풀이할 수는 없다는 자각이었다. 또한 "여당 대변인이 믿고 사랑하는" 방송을 거부하는 결의였다. 동시에 그런 언론을 거부하는 시청자들, KBS에 투입된 공권력에 항의하다가 해고 통보를 받은 여성 노동자들의 희망이 덧붙여진 사건이기도 했다. '소중한 수신료의 가치'가 무엇인가를 극적으로 보여준 예가 이 이상 어디 있겠는가. 그리고 그 의미를 KBS 구성원들이 머지않아 다시 보여주리라 믿는다.

드라마 〈여명의 눈동자〉에서 일본군 학병으로 징발된 대치와 일본군 위안부로 끌려온 여옥은 극적으로 재회하지만, 곧 이별을 고해야 하는 운명이었다. 김종학 PD는 이 드라마에서 일본의 전쟁범죄와 청산하지 못한 친일파, 제주 4·3 사건을 정면으로 다뤘다.

조금 앞으로 거슬러 가보자. 1980년대 초반 분위기는 매우 험했다. 광주항쟁을 거친 한국 사회 내부도 그랬고 남북관계도 그랬다. 남한의 대통령을 노린 북한의 폭탄 테러가 터지고 무시로 간첩이 출몰하고 간첩선이 침몰하는 상황이었으니 말이다. TV도 반공물을 여럿 방송했다. 탤런트 김병기의 출세작이라 할 〈지금 평양에선〉을 필두로 〈전우〉니 〈3840 유격대〉니 하는 반공드라마가 판을 쳤다. 그 가운데 〈동토의 왕국〉이라는 이름의 5부작 드라마가 장안의 큰 화제가 되었다.

총련계 재일동포가 북한을 방문한 뒤 쓴 기행문 '동토의 공화국'을 드라마로 옮긴 것이었는데 기존의 반공드라마와는 여러모로 달랐다. 우선 이 드라마는 곳곳에 실제 북한의 장면을 삽입했다. 이를테면 주인공들이 차창으로 밖을 내다보는 장면에서 실제 북한의 모습을 끼워 넣거나, 산에 오르는 배우들의 모습 다음에 실제 금강산 풍경을 집어넣는 식이었다. 또 낯익은 탤런트들이 아니라 낯선 연극배우들을 기용하여 사람들로부터 드라마가 아닌 실제 다큐멘터리 같은 느낌을 갖도록 만들었다. 그런데 이 드라마로 "사실에 입각한 반공드라마를 시작"하고 싶었다고 얘기했던 담당 PD의 욕심은 그에 그치지 않았다. 방송국 내 세트 촬영이 아니라 남한의 일부를 북한으로 바꿔버리는 파격을 연출한 것이다.

사실에 입각한 반공드라마

북한 특유의 뻘겋고 누런 글씨로 새겨진 플래카드가 남한 건물에 걸렸고 인공기가 논바닥에 나부꼈다. 심지어 장충동 국립극장이 북한의 대극장으로 둔갑했고 김일성 생가 만경대는 경상북도 경주에 차려졌다. 방송을 보는 사람들도 놀랄 일이었지만 방송을 만드는 현장을 우연히 목격한 한국 사람들은 거의 패닉에 가까운 반응을 보였다. 촬영 현장을 보는 사람마다 신고를 해 다급히 경찰이 출동했다가 혀를 차며 돌아서기도 다반사. 그렇게 뻔질나게 신고하는 시민들의 방해를 무릅쓰고 북한을 재현했던 '독한' 연출자. 그의 이름은 김종학이었다.

〈동토의 왕국〉 이후 1987년에 나온 〈퇴역전선〉 역시 파격이었다. 우선 이 작품은 국내 최초로 만화를 드라마로 만들었다는 큰 의미를 지닌다. 요즘과 달리 당시에는 만화를 드라마화한다는 것이 그렇게 자연스러운 일이 아니었다. 신선한 충격이었다. 고3 시절 자율학습을 땡땡이치고 만화방 TV에서 〈퇴역전선〉을 보면서 만화 내용과 견줘 보던 기억은 문화적 충격으로 남아 있다.

대학에 입학한 1988년 방송된 〈인간시장〉 또한 파격이다. 홍길동 같은 대학생 '장총찬'이 주인공인 이 드라마는 사랑타령 아니면 행복한 우리집을 부르짖던 기존 드라마의 문법을 과감하게 깼다. 숫제 드라마 타이틀은 전경과 학생들의 치열한 전투 장면으로 장식했다. 이즈음 술을 마시고 만용을 부리거나 시위 도중 가끔 오버를 부리는 녀석들은 종종 이런 호통을 들었다. "네가 장총찬인 줄 알아 인마?"

장총찬만큼 현란하게 싸우지는 못했지만 실제로 전국 방방곡곡에서 대학생들이 철거깡패와 맞서고 전직 대통령을 체포하겠다고 경찰의 방패벽으로 달려들던 시절이었다. 그래서였을까. 김종학은 이런 포부를 밝혀 앞으로의 진로를 예감하게 했다. "TV 드라마도 동시대 정치·사회 현실을 그려야 한다. 앞으로 1970~1980년대 학생운동권 드라마를 만들고 싶다."

그리고 1990년대가 밝았다. 1980년대 말 1990년대 초 세계적으로 엄청난 일들이 많이 벌어졌지만 방송가에도 새로운 패러다임이 열리고 있었다. 신군부의 언론 통폐합 조처 이후 태평성대를 구가해온 KBS와 MBC의 쌍두마차 시대 또한 막을 내리게 된 것이다. 1990년 10월 31일 정부는 민방설립추진위원회 회의를 열어 새로운 민방의 최대 주주로 태영건설을 선정한다고 발표했다. 10년 만의 '민방民放' 부활이었고, 동시에 '형님 먼저 아우 먼저' 사이좋은 양강 체제의 종식이었으며, 피가 튀는 진검승부를 예고하는 방송 삼국지 시대의 서막이었다.

바야흐로 '고시' 자가 붙기 시작했던 '언론고시' 준비생들은 시험 볼 곳이 늘었다며 반색했지만, 기존의 방송사에는 비상등이 켜졌다. 숱한 인력이 빠져나갔고 연예인들의 몸값은 고삐가 풀렸다. 당연히 공격적으로 나올 신생 방송사에 대한 견제책도 마련해야 했다. 그 가운데 MBC는 신생 방송사로서는 도저히 따라올 엄두를 내지 못할 대작 드라마로 '선빵'을 날릴 생각을 한다. 이것이 제작비 72억, 기획 제작 기간 2년 4개월의 어마어마한 드라마 〈여명의 눈동자〉의 배경이었다.

1991년 가을 〈여명의 눈동자〉가 방송되기 시작했다. 나는 처음 몇 회분을 외면했다. 언젠가 원작 소설을 집어들었다 재미를 느끼지 못한 기억 때문이었다. 그러나 어느 술집에서 목격한 〈여명의 눈동자〉의 한 장면에 정신을 빼앗기고 말았다. 일본군 학병으로 끌려간 조선인 대치(최재성 분)와 위안부로 끌려온 여옥(채시라 분)이 위태로운 사랑을 나누던 중 갑작스런 대치의 전출로 이별을 고해야 하는 장면이었다.

"나 내일 떠나." "나는요?" "살아 있어. 살아 있으라구. 알겠지? 그 말 하려고 왔어. 살아서 내 애를 낳아 줘(극중 여옥은 대치의 아이를 임신중이었다). 그렇게 해줄 수 있겠어?" 곧이어 연인들의 이별은 철조망을 사이에 둔 열렬한 키스신으로 이어졌다. 이른바 '설왕설래'의 딥키스 말이다. 그때 술집 안의 모든 이들이 넋을 잃었다. 명화극장이나 주말의 명화에서 금발의 푸른 눈들이 키스하는 것이야 누차 보아왔지만 TV에서 한국 사람들끼리 키스하는 모습을 대놓고 보여주기는 실로 처음이었다.

"드라마 덕에 누명 풀렸다"던 제주도 노인

방송을 지켜보던 술집 안의 사람들 사이에서 침묵이 흘렀다. 그 흔한 휘파람이나 "와아" 하는 말도 없었다. 너무나 서글프고, 아름답기는 하나 참담한 키스신이었기 때문이다. 나이 스물의 피 끓는 청춘이었지만 그 후 수십 번 되풀이 방송된 문제의 키스신을 보고 '느낌'을 가졌던 적은 없었다. 하지만 '느낀' 사람들이 있었던 모양이었다.

"키스 등 러브신을 상징적으로 처리하던 관례를 깨고 극중 대치와 여옥이 키스하는 모습을 10초 동안 클로즈업하여 내보내는 등" 드라마에 등장하는 선정적인 장면을 이유로 방송위원회가 〈여명의 눈동자〉에 시비를 걸었다. 제작진은 "지금까지 표현의 한계에서 한 걸음 더 나아간 것일 뿐"이며 "키스신은 말초적 자극보다는 극한 상황에서 사랑을 나누는 의도"였다고 해명했다. 결국 방송위는 "작품성은 인정하지만" 선정적인 장면을 반복하지 말라는 '주의성 경고'를 내리는 것으로 마무리한다. 한국 드라마 최초의 리얼 키스신은 그렇게 힘겹게 인정 받았고 김종학 PD는 또 한번의 금기를 깬다.

그의 '금기 깨기'는 계속 이어졌다. 이후 드라마에 완전히 몰입한 나에게 〈여명의 눈동자〉는 가히 '쇼크'였다. 대학에 와서 새롭게 배웠던 역사의 이면들, 한국 현대사를 칭칭 감고 있던 비극의 사슬들이 심장을 찌르는 대사와 완벽한 영상미, 그리고 대치, 여옥, 하림 주인공 세 사람의 혼신의 연기에 실려 안방극장에 빠지게 된 것이다. 그중 한 장면을 이야기해볼까.

일제강점기 자신을 지긋지긋하게 괴롭히던 스즈끼 형사가 해방 후 최두일이라는 이름으로 경찰 간부로 들어앉아 있는 것을 본 주인공 하림(박상원 분)은 걷잡을 수 없이 홍분한다. 그때 하림은 펄펄 뛰며 이 말을 되풀이한다. "해방이 되었어 스즈끼. 네가 왜 여기 있어. 네가 왜 여기 있어. 해방이 됐어 스즈끼." 그러나 그의 분노는 스즈끼의 부하 형사들에게 쉽게 진압된다. 해방 정국에서 친일파의 득세와 그에 대한 대중의 분노, 좌절은 이 한마디에 응축되고 표현된다. "해방이 됐는데 왜 네가, 당신들이 여기에 있느냐."

무엇보다 놀라웠던 것은 제주 4·3에 대한 묘사였다. 그때까지 '폭동' 아니면 '사건'으로 불리던 한국 현대사 초유의 비극을 〈여명의 눈동자〉는 낱낱이 그리고 명징하게 담아냈다. 드라마 사상 최초였다. 공비라고 불리던 사람들 대부분이 사실은 겁에 질린 민간인들이었다는 것을, 국방경비대와 무장대의 협상을 깨려는 경찰의 방해공작, 미군의 입에서 흘러나오는 '초토화 작전', 심지어 순박한 제주도민들이 6·25 당시 정부의 예비 검속과 보도연맹 학살 와중에 희생되었다는 정황까지도 드라마는 거침없이 언급했다.

하숙방에 모여 드라마를 보던 나와 친구들이 눈이 휘둥그레질 만큼, 제주도의 노인들이 "드라마 덕분에 우리 누명이 풀렸다"고 눈물을 흘릴 만큼, 어떤 이들에게는 '좌경 드라마의 효시'로 불릴 만큼 〈여명의 눈동자〉는 브라운관 위를 종횡무진 내달렸다.

그리고 〈여명의 눈동자〉에는 판에 박힌 선과 악, 이념과 인간의 대결로만 치부되던 2차원적 대립을 넘어, 입체감을 불어넣은 풍부한 인물들이 가득했다. 북한에 스파이로 침투한 하림을 돕는 명지(고현정 분)와 같이 "그냥 그 주의가 싫어요. 무슨 말인지 알아요? 공산주의, 무슨 사상, 무슨 주의. 사람 빼고 사상만 있는 게 난 싫어요"라며 이념에 대한 환멸을 토로하는 인물도 있었고, 주인공 대치의 사상적 스승이라 할 김기문(이정길 분)처럼 인간적인 공산주의자도 있었다. 남한 사람들은 처음으로 드라마 속에서 '다양한' 면모의 빨갱이들을 목격하게 된다. 기존 악의 화신 같은 캐릭터에서, 동지를 위해 희생할 줄도 알고, 인간에 대한 애정도 지닌, 그러나 단단한 신념을 고수했던 '착한 빨갱이'들까지 말이다. 드라마 종영 이후에도 대학가 술자

285

리에서 즐겨 암송됐던 김기문의 대사가 있다.

"때로는 질문이 생길 수도 있을 거야. 과연 역사는 발전하는 것일까? 나와 이 역사는 무슨 상관이 있단 말인가? 그러나 후회를 해서는 안 돼. 자네도 나도 옳다고 생각하는 일을 하고 있지 않나. 우리 같은 사람들이 있어서 역사는 발전하는 거야. 그럼, 후회할 게 뭐가 있어. 질문 같은 건 몇 십 년 뒤에 편안한 세대에 사는 후세들이 하면 되는 거야."

그는 죽었지만 하림의 대사는 살아있다

〈여명의 눈동자〉에 감격하던 대학생은 방송 제작을 업무로 하는 회사원이 됐다. 청운의 꿈에 젖어 있던 신입사원 연수에 어느 날 간부들이 방문했다. 그분들은 짤막한 동영상을 틀어주었다. SBS가 야심차게 준비하고 있는 드라마 〈모래시계〉의 일부 장면이었다. 연출자는 김종학이었다. 조직폭력배들의 집단 격투 장면이었는데 액션신의 화려함은 역시 김종학다웠다.

김종학 PD는 〈모래시계〉로 자신의 가치를 확실히 입증했다. 드라마 사상 최초로 주 4회, 월화수목을 '깔고' 방송된 〈모래시계〉는 '귀가시계'의 별명을 얻으며 공전의 히트를 쳤다. 김종학 PD의 예전 소원처럼 '1970~1980년대 운동권 이야기'를 일부 포함한 한국 현대사의 실타래를 가지런히 풀어낸 이 드라마는 SBS의 위상을 반석 위에 올려놓았고, 극중 등장하는 한적한 해안 정동진을 국민적 명소로 만들었다. 그리고 역시 방송사 최초로 광주항쟁을 다룸으로써 또 하나의 금기의 벽을 무너뜨렸다.

뭐든 끝이 중요할 것이다. 드라마도 엔딩의 여운이 가장 크다. 〈여명의 눈동자〉도 그랬고 〈모래시계〉도 다르지 않았다. 〈여명의 눈동자〉의 마지막 장면에서 숨이 끊어진 여옥 옆에서 죽어가는 대치는 단신으로 자신을 찾아온 하림에게 이렇게 말한다. "자네가 안됐군. 앞으로도 많이 살아야 할 텐데. 제대로 산다는 게 아주 힘들 텐데." 죽어가는 사람이 산 사람을 걱정하던 그 순간 나는 울컥했다. '제대로 산다는 것'이 죽기보다 힘겨웠던 이후의 역사가 겹쳐서 그랬을까. 〈모래시계〉의 마지막 내레이션도 역시 그랬다. "먼저 간 친구는 말했다. 그다음이 문제야. 그리고 난 다음에 어떻게 사는

지. 그걸 잊지 말라고." 그리고 이 말은 김종학 PD 개인에게도 적용됐다.

〈모래시계〉 이후 김종학 감독은 드라마를 통해 그의 '독기'를 보여주지 못했다. 제작자로서 성공을 거둔 드라마도 간간이 있긴 했으나 나의 주관적인 견해로는 한국 현대사를 내달렸던 호방하면서도 섬세한 연출은 발휘되지 않았다. 우리 사회를 얽매던 금기를 내팽개치던 그의 드라마는 더 이상보이지 않았다. 그리고 많은 사람들의 가슴을 아프게 하며 세상을 떠났다. 나는 그를 1990년대를 아스라하게 펼쳐지는 기억의 무대로 만든 두 기둥, 〈여명의 눈동자〉와 〈모래시계〉의 연출자로 기억한다. 그는 절망 속에 돌아갔지만 그가 우리에게 남겨준 하림의 대사는 살아 있다.

"그들은 가고 나는 남았다. 남은 자에겐 남겨진 이유가 있을 것이다. 그것은 아마도 희망이라 이름 지을 수 있지 않을까. 희망을 포기하지 않는 사람만이 이 무거운 세월을 이겨낼 수 있으므로."

1980년대의 암울함을 씻어내기라도 하듯 재미도 있고 의미도 있고 연기도 좋고 연출도 빼어난 '웰메이드' 한국 영화들이 1990년부터 쏟아져 나왔다. 1990년대는 한국 영화가 21세기 신흥 영화 강국으로 부상하는 상승가도였다. 사진은 영화 〈장군의 아들〉.

가족들과 함께 극장을 찾았다. 병풍처럼 늘어선 영화 포스터를 보면서 무슨 영화를 볼까 가늠 하다가 할리우드 영화를 짚었는데 아내가 대뜸 이런 말을 했다. "누가 요즘 할리우드 영화를 돈 주고 봐?" 오해하지 마시라. 아내는 '어둠의 경로'를 통해 영화를 내려받아 보는 편이 아니며 오히려 영화는 극장에서 봐야 한다는 지론의 소유자다. 다만 아내의 말뜻은 "요즘 할리우드 영화는 재미없다"는 것이었다. "하긴 그렇지" 하면서 한국 영화 쪽으로 눈 길을 돌리는데 묘한 단상이 떠올라 슬그머니 미소를 지었다. 저 말을 언젠가 들은 적이 있었다. 단 목적어가 바뀐 채로. "누가 한국 영화를 돈 주고 봐?"

1992년의 어느 날, 동아리방에 앉아 있는데 열애 중이던 여자 동기가 애인과 함께 보고 온 영화 얘기를 꺼냈다.

〈결혼 이야기〉라는 한국 영화였다. 어쩌고저쩌고 요즘 말로 스포일링을 한창 하던 그녀에게 누군가 톡 쏘아붙였다. "누가 한국 영화를 돈 주고 보냐?" 특별히 영화에 대한 이해와 안목을 지니고 한 얘기라기보다 "눈꼴시니까 연애하는 거 그만 자랑해!"의 의미가 컸고 가시가 살짝 튀어나온 핀잔에 여자 동기는 움찔했다. "아니 뭐 시간이 안 맞아서…"라고 말을 흐리던 그녀는 한마디를 군더더기로 붙였다. "근데 되게 야해. 심혜진 너무 대담해." 이 말은 대단히 중요한 정보였다. 그로부터 30분 후 나와 동기 한 명은 종로 4가 피카디리 극장으로 가는 버스를 타고 있었다.

1980년대 중반을 질풍노도의 시기로 보냈으되 천성이 겁이 많았던 나는 그다지 일탈을 경험한 적이 없다. 유일한 일탈이라면 거짓말을 하고 자습을 땡땡이친 날, 또는 부모님 등산 가신 날 '미성년자 관람불가' 영화를 보는 것이었는데 태반이 한국 영화였다. 〈무릎과 무릎 사이〉를 거니는 〈암사슴〉이 탐하는 〈빨간앵두〉와 〈산딸기〉를 거쳐 〈여자가 밤을 두려워하라〉를 부르짖다가 도무지 왜 옷을 벗고 말을 타는지 모르겠던 〈애마부인〉의 장대한 시리즈까지 섭렵했던 것이 나의 '흑역사'였다. 동시에 그건 한국 영화의 시대적 아픔이기도 했다. '한국 영화=벗는 영화'의 등식이 굳건했고 누가 몇 번을 벗느냐, 베드신이 몇 번 나오느냐는 매우 중요한 관건이 되었다. "한국 영화 누가 돈 주고 보느냐?" 하는 거칠고 난폭한 빈정거림이 일상이었던 시절이었다. 〈결혼 이야기〉를 함께 봤던 동기의 감상평은 이랬다. "뭐 한국 영화치곤 봐줄 만하네. 그런데 걔는 뭐 이 정도를 가지고 야하다고 그러냐. 속았어."

13년 만에 깨진 〈겨울 여자〉의 흥행기록

경멸과 저평가의 늪에서 허우적대던 한국 영화가 오늘날 툭하면 천만 관객을 끌어모으고 국제적으로 명성이 있는 거의 모든 영화제를 휩쓸고, 21세기 신흥 영화 강국으로 부상하는 상승가도였던 것이 1990년대였다. 마치

1980년대의 암울함을 씻어내기라도 하듯 재미도 있고 연출도 빼어난 '웰메이드' 한국 영화들이 쏟아져나온 것이다.

한국 영화 부활의 신호탄은 뭐니뭐니해도 1990년 개봉된 〈장군의 아들〉이었다. 베니스 국제영화제 여우주연상에 빛나는 〈씨받이〉(1987)를 비롯해 굵직굵직한 한국 영화들을 만들었던 임권택 감독이 일제 때 종로통 협객 김두한을 소재로 만든 이 액션영화는 뜻밖의 대박이 났다. 〈장군의 아들〉 흥행 기록은 67만 8,946명. 1977년 김호선 감독의 〈겨울 여자〉 기록이 1980년대를 건너뛰고 13년 만에 깨진 것이다. 수백만은 넘어야 히트작에 명함을 내밀까 말까 한다는 지금에야 애개 소리가 나올 수치이지만 그 무렵의 한국 영화계에서는 그대로 하늘이었다. 더구나 당시 공전의 히트를 쳤던 〈사랑과 영혼〉의 153만에는 못 미쳤어도 그때까지는 머리숱이 많이 남아 있던 브루스 윌리스 주연의 〈다이하드 2〉의 65만 명을 눌렀던 쾌거이기도 했다. 술 한잔 걸친 다음 저마다 '긴또깡'(김두한)과 '하야시'(신현준이 배역을 맡은 일본 조폭 두목)와 '쌍칼'과 '신마적' '구마적'이 되어 길거리에서 오두방정을 떨던 추억을 갖고 있는 사람들 많을 것이다. 1,572대 1의 경쟁률을 뚫고 캐스팅된, 평범한 대학생이던 박상민은 일약 스타가 됐다. 그는 이런 회고를 한 적이 있다.

"오디션을 보고 촬영을 하고 개봉되기 전까지만 해도 전 평범한 학생이었어요. '스타'라는 인식이 전혀 없었죠. 그러다가 하루는 밖에 나갔는데 날 보던 한 여학생이 그 자리에서 '악' 하고 기절하는 거예요."(〈이데일리〉 2009년 8월 25일자 인터뷰 중)

〈남부군〉, 지리산 빨치산들의 이야기를 담았던 이 영화는 흥행도 성공했지만 금기의 소재를 건드렸다는 점에서 더욱 우뚝했던 기억이 난다. 감히 '무장공비'들을 다룬다는 사실에 진노한 국방부의 협조를 일절 받지 못해 배우들은 나무총을 들고 연기해야 했지만, 빨치산을 미화하기보다는 되레 잘 만든 반전 영화쯤으로 보였다. 그래도 책 속에서나 봤던 빨치산들의 인간적 면모를 한국 영화에서 본다는 사실 자체가 신기했다. "민간인을 강간한 빨치산 트위스트 김을 쏴 죽인 뒤 대원들에게 박수를 치라고 요구하는 눈썹 진한 배우"는 한동안 화제가 됐다. 규율에 철저한 공산당원의 고뇌를 보았다는 둥 표정 연기가 죽었다는 둥. 그런데 두어 해 전 어느 자리에서 내가 그 장면을 상기시키자 다들 무릎을 치며 인상 깊었다고 술회했지만 그가 누구인지는 아무도 기억하지도 못했다. 그 근엄한 공산당원은 배우 조형기였다.

1990년에도 한국 영화 흥행 기록을 보면 〈짚시애마〉와 〈애마부인 4〉가 상위에 들어가 있다. 관객 5만 명을 동원하면 흥행 10걸에 들었다. 그런데 이 흥행 기록 순위에는 들지 못했지만 사실상 거뜬히 들었을 것으로 짐작되고, 〈장군의 아들〉이나 〈남부군〉만큼 의미 있는 영화가 있었다. 역시 1990년에 나온 〈파업전야〉다.

'철의 노동자'라는 노래가 있다. "민주노조 깃발 아래 와서 모여 뭉치세"로 시작하여 "너와 나 너와 나 철의… 노동자"로 끝나는 노래인데 전혀 민주노조 같은 것에 관심이 없는 사람이라도 이 노래를 한 번쯤 들어봤을 것이다. 도심에서 벌어지는 노동자들이나 철거민들의 '선전전' 때 스피커를 통해 줄기차게 울려 퍼지는 노래이기 때문이다. 가수 안치환의 이 노래는 영화 〈파업전야〉의 주제가였다.

용접공이 필름 숨겼다는 금고 뜯었으나…

영화 내용은 크게 별다르지 않았다. 노조 결성을 둘러싼 노동자들의 투쟁과 반목, 그 와중에 일어나는 노조 파괴 전문가들의 개입과 그에 대한 저항 정도가 영화의 골자였다. 구사대 깡패들의 폭력에 분노한 노동자들이 공장 점거를 시작하자 또다시 깡패들이 들이닥치고 한때 회사 편에 서 있던 노동자까지도 분노하여 공구를 들고 달려나가는 장면에서 영화는 끝났다. 요즘 시각에서 보면 '이게 끝이야?' 허탈한 질문까지 입에 물 공산이 크지만 이 영화는 무지막지한 소용돌이를 불러왔다.

"모든 예술 가운데 영화가 가장 중요하다"는 레닌의 말을 어디서 들은 것일까. 당시 노태우 정권은 이 영화의 상영을 막겠다고 선언했다. 이 영화에 대한 트라우마가 얼마나 컸는지 몇 년이 지난 뒤에도 어느 외국 영화제에서 〈파업전야〉를 초청하자 영화진흥공사가 나서서 영화제 집행위원회 쪽에 상영 중단을 요구하는 '추태'를 부릴 정도였다. 정부가 아무리 눈에 불을 켠들 "몇 달간 쉬고 있던 기계를(영화 촬영지는 실제 파업 중인 공장이었다고 한다) 노동자들이 밤새워 보수하고 기름칠을 하여 기계를 돌리고 조연은 물론 엑스트라도 마다하지 않은" 도움으로 완성된 영화가 사장될 리는 만무했다. 마침내 1990년 4월 6일 예술극장 한마당에서 영화가 개봉되었고 종로구청은 득달같이 대표 김명곤을 고발했다. 영화사 장산곶매에는 압수 수색 영장이 떨어졌다. 당국은 한숨을 돌렸겠지만 영화를 만드는 사람들 사이에도, 영화를 보고 싶어하는 사람들 사이에도 '의지의 한국인'들은 많았다.

무슨 중세 시대 밀사처럼 알몸에 필름을 칭칭 감고 그 위에 천연덕스럽게 옷을 걸친 사람들이 대학가로 스며들었고 16mm 영사기도 분해해서 대학 내로 반입했다. 극장에서 보지 못한다면 우리 학교 강당에서 틀겠다는 대학생들 앞에서 공권력은 용서할 수 없다며 군화 끈을 조여 맸고 마침내 학생운동 세력과 공권력 간의 일대 대회전이 전국 각지에서 펼쳐졌다. "영화를 보는 것이 곧 투쟁"이었던 시대였다.

대회전의 절정은 전남대학교에서 있었다. 당연히 다른 곳에서처럼 경찰들이 시비를 걸 것이지만 전남대생들은 믿는 구석이 있었다. 지리산에서 합숙 훈련도 하며 무술까지 익혔다는 전설이 무성한 학생운동 집단의 최정예 오월대 등이 버티는데 별일이 있을까 싶었던 것이다. 하지만 1990년 4월 13일, 영화 상영 시간이 다가오면서 광주의 후예들은 입을 벌리게 된다. 헬리콥터가 굉음을 내며 전남대 상공을 비행하는 가운데 1천 명이 넘는 전경들이 죽기 살기로 덤벼들었고 포클레인으로 정문을 뜯어버리는 상상을 초월하는 작전을 전개한 것이다. 아마 영화 한 편에 그 정도의 병력과 장비가 동원된 일은 세계 역사에 전무후무하게 빛날 것이다.

한편 고려대학교에서는 개그콘서트 같은 일이 벌어졌다. 2008년 8월 〈중앙일보〉에 실린 〈파업전야〉 장동홍 감독의 회고다.

상영 당일 (봉쇄로) 필름이 못 갈 것 같아서 미리 갖다 놨다. 총학에서 필름과 영사기를 보관해놓고, 상영 당일에 영화를 틀 수 있게 준비를 했다. 그런데 담당자가 갑자기 어디를 간 거다. 금고에 필름을 보관했다고 했는데, 시간이 너무 급해서 용접공을 불러서 금고를 뜯었다. 근데 옆에서 지켜보다가 문득 이런 생각이 들었다. 저걸 뜯었는데, 안에 필름이 없으면 어떡하지라는. 그런데 정말 없는 거다. 큰일났다 싶을 때 그 담당자가 우여곡절 끝에 도착했다. 나중에 하는 말이 사람들한테 혼란을 주려고 말을 한 게 금고에 넣는다고 해놓고 실제로는 다른 곳에 감춰 놓은 것이다.

박상민, 신현준, 김승우, 정두홍, 임창정…

지금 이 얘기를 10대, 20대에게 들려주면 아마 그들은 이렇게 말할지도 모르겠다. "와 쩐다. 영화보다 더 영화 같은데요." 그랬다. 한국 영화가 다시 기지개를 펴고 사람들의 이목을 끌기 시작했던 1990년은 그런 '영화 같은' 시절이었다. 모든 나라의 역사가 그렇겠지만 한국 역사는 영화 소재로 쓰이기에 충분하고도 남는 사건사고들이 그득했고 한 영화를 둘러싸고 '영화 같은' 일들이 벌어지기도 했다. 그 경험들은 이후 한국 영화의 풍요로운 자산이 된다.

영화 〈장군의 아들〉에 비친 젊은 배우들, 박상민, 신현준, 김승우 등은 오늘날까지도 한국 영화의 동량들로 남아 있고, 최고의 무술감독 정두홍도 이 영화를 통해 데뷔했다. 영화 〈남부군〉에는 터프가이 최민수가 소심한 문학 청년으로 등장하고 톱스타 최진실이 단역으로 반짝이고 있었으며 만능 엔터테이너 임창정이 잠깐 나오는 소년병 빨치산으로 얼굴을 비추고 있었다. 〈파업전야〉에도 한국 영화의 뒷날을 장식할 이름이 내걸려 있었다. 〈파업전야〉를 감독한 장동홍은 〈크리스마스에 눈이 내리면〉을 만들었고 한국 영화의 또 하나의 분수령이라 할 〈접속〉의 장윤현, 빨치산 소년병 임창정의 매력을 한껏 발산한 〈해가 서쪽에서 뜬다면〉의 이은, 〈알 포인트〉의 공수창 등 쟁쟁한 이름들이 그때 〈파업전야〉에 관여하고 있었던 것이다. 미국 영화사가 영화를 직접 배급한다는 소식에 필사적인 반대 시위에 나서야 했고 극장에 뱀을 푸는 극단적인 저항까지 마다하지 않았던 한국 영화는 1990년 '영화 같은' 전환기를 맞이하게 됐다.

〈장군의 아들〉의 임권택 감독은 사실상 그 영화를 '쉬어가는 페이지'로 만들었다고 한다. 〈길소뜸〉〈씨받이〉〈아제아제 바라아제〉 등 연속적인 화제작을 만들었던 그는 태흥영화사 이태원 사장이 〈장군의 아들〉을 권했을 때 섭섭한 기색을 감추지 않았다. 이태원 사장은 '이제 내 작품 만들 참인데 다시 액션영화(1960년대 임권택 감독이 기억도 못할 만큼 찍었던)라니' 하는 심정이었을 것이라고 회고한다. 그래서 '쉬어간다고 생각하고 만들자'고 했던 영화였는데 그것이 대박을 쳤다. 이태원 사장은 다시 임권택 감독에게 말한다. "이제는 예술영화 한 편 만드시죠." 이는 또 하나의 기적을 만든다.

스타급 배우 하나 없이, 대중에게 생소하기 이를 데 없는 판소리
를 다룬 영화 〈서편제〉. 당시 서울 종로 단성사 앞에 영화를 보러
온 관객들이 몰려 있다.

1992년 무렵에도 한국 영화의 부활은 암담해 보였다. 1992년 한 해 동안 수입된 외국 영화는 318편으로 한국 영화의 3배였고, 관객 수도 직배 영화인 〈사랑과 영혼〉이 168만 명, 〈원초적 본능〉이 113만 명, 〈늑대와 춤을〉이 98만 명이었으니 한국 영화 중 최고 흥행작인 〈장군의 아들〉 67만 명은 갖다 댈 숫자가 아니었다. 1992년 한국 영화 최고 흥행작 〈결혼 이야기〉도 52만 명에 그쳤다. 할리우드 직접 배급 체제가 도입된 이래 흥행 순위 200위까지를 헤아려 볼 때 82퍼센트가 외국 영화였다니 상황을 짐작할 수 있을 것이다.

그런데 1993년 봄, 암울한 정경에 서광이 비친다. 이번에도 그 무대는 단성사였다. 1977년 〈겨울 여자〉로 13년 동안 한국 영화 최고 흥행 기록을 보유했다가 〈장군의 아들〉 67만 명으로 시원하게 기록을 갈아치운 극장 단성사. 단성사가 새로이 내건 간판은 바로 〈서편제〉였다.

아버지와 삼촌 두 명이 빨치산으로 지리산에 입산하고 그로 인해 신산에 가득한 어린 시절을 보냈던 임권택 감독이 탐낸 작품은 원래 조정래의 소설 『태백산맥』이었다. 하지만 영화 제작을 논의하던 1992년 당시에는 군인 출신 대통령이 자리에 앉아 있었다. 때문에 민감한 영화이니만큼 그해 말 대통령 선거 이후 누가 되든 민간인 출신이 청와대 주인이 된 뒤로 미루자는 결정이었다. 그럼 그때까지 뭘 하나. 가볍게 말해 "노니 장독 깬다"고 손댄 영화가 〈서편제〉였다.

임권택 감독 자신이 "〈서편제〉는 개봉되지 못했을 수도 있었다. 1990년대 초의 판소리 영화는 누가 봐도 흥행될 리가 없는 버린 카드였다"고 고백한 적이 있을 정도였다. 그런데 스타급 배우 하나 없이, 그것도 대중에게 생소하기 이를 데 없는 판소리를 다룬(개인적으로 판소리에 동편제와 서편제가 있다는 것을 영화 개봉 후에야 알았다) 이 영화는 전혀 예상치 못한 기적으로 한국 영화사에 남게 된다.

하지만 나는 그 영화에 관심이 별로 없었다. 그때까지 "한국 영화 돈 주고 봐?"의 편견에서 벗어나지 못하고 있었다.

술 한잔 걸치면 "아리아리랑 쓰리쓰리랑~"

그래서 〈서편제〉가 장안의 뜨거운 화제가 된 뒤에야 그 영화를 볼 수 있었다. 주변의 친구들이고 선후배들이고 죄다 〈서편제〉를 벌써들 봤다질 않는가. 결국 투덜거리면서 혼자 단성사 나들이를 했다. 영화가 끝나고 나올 때 나는 깜짝 놀랐다. 이른 아침이었지만 극장이 거의 만석이라 나오는 데 시간이 한참 걸렸기 때문이다. 나이 드신 분들도 계셨지만 판소리라면 당시 CF에 출연하여 "우리의 것이 소중한 것이여"를 부르짖던 박동진 명창 정도나 알 법한 청춘 남녀들이 득시글대고 있었기 때문이다.

솔직히 나는 〈서편제〉의 매력을 한껏 느끼지는 못했다. 전국의 아름다운 풍광을 담은 화면과 유장한 판소리의 흐름 속에 눈과 귀는 호강했지만 그 스토리가 내게는 감동적으로 와 닿지는 않았다(개인의 부족함을 탓하지 마시길). 다만 기억나는 것은 '진도 아리랑'의 롱테이크였다.

그 후 10년이 흘렀을 즈음 단성사 근처 중국음식점을 촬영한 적이 있는데 음식점 사장님은 〈서편제〉 열풍을 이렇게 회고했다.

"술 한 잔 걸친 사람들이면 어김없이 나갈 때 '아리 아리랑 쓰리 쓰리랑 아라리가 났네~'를 흥얼거리고 나갔어요. 어깨를 들썩들썩하면서. 〈서편제〉를 본 사람들이지. 처음에는 나이 든 사람들이 그러더니 나중엔 대학생들도 엉성하게 어깨를 흔들면서 그러고 나가더라고."

방송 연출로 밥을 먹고 살게 된 이후 나는 종종 이 시퀀스를 써먹었다.

서넛이 어울려 논두렁길을 가거나 인적 드문 산길을 오를 때 출연자들에게 슬그머니 "〈서편제〉 진도 아리랑 아시죠?"라고 옆구리를 찌르면 어떻게나 익숙하게들 그 장면을 재연하며 즐거워하는지. 언젠가 훈련소 가는 신병을 취재하는데 그 친구들이 어울려 "논산훈련소는 웬 말인가 우리 ○○이 고생길이 뺑뺑뺑뺑뺑 뚫렸네" 하고 놀리면서 '아리 아리랑 쓰리 쓰리랑'을 부를 때는 다 같이 배를 잡고 길거리에서 데굴데굴 굴렀다. 영화 〈서편제〉에는 그런 매력이 있었던 것 같다. 오랜 세월과 변화 속에 사라져버린 듯했지만 우리 마음 깊은 곳에 묻혀 있던 신명과 여흥의 만남, 처음에는 낯설지만 순식간에 스스럼없이 어우러지는 무언가와의 조우랄까.

나도 그러했다. 전라도 다도해 지역에 촬영을 갔을 때 뱃길이 먼 청산도에 굳이 들르자고 했다가 욕을 바가지로 먹었던 일도, 아내와 함께했던 남도 여행길에서 굳이 해남 대둔산 아래 유선여관을 찾아 막걸리 한 사발을 걸쳤던 추억도 모두 〈서편제〉 덕분이었다. '진도 아리랑'의 롱테이크를, 그 현장을 찾아 나 홀로라도 재연하고픈 마음이었고, 배우 김명곤 씨가 그 구성진 목소리로 〈춘향전〉의 어사출또 장면을 늘어놓았던 그 현장을 다시 보고 싶은 바람이었다.

〈서편제〉는 관객 100만 명을 돌파하는 전설을 만들었다. 서울 강남 씨네하우스에서 나온 100만 번째 관객은 평생관람권을 수여받는 행운을 누렸다. 누구보다 기분이 좋았던 사람들은 〈장군의 아들〉 67만 명이라는 숫자를 흥행 1위로 가냘프게 치켜들고 있던 한국 영화인들 자신이었다. 1993년은 그 자신감이 커져가던 해였다. 강우석 감독의 〈투캅스〉가 사람들의 배꼽을 잡아 뺀 것도 이때였다. 〈투캅스〉의 폭소 포인트 중 하나는 다름 아닌 블랙 위의 자막이었다. 경찰의 이미지를 망가뜨린다며 경찰청이 항의한 결과 "이 영화는 경찰의 실제 이야기와는 무관함을 알려드립니다"라고 자막을 넣었는데 그게 더 사람들의 배를 쥐게 했던 것이다. 나 역시 그 자막에 유난히 크게 웃어댔던 한 사람이었고.

통신 동호회 사람들의 괴이한 합동관람

이렇게 한국 영화는 그 가능성을 폭발시켰다. 그런데 "우리 한국 영화가 달라졌어요" 소리가 흥겹게 회자될 즈음, 최악으로 꼽는 영화를 접했다. 1994년 상영된 〈블루 시겔〉이었다. 물론 이 영화는 극영화가 아니라 애니메이션이다.

1990년대 초반 많은 젊은이들과 문화계 사람들은 일본 애니메이션에 빠져 있었다. 〈아톰〉의 데즈카 오사무부터 〈반딧불의 묘〉의 다카하타 이사오, 〈바람계곡의 나우시카〉나 〈붉은 돼지〉의 미야자키 하야오 등은 수많은 한국인 숭배자들을 거느리고 있었고, 애니메이션을 배우기 위해 일본어를 배운다는 친구들도 심심찮게 있었다. 그러던 차에 "총제작비 15억 원, 최초의 컴퓨터 그래픽 사용, 한국 최초의 성인 애니메이션"이 개봉한다는 소식이 들려왔다. 〈블루 시겔〉이었다.

애니메이션에는 원래 관심도 없었지만, 거기에 더해 일단 포스터가 마음에 안 들었다. 따라서 전혀 〈블루 시겔〉을 찾아볼 생각이 없었는데 어느 날 동아리방에서 친구가 무심코 그 영화를 봤다는 말을 했다. "어떻더냐?"고 물었을 때 나는 괴이한 경험을 했다. 친구 녀석이 벼락같이 달려와 내 어깨를 잡아 흔들며 밑도 끝도 없는 질문을 해온 것이다.

"너, 내 친구지?" 놀란 내가 어버버거리자 친구의 속사포가 쏟아졌다. "내 친구면! 내 친구면! 그 영화 보지 마라. 정말 최악이다. 최악!"

그때 녀석은 '최악'이라는 단어를 스무 번 이상은 썼던 것 같다. 입에서는 하해와 같은 침을 뒤기면서 친구는 거듭 다짐을 받았다. 도대체 어떤 영화이기에 그리 최악이냐고 물었을 때 친구는 폭발하고 말았다. "관심조차 갖지 마. 말도 하지 말라니까. 궁금해할 가치가 없다니까."

그날 내가 속해 있던 통신 동호회 채팅방의 화제도 〈블루 시걸〉이었다. 그런데 이 영화를 봤다는 사람들의 반응이 복사해서 붙여넣기라도 한 듯 똑같았다. 보고 온 사람들 모두가 다들 '거품 문 게'로 현신하고 있었다. 그러나 그게 문제였다. 원래 사람은 하지 말라면 더 하고 싶어지는 법. 호기심은 그 절절한 호소와 필사적인 저지를 뚫고, 그를 자양분 삼아 무럭무럭 자랐다. 당시 내가 속해 있던 통신 영화 소모임 '영화벌레'의 '여왕벌(동호회장)'이 말을 꺼냈다.

"뭐 이런 영화도 있고 저런 영화도 있는 거 아니겠어요. 저렇게 난리를 치는 최악의 영화를 보는 것도 의미 있지 않을까요."

여기에 차마 말을 꺼내지는 못하고 있던 군상들이 일제히 찬동을 표하면서 마침내 판도라의 상자가 열렸다. "이번 모임은 〈블루 시걸〉 보는 걸로 합시다"로 합의한 것이다.

며칠 뒤 극장 앞에 집결했을 때 나는 대경실색했다. 그 이전 모임은 대여섯 명이 모여 영화를 보고 술을 마시고 헤어지는 것이 일반적이었는데 무려 20명이 넘는 인파가 약속 장소에서 웅성거렸다. 가장 들뜬 것은 모처럼의 흥행 성공에 신이 난 동호회장이었다.

"형민 오빠가 이리 앉고 기준으로 해서 옆으로 쫘악 앉아서 봐요. 우리 끝나고 뒤풀이는 ○○호프구요. 한번 씹어 보자구요."

그로부터 한 시간 반 이후 우리는 모두 광분했다. 세상에 주인공 목소리로 김혜수와 최민수가 잠깐 등장했다가 다른 사람으로 바뀐 건 애교로 봐주더라도 청소년기에 육교 위에서 사 보던 '빨간 책'이나 에로비디오보다 못한 스토리 라인은 헛웃음이 나왔다. 밑도 끝도 없는 베드신의 연속은 에로틱은 커녕 그로테스크할 정도였다.

활화산 같은 성토장이 된 뒤풀이 집에서 동호회장은 며칠 전 내 친구처럼 열을 내는 사람들의 분노를 받아내야 했다. "내가 왜 사과해야 되는지 모르겠지만…" 그녀는 웃으면서 사람들을 달랬다. 기억에 남는 그녀의 멘트

301

하나.

"한국 성인용 애니메이션의 첫 발치곤 개大발이긴 하지만 그래도 개발이 첫 발이라고 생각해줍시다, 개똥도 약에 쓰잖아요."

개발이자 첫발, 그리고 분노 마케팅

한국 성인 애니메이션의 '개발이자 첫 발' 〈블루 시걸〉은 단순한 수사가 아니라 역사에 남을 작품이 되었다. '분노 마케팅'으로 30만 명에 가까운 관객을 동원했을 뿐 아니라 "90분 중에 20여 분에 이르는 분량이 컴퓨터 그래픽으로 처리됐는데 가상공간에서 물체가 움직이는 첨단 기법이 동원되었다. 뉴욕의 전경과 야경, 빌딩숲 사이를 누비며 전개되는 헬리콥터 전투신 등이 컴퓨터 그래픽 장면의 백미"라는 제작사 쪽의 자랑을 인정한 덕분인지는 몰라도 1994년 서울 정도定都 600주년을 기념하기 위해 이루어진 '서울 천년 타임캡슐'에 들어갈 수장품으로 지정된 것이다. 〈서편제〉와 함께.

2394년 이 타임캡슐이 열릴 때 까마득한 후손들은 이 두 편의 영화를 보고 어리둥절할 것이다. 조상님들이 하늘과 땅 수준의 영화를 함께 묻어놓은 이유에 대해 역사학적, 문화인류학적, 미학적 논쟁이 불을 뿜을 것이다. "한 시대의 극과 극을 후손들에게 알리고자 하는 심후한 의도"를 주장하는 축과 "〈블루 시걸〉 측의 로비에 의한 것"이라는 반론이 부딪칠지도 모르고, 당시의 결정 과정에 대한 훈고학적 논쟁이 벌어질 가능성도 농후하다. 어떤 학자는 이렇게 탄식할 수도 있을 것이다.

"30만 명이 이 영화를 보았고 그렇게 분노했다면서 타임캡슐에 이 영화가 수장품으로 남은 것 자체가 거대한 미스터리다."

타임캡슐이 말해주는 것은 모든 역사에는 명암이 있다는 결론일 듯하다. 〈서편제〉와 같은 거보巨步가 내디뎌지고 있을 때, 동시에 '첫 발이 개발'이라는 모욕적인 평가를 받는 행보도 있는 것이다. 향후 한국 영화의 발전에 〈서편제〉의 존재는 든든한 뒷배 노릇을 한 것이 분명하지만 그렇다고 〈블루 시걸〉이 오욕으로 얼룩진 '흑역사'로만 남았다고 단정짓지도 못한다. 적어도 '개똥도 약'에 쓰는 법이고, 때로는 모욕적인 상황이 더 큰 오기를 불

러오기도 하며, 〈블루 시걸〉의 실패와는 별도로 그 경험을 통해 이룬 자산
은 남았을 테니까.

1999년 6월 6일 인종차별적 발언을 한 상대팀 애너하임 에인절스 투수 팀 벨처에게 이단옆차기를 날리던 LA 다저스의 박찬호 선수.

1998년 IMF의 칼바람이 한국인들의 살갗을 에고 심지어 얼려 죽이기도 했던 시절, 많은 사람들이 다음과 같은 말을 중얼거렸다. "어쩌다가 우리가 이렇게 됐지?" 바로 몇 해 전만 해도 대한민국은 선진국의 환상에 들떠있었다. OECD(경제협력개발기구)에 가입했고 국민소득은 1996년 이전까지 연평균 7.5퍼센트 이상 고속 성장을 거듭했으며 온 세계의 '명품'들이 한국에 상륙해 날개 돋친 듯 팔렸다. 그러나 1997년 1월 한보그룹 부도는 파멸의 봉홧불처럼 불길하게 타올랐다. 이후 '대마불사', 즉 대기업은 쓰러지지 않는다는 신화가 무색하게, 그때껏 하늘 높은 줄 모르고 뛰어오르고 사업을 확장하던 대기업들이 힘없이 고꾸라지기 시작했다. 환율은 날마다 벼룩처럼 뛰어올랐다.

얼마 전까지 누릴 것 누리고 즐길 것 즐기고 살던 사람들의 삶이 일시에 나락으로 굴러떨어진 건 물론 'IMF 세대'라 불리는 젊은이들은 취업길이 막혔다. 하지만 암울했던 1998년, 한국 사람들에게도 낙은 있었다. 낙이란 충청도 공주 출신의 박 씨 성을 가진 젊은이들이었다. 골프의 박세리, 야구의 박찬호.

어느 아빠의 '골프 칩샷' 도전

나는 그제나 지금이나 골프를 못 친다. 골프 반대론에 동조해서라기보다는, 우선 운동신경이 슬플 만큼 둔하기 때문이다. 지금도 그럴진대 당시에는 골프의 '이글'이 무엇이며 '보기'가 무엇이며 '칩샷'은 어떤 것이며 '벙커'는 무엇에 쓰는 물건인지 알 길이 없었다. 그러니 LPGA(미국여자프로골프협회) 대회가 어떤 대회인지도 전혀 관심 밖이었다. 1998년 5월 박세리라는 선수가 역대 최연소로 LPGA 대회에서 우승했다고 온 매스컴이 떠들썩할 때도 나는 시큰둥했다. 더듬더듬 스포츠에 일가견이 있는 선배와 나눈 대화는 이랬다. "그거 대단한 건가요?" "대단한 거지. PD랍시고 그것도 모르는 네가 더 대단하다."

그러나 그로부터 두 달 뒤 박세리가 US 오픈에 도전했을 때는 경기 장면이 오래도록 남았다. 회사에서 밤샘 작업을 하다가 어찌어찌 보게 되었는데, 박세리의 공이 물웅덩이 근처에 떨어졌다. 아무리 골프에 어두운 사람이라도 공이 골프장 안에 있는 모래밭이나 물속에 빠지면 곤란한 것을 어찌 모르랴. 상대 선수의 여유만만한 웃음과 웅덩이 기슭의 공을 주시하며 내려갔다 올라갔다를 반복하는 박세리의 심각한 표정은 극명하게 대조됐다. "저럴 때 어떡하는 거예요?" "벌타를 받고 드롭 하느냐 어떻게든 쳐보느냐."

마침내 결심한 듯 신발과 양말을 벗고 박세리가 물에 발을 담갔다. 그가 연못 기슭의 공을 성공적으로 밖으로 쳐내던 순간 한국 사람들은 우레와 같이 환호했다. 해냈구나! 박세리는 그 난관을 딛고 또 한 번 우승을 차지했다. 후일 미국 스포츠 전문 케이블 채널 ESPN에 의해 미국 여자 골프 오픈 사상 역대 명장면 5에 뽑힌 맨발의 칩샷은 한 편의 공익광고로 한국 사람들 기억에 오래 남게 된다. 과거에는 방송 금지곡이었던 운동권 가요, 가수 양희은의 '상록수'를 배경음악으로 하는 박세리의 맨발의 투혼 장면이 그것이다. 그 광고는 한동안 툭하면 TV를 쩌렁쩌렁 울렸다.

> 저 들에 푸르른 솔잎을 보라 / [중략] 우리 나갈 길 멀고 험해도 / 깨치고 나아가 끝내 이기리라.

그로부터 얼마 뒤 〈특명 아빠의 도전〉 프로그램을 만들 때였다. 어느 날 동네에서 용달업을 하는 분이 도전을 했고 면접 과정에서 이런 대화가 오갔다. "혹시 골프채 잡아 보셨어요?" "이, 이삿짐 나를 때 날라는 봤습니다만."

바로 이 대화 때문에 그분은 '골프 칩샷'이라는 과제를 부여받는다. 25센티미터 높이의 장애물을 넘겨 5미터 앞의 홀에 홀인을 시켜야 하는 엽기적이도록 야박한 과제였다. 프로골퍼조차도 훌륭히 시범을 보여주지는 못했던 (합판 위에 얇게 인조 잔디를 두른 세트 특성상) 어려운 과제였다. 그걸 일주일 만에 해내라고 윽박질렀으니 담당 작가와 나는 아마도 천국에 가기는 어려울 것이다.

이 골프 칩샷 과제를 한창 촬영하다가 박세리 선수 이야기가 나왔다. 딸들은 아빠도 박세리처럼 한 번 해보라고, 그러면 잘할 수 있을 것이라며 능치며 까르르 웃었고 곧 중년 아저씨판 맨발의 칩샷 장면이 코믹하게 연출됐다. 아빠는 양말을 벗고 딸들이 날라 온 대야물에 발을 담그고 골프채를 휘두른 것이다. 딸들은 '상록수'의 일부를 목청껏 부르다가 데굴데굴 굴렀고 나 역시 촬영하다가 카메라를 끄고 배를 쥐고 웃고 말았다.

그런데 다음 날, 아버지는 정말로 일취월장해 있었다. 실제로 몇 번씩이나 홀에 공을 집어넣었고 도대체 골프채 잡은 지 하루 된 사람이라고는 상상하기 어려운 실력을 선보이고 있었다. 때를 못 만난 비운의 골프 천재인가? 내가 입을 다물지 못하는데 그 부인이 한숨 섞인 말을 했다. "저 양반어제 오늘 골프공을 3,000번쯤 쳤을 거예요. 잠을 거의 안 잤으니까."

아버지가 밤늦도록 골프채를 놓지 않자, 어머니는 이제 그만 자자고 잔소리를 했다. 그때 아버지가 이런 말을 중얼거렸다고 한다. "피아노만 생각하면 잠이 안 오네." 원래 이 집에는 음악을 좋아하는 딸을 위해 무리해서 샀던 피아노가 있었다. 그러나 역시 IMF 때 경제적 위기를 맞으면서 딸의 피아노는 중고 딱지가 붙은 채 들려나가야 했다. 아버지는 그때 딸의 모습을 두고두고 잊지 못했다.

"너무 미안했어요. 딸애한테…. 오래 있던 살림살이 들어내면 그 아래 먼지가 깔려 있잖아요. 그 먼지를 닦아내면서 아이가 소리 없이 울고 있더라고요." 아버지는 이 말을 하면서도 골프채를 휘둘렀다. 아마도 그는 피아노가 사라진 날을 떠올리면 결코 골프채를 놓을 수 없었는지도 모른다. IMF 때 소중했던 것들을 순식간에 잃어버리며 피눈물을 흘렸던 한국의 수많은 가장들처럼, 아버지들처럼. 그 골프채를 휘두르는 와중에 아버지가 처연한 표정을 애써 지우며 얘기를 꺼낸 사람이 박세리였다.

"어제 대야에 발 담그고 이거 치는데 말입니다. 박세리 생각이 나더라고요. 그때 박세리 선수가 신발 벗을 때는 '야, 저런 상황에서 쳐볼 생각을 하는구나!' 하고 놀랐고요. 또 얼굴이랑 팔다리는 새까만데 발은 양말을 신은 것처럼 새하얗지 않았습니까. 저도 참 힘들 때였는데 그 모습 보면서 나는 아직 멀었다 싶었습니다. 스물한 살 여자애도 뭔가 해보겠다고 온몸이 새까매지도록 골프채를 휘두르고 다니는데, 나는 그만큼 했나 싶고."

아저씨의 말을 들으면서 나 역시 그날 구릿빛 팔뚝과 종아리와는 달리 '양말을 신은 듯' 너무도 새하얗게 빛나던 박세리의 발을 보며 느낀 전율이 생생하게 되살아났다. 그렇게 골프를 전혀 모르는 중년의 사내와 청년 PD에게 박힌 기억 하나만으로 박세리 선수는 1998년 험악한 세월을 살던 한국 사람들에게 잊지 못할 선물을 선사했다. "우리 나갈 길 멀고 험해도 깨치고 나아가 끝내 이기"려던 한국 사람들에게.

두발당성, 그 가장 통쾌한 순간

박세리 선수만이 아니었다. 바야흐로 충청남도 공주 젊은이들의 전성시대였다. 공주 처녀 박세리가 골프채를 휘둘러 천하를 자신의 손안에 홀인원 시켰다면 공주 총각 박찬호는 불같은 강속구로 메이저리그를 호령했다. IMF를 맞던 1997년 박찬호는 10승을 넘어섰고 1998년에도 두 자리 승수를 거뒀다. 등번호 61번의 박찬호가 등판한 날이면 직원 전부가 TV 앞에 모여들어 박찬호의 공 하나하나에 일희일비했다. 태평양 너머 전설로만 듣던 메이저리그 타자들이 박찬호의 공에 헛스윙을 하다 모자가 벗겨지고, 배트를 땅에 집어던지고 씩씩거리고 나가는 정경이 어찌나 속 시원했는지 모른다. 그러나 내게 가장 인상 깊은 기억으로 남은 순간은 따로 있었다.

1999년 6월 6일 박찬호는 애너하임 에인절스와의 경기 5회 말 타자로 등장하여 희생번트를 대고 1루에서 아웃됐다. 그런데 태그 와중에 에인절스 투수 팀 벨처와 언쟁이 붙었고 뭐라 뭐라 말이 오가는가 싶더니 박찬호의 손이 벨처의 얼굴을 밀었다. 순간 발끈해서 앞으로 나오는 벨처를 향해 박찬호의 단단한 몸뚱이가 허공을 날았다. 이단옆차기, 속칭 두발당성. 양 팀의 벤치는 1초 안에 깨끗이 비워졌다. 이 장면은 메이저리그 사상 '최악의 난투극' 6위로 올랐지만 그 장면을 지켜보고 있던 나는 까닭 없이 그리고 약간은 비논리적으로 열광했다. "저 벨처인지 뭔지 하는 넘이 틀림없이 무슨 말을 했어! 자알 했다 박찬호! 잘했어!"

박찬호의 회고에 따르면 나의 지레짐작이 맞았다. 벨처가 인종차별적인 언사를 입에 담았던 것이다. 나는 그 어떤 삼진 장면보다 그 장면에 더 열광했다. 무엇 때문이었을까. 그것은 나만의 감정이 아니었다. 박찬호의 회고록 『끝이 있어야 시작도 있다』를 보면 많은 한국인들이 그 장면을 가장 통쾌한 순간으로 꼽았다고 돼 있다. 왜였을까.

그건 형편없이 위축돼 있던 수많은 한국인들의 대리만족이었을지도 모른다. 연봉은 자기 몇십 배인 스타들 사이에서, 더구나 LA 다저스의 한때 영웅이었던 팀 벨처(그는 몇 년 전 LA 다저스 월드시리즈 우승 주역이었다)에게 이단옆차기를 사정없이 들이댄 박찬호. 그는 "당신이 월급 주면 주는 거지 사람한테 이러면 안 되지!"라고 사장에게 소리치고 싶어도 꿈에도 그러지 못하는 소심한 직딩들에게 속을 비우는 '뚫어뻥' 같은 존재였던 것이다.

박찬호에게도 1999년은 끔찍한 한 해였다. 두발당성의 해이기도 했지만 '한만두'의 해이기도 했다. '한만두'가 무슨 뜻인지 아는가? '한 이닝 만루홈런 두 방'의 준말이다. 나는 그 경기도 기억한다. 상대는 세인트루이스 카디널스였다. 어쨌든 박찬호는 무사 만루에서 타티스라는 타자에게 홈런을 두들겨 맞는다. 그 뒤 솔로홈런을 또 맞았고 무슨 엉성한 야구 만화의 한 장면처럼 또 만루 찬스를 허용했다. 그때 또 타석에 등장한 타티스. 만화처럼 공은 또 펜스를 넘어갔다. 한 타자에게 한 이닝에 두 번의 만루홈런. 메이저리그의 긴 역사에도 유일무이한 기록의 희생양이 된 것이다. 타티스의 헬멧은 당당히 명예의 전당에 들어갔다고 한다.

치욕적 '한만두'를 딛고 이듬해 18승

경기를 지켜보던 사람들도 넋을 잃었고 다들 자기가 홈런을 맞은 듯 얼굴들이 상기되어 있었다. 공중파 방송 황금시간대에 제작비 100억 원짜리 드라마를 틀어서 시청률 0.5퍼센트가 나올 때의 PD가 그런 심경일까. '한만두'의 날, 박찬호 경기를 지켜보던 우리 모두는 얼이 빠졌고 자신들이 만루홈런 두 방을 얻어맞은 듯 망연자실했다. 그래서 나는 박찬호에게 1999년은 최악의 해였다고 기억했고, 박찬호 또한 그러하리라 여겼다. 하지만 박찬호는 아니었던 것 같다.

"결과는 언제나 과거다. 반대로 과정은 현재다. 생각해보면 누구나 그럴 것이다. 정말 나 자신이 자랑스러웠던 순간이 언제였는지, 진심으로 내가 창피했던 순간이 언제였는지. 자신의 가슴에 손을 얹고 돌이켜보면, 사람들의 평가나 숫자적인 결과와는 다를 것이다." 그리고 1999년의 악몽을 딛고 박찬호 선수는 바로 다음 해 2000년 메이저리그 18승이라는 위업을 달성한다.

저 뛰어난 운동선수일 뿐인 이들에게 지나친 의미를 부여하는 것일 수 있다. 암담했던 시절의 약소국 콤플렉스와 사대주의가 겹쳐진 비정상적인 열광이라는 비판 또한 수긍할 만하다. 현실 속 자신들의 무력함을 두 선수의 활약에 투영하여 자족감을 구했던 일종의 마취제였다는 견해에도 고개를 끄덕일 수 있다. 게다가 "깨치고 나아가 끝내 이기리라" 하는 다소 밑도

310

끝도 없는 국책 광고의 주제가 된 다음에야.

　나는 그 시절을 빛냈던 두 선수에게 감사한다. 분명히 그들은 그 시절 한껏 처져 있던 사람들의 어깨를 다독여 주었기 때문이다. 대체 그 희망이 무엇이었느냐고 물을 수도 있지만 희망이란 원래 가늠되거나 합리적으로 설명되는 것만은 아니지 않을까. 분명한 것은 두 사람이 "결과는 항상 과거고, 과정은 항상 현재"로서 깨치고 나아가는 것은 결국 우리 자신일 수밖에 없다는 것을, '하얀 양말 신은 것 같은 발'처럼 온몸으로 보여주었던 사람들이라는 사실이었다.

1990년대 절반은 김광석이 세상에 알려져 반짝반짝 빛나다
가 훌쩍 세상을 떠난 짧은 시기와 겹친다. 그래서 1990년대를
산 사람들의 사랑, 이별, 상처의 순간에는 늘 그가 있었다.

1987년 10월 13일 기독교백주년기념관 앞에는 때 아닌 장사진이 펼쳐졌다. 대개 젊은 대학생들 중심이었던 인파는 노래패 '노래를 찾는 사람들'의 첫 공연을 보기 위해 모여든 것이었다. 그 공연은 몇 달 전, 6월 항쟁 이전만 해도 공식적인 자리에서 부를 수 있을 거라고 상상하지 못했던 노래들로 채워져 있었다. 4·19 때 죽어간 넋들을 위한 노래 '진달래', 김민기의 '친구', 일본 제국주의자는 물론 그 후 여러 집권자들을 성나게 했던 시에 노래를 붙인 '빼앗긴 들에도 봄은 오는가' 그리고 김지하의 시에 처절한 가락을 붙인 '녹두꽃' 등.

공연의 막바지 무렵 앞서 '녹두꽃'을 불렀던 가수가 다시 등장했다. 그가 새로이 부른 노래는 '이 산하에'였다. 1절은 갑오농민전쟁, 2절은 3·1운동, 3절은 북만주 항일무장투쟁을 형상화한 장중하면서도 격정적인 노래를 그는 매우 유려한 미성으로 소화했다.

청년의 노래가 시작되자 객석은 순식간에 물을 끼얹은 듯 조용해졌다. 왜소한 체구에서 울려 나오는 목소리는 마치 잔잔한 수면에 파도를 일으키듯 퍼져 나갔다. (이윤옥, 『김광석 평전』 중에서)

왜소한 가수의 이름은 김광석이었다. 지하에서 흐르던 노래의 수맥을 지상으로 끌어올린 '노래를 찾는 사람들'의 일원으로 김광석은 노래 인생의 첫 무대를 열었다. 하지만 나는 그 사실을 한참 뒤에 알았다. 1988년 대학에 입학한 나에게 김광석은 그룹 '동물원'의 가수 김광석일 뿐이었다(동물원 1집은 1988년에 나왔다). 그는 그룹 동물원의 메인 보컬로 대중가요에 입문했고 많은 이들로 하여금 "거리엔~"을 흥얼거리며 "하나 둘씩 켜지는 가로등 불 아래 옷깃을 세워" 걷게 만들었다. 나 역시 그의 팬이 됐다. 어느 날 선배 한 명이 '광석이 형'과 술자리를 하고 있다는 말을 듣고 수업까지 제치고 달려갔는데 급한 일이 생겨 자리가 파했다는 얘기에 실망을 금치 못했던 것도 그즈음이었다.

"아, 김광석이 죽었다. 술 먹자"

이후 김광석의 삶의 궤적에 대해서는 구구한 설명이 필요 없을 것이다. 나는 그를 1990년대의 '가객歌客'으로 꼽는다. 1990년대의 절반은 그가 세상에 알려지고 그 안에서 빛나고 스러지기까지의 짧은 시기와 일치한다. 물론 서태지와 아이들 같은 충격파도 대단한 것이었지만 그 대상이 청소년들과 젊은이들에게 국한된 측면이 있었던 반면, 김광석의 노래는 하늘에서 내리는 눈처럼 넓고도 풍성하게 세상을 덮었다. 중학생부터 할머니에 이르기까지 가슴에 낙엽처럼 수북하게 쌓일 수 있는 노래들이었다. 유행을 타고 사라지는 노래가 아니라 뜻밖에 서랍에서 삐져나온 옛 사진 한 장에서 나지막하게 흘러나오는, 그런 노래들이었다.

1996년 1월 6일 그의 사망 소식이 들려왔을 때 나는 입사한 지 정확하게 1년이 되고 있었다. 거의 욕먹는 기계이자 하루라도 사고를 내지 않으면 손발에 가시가 돋는 서툰 조연출로 하루하루를 나고 있었다. 그래서 김광석의 부고를 들은 그 순간의 기억은 희미하다. 하지만 내가 그 말을 듣고 내지른 일성은 명확하게 기억한다. 허탈하지만 처절하게 내뱉은 한마디. "말도 안 돼."

그날 퇴근 무렵까지 내 삐삐에는 열 개가 넘는 전화번호가 찍혀 있었다. 그 내용은 대동소이. "아, 김광석이 죽었다. 술 먹자." 야근이 일상이었고 하루걸러 밤을 새우던 무렵이라 그 절절한 술자리의 유혹들을 뿌리쳐야 했으나 그래도 그날은 술을 마실 수 있었다. 회사 안에서도 김광석의 죽음에 넋이 반쯤 나가 있던 군상이 한둘이 아니었기 때문이다.

작가와 PD들 해서 조촐한 술판이 마련됐고 한 명이 굴러다니는 시디플레이어에다 김광석의 노래들을 담았다. 그때 처음 흘러나왔던 노래는 '사랑했지만'이었다.

> 어제는 하루 종일 비가 내렸어 / 자욱하게 내려앉은 먼지 사이로 / 귓가에 은은하게 울려 퍼지는 / 그대 음성 빗속으로 사라져 버려 / 때론 눈물도 흐르겠지 그리움으로 / 때론 가슴도 저리겠지 외로움으로

이 노래를 함께 불러본 사람들은 안다. 대개 이 노래는 어떤 대목에서 독창에서 합창으로 전환한다는 것을. 그때도 그랬다. 술잔을 든 채, 또는 담배를 물고, 아니면 손바닥으로 턱을 고이고 잠자코 듣던 사람들의 목청이 홀연 폭발하듯 터져 나왔다.

> 사랑했지만 / 그대를 사랑했지만 / 그저 이렇게 멀리서 바라볼 뿐 다가설 수 없어 / 지친 그대 곁에 머물고 싶지만 떠날 수밖에에

그리고 마지막은 먹먹하게 내리깔렸다.

스물일곱에서 서른다섯 가량의 청춘이라 부르기는 뭐한 나이들로 구성되었던 편집실 군상들은 그렇게 김광석의 노래에 휩쓸리고 빠져들었다. 그리고 난무했던 김광석의 노래에 대한 추억들. 신기하게도 김광석의 노래에 얽힌 추억 하나, 아니 대여섯 개쯤 갖지 않은 사람이 없었다.

입대하는 애인이 불러주는 '이등병의 편지'를 듣다가 주저앉아서는 입대하는 모습도 못 보고 울었다는 작가. '그녀가 처음 울던 날'처럼 애인과 헤어졌다는 선배, '거리에서'를 100번쯤 중얼거리며 실연의 아픔을 줄곧 걷는 것으로 풀었다는 PD. 가편집본을 지워 먹고 선배한테 테이프 케이스로 맞던 날 기분 푼답시고 '일어나'를 흥얼거리다가 갑절로 혼났다는 조연출. 김광석이라는 존재가 그렇게 살뜰하고 섬세하게 사람들의 일상과 추억 사이로 소리 없이 쌓여있었다는 것을 그날 새삼 깨달았다.

칠순 할머니도 사랑했던 '사랑했지만'

김광석은 '사랑했지만'을 부르기를 그다지 즐기지 않았다고 한다. 너무 수동적인 느낌이 싫었다던가. 바라볼 뿐 다가설 수 없다는, 그 가슴살 저미는 아픔이 굳어버린 느낌의 노랫말을 좋아하지 않았다는 것이다. 하지만 김광석은 '사랑했지만'을 오히려 더 열심히 부르기로 결심하게 된다. 이런 사연 때문이었다.

"며칠 전, 어느 모임에 참가하신 칠순 할머니께서 1924년생이라고 하시면서 말씀하시더군요. 비 오는 어느 날 우산도 없이 장 보고 오는 길에 거리에서 흘러나오는 노랫소리에 내리는 비도 잊은 채 서서 들으셨답니다. '사랑했지만'이라고 하시더군요. 감정은 나이와는 상관없다고들 하면서도, 할머니나 부모님께서는 날 이해하지 못하실 거라고 무의식중에 단정 짓고 잘 이야기하지도 않는 것이 우리들 모습이지요. 저 또한 많은 반성을 하게 되었습니다. 한동안 저 개인적으로는 이 노래를 별로 좋아하지 않았습니다. 하지만 이제는 그 할머니의 잊었던 감정을 되살려준 노래이기에 조금 더 열심히 부르고 좋아하기로 마음먹었습니다."

1992년 복학했을 즈음 동아리방에서 인기 절정의 노래였던 '외사랑'도 그랬다. 짝사랑과 외사랑의 차이점은 무엇일까. 짝사랑은 그래도 상대가 알고 있지만 외사랑은 상대도 전혀 모르는 채 내보일 자신조차 없이 혼자서만 삭이는 사랑이다. 실패한 사랑의 발톱에 두어 번쯤은 찢겨본 경험이 있는 청춘들의 심장에 김광석의 애절한 목소리는 그 노래는 청량제이자 진통제였다. 김광석은 언젠가 콘서트에서 '외사랑' 때문에 한 여성 노동자 팬으로부터 동화책 한 권을 선물받은 사연을 얘기한 적이 있다.

어려서 서울에 와 공장 노동으로 가족을 부양했던, 그 시대에 흔했던 여성 노동자가 있었다. 정신없는 노동과 잔업 철야 속에서 문화생활이란 꿈도 꿀 수 없었던 그녀에게 어느 날 공장장이 티켓 한 장을 내밀었다. 김광석 콘서트 티켓이었다. 그녀는 김광석이 누구인지도 몰랐지만 공짜 티켓을 썩힐 수 없어 콘서트에 왔다가 감동의 물결에 휘말리게 된다. 특히 그녀를 울게 만든 노래가 '외사랑'이었다.

내 사랑 외로운 사랑 / 이루어질 수 없는 사랑인가요 / 사랑의 노래를 불러보고 싶지만 / 마음 하나로는 안 되나 봐요 / 공장의 하얀 불빛은 / 오늘도 그렇게 쓸쓸했지요 / 밤하늘에는 작은 별 하나가 / 내 마음같이 울고 있네요

그때 그녀는 노랫말의 주인공이 된 기분이었다고 했다. 자신의 꽁꽁 숨겨둔 속내를 읽어주고 위로해준 것이 너무도 고마웠고 그녀는 동화책 한 권에 그 사연을 단정히 적어 선물했던 것이다.

김광석의 노래는 그렇게 친절했다. "아프지? 아픈 거 알아. 실컷 아파해. 그것만은 우리만의 권리 아니겠니? 나도 아프거든"이라고 등을 두드려주는 것 같았다. 듣는 사람의 정신적 무장을 해제하고 나아가 저 마음 깊은 곳에서 퍼올리는 각혈을 하고 싶게 만들었던 그의 노래. 그 노래의 힘은 듣는 사람들을 이해하고, 그들의 슬픔과 아픔을 위무했던 친절함이 아니었을까.

317

마지막으로 녹음한 '부치지 못한 편지'

김광석이 허망하게 떠나고 난 다음해, 1997년의 세밑은 무척 뒤숭숭한 분위기였다. 6·25 이후 최대의 국난이라는 IMF 사태가 한국을 엄습했던 것이다. 정리해고의 칼바람이 온 나라를 휩쓸었고 평일 등산로에는 양복 입고 구두 신은 신사들이 넘쳐났다. 그해 겨울은 무척이나 추웠다. 그래도 송년회들은 단출하게나마 열렸고 2차도 갔다. 노래방에서나마 악을 쓰면서 즐거운 양을 하다가 화장실에 가려고 문을 나섰는데 특이한 모습에 발길이 묶였다.

한 중년 신사가 손으로 얼굴을 감싸고 어린애처럼 엉엉 울고 있었던 것이다. 직감이 왔다. "아, 명퇴 됐구나." 술에 취하면 감정이 좀 격해지게 마련이지만 내 눈시울마저 공감으로 뜨거워질 정도로 서러운 울음이었다. 마치 만취 후 음식을 게워 내듯 끅끅거리는 울음을 토해내고 있었다. 그런데 거기에 또 한 명의 취객이 가세했다. 그는 조금 젊은 30대 중반쯤 되는 부하 직원이었다. 그는 중년 신사를 찾으러 나온 듯 주위를 두리번거리다가 그 앞에 쭈그리고 앉았다. 중년을 위로하는 듯하던 30대 취객은 뜻밖의 고함을 질렀다. "부장님이 왜 울어요. 부장님 죄 없어요. 부장님이 자른 것도 아니잖아요." 중년의 신사는 부하 직원을 부둥켜안고 다시 통곡을 했다. "미안해, 미안해"를 연방 토해내면서.

짐작하건대 중년의 신사는 해고된 것이 서러워서 운 것이 아니라 미운 정 고운 정 다 든 부하 직원을 잘라내야 했던 쓰라림을 못 이겨 통곡한 것이었다. "미안해"와 "부장님 잘못 아니잖아요"를 몇 번씩이나 교환한 끝에 둘은 다시 그들의 방으로 들어갔다. 그리고 바로 흘러나온 노래가 있었다. 김광석의 '일어나'였다. 해고된 것으로 짐작되는 30대 부하 직원은 망가진 목소리로 하지만 열정적으로 '일어나'를 부르짖었다.

> 검은 밤의 가운데 서 있어 한치 앞도 보이질 않아 / 어디로 가야 하나 어디에 있을까 / 둘러봐도 소용없었지

노래 가사는 마치 1년 전 돌아간 가수의 예언 같았다.

인생이란 강물 위를 뜻 없이 부초처럼 떠다니다가 / 어느 고요한 호숫가에 닿으면 / 물과 함께 썩어가겠지

하지만 중년 신사가 토해 내던 울음 같던 그 노래는 방 안에 있던 모두의 합창으로, 씩씩한 함성으로 바뀌어 불투명한 유리창을 넘어 들려왔다.

일어나 / 일어나 / 다시 한 번 해보는 거야 / 일어나 / 일어나 / 봄의 새싹들처럼

그 속에는 중년 신사의 목소리도, 씩씩한 해고자의 목소리도 어우러져 있었다. 그때 나는 처음으로 생전 본 적 없는 사람에게 '형'자를 붙이며 중얼거렸다. "광석이 형 고맙습니다."

그가 마지막으로 녹음한 노래는 '부치지 못한 편지'였다. 그 노래는 흡사 김광석 본인에 대한 추모곡처럼 들린다. 그의 노래는 어두운 시대의 험로였다. "시대의 새벽길 홀로 걷다가 사랑과 죽음이 자유를 만나" 김광석은 "타는 목마름으로" 민주주의를 노래했고, "기나긴 밤, 압제와 죽음과 투쟁의 밤"을 부르면서 가수 인생을 시작했다. 이후로도 시대를 살아가는 사람 개인 개인의 아픔과 슬픔은 언제나 '그의 노래'였다. 사람들에게 일어나! 일어나! 다시 한 번 해보라고 '선동'했던 그의 노래는 갑작스레 주저앉고 말았지만 그가 이 세상에 함께했던 1990년대의 추억은 그를 사랑했던 이들 모두에게 선명하게 남아 있을 것이다.

접속 1990 : 우리가 열광했던 것들
ⓒ김형민 2015

초판 1쇄 인쇄. 2015년 5월 4일
초판 1쇄 발행. 2015년 5월 11일

지은이. 김형민
펴낸이. 이기섭
편집인. 김수영
책임편집. 최선혜
기획편집. 정회엽, 이조운
마케팅. 조재성, 정윤성, 한성진, 정영은, 박신영
경영지원. 김미란, 장혜정

펴낸곳. 한겨레출판(주) www.hanibook.co.kr
등록. 2006년 1월 4일 제313-2006-00003호
주소. 121-750 서울시 마포구 효창목길6(공덕동)
한겨레신문사 4층
전화. 02-6383-1602~3
팩스. 02-6383-1610
대표메일. book@hanibook.co.kr

ISBN 978-89-8431-899-1 03900